# 生态环境损害赔偿诉讼理论分析与实务指南

吕忠梅　主编

法律出版社
LAW PRESS·CHINA
北京

**图书在版编目(CIP)数据**

生态环境损害赔偿诉讼理论分析与实务指南 / 吕忠梅主编. -- 北京 : 法律出版社, 2024
ISBN 978-7-5197-9174-2

Ⅰ. ①生… Ⅱ. ①吕… Ⅲ. ①生态环境-环境污染-赔偿-中国-指南 Ⅳ. ①D922.683.4-62

中国国家版本馆CIP数据核字(2024)第105889号

**生态环境损害赔偿诉讼理论分析与实务指南**
**SHENGTAI HUANJING SUNHAI PEICHANG SUSONG LILUN FENXI YU SHIWU ZHINAN**

吕忠梅 主编

责任编辑 郑怡萍
装帧设计 李 瞻

**出版发行** 法律出版社
**编辑统筹** 法律教育出版分社
**责任校对** 王 丰 郭艳萍
**责任印制** 刘晓伟
**经　　销** 新华书店

**开本** 710毫米×1000毫米 1/16
**印张** 16.25 **字数** 251千
**版本** 2024年5月第1版
**印次** 2024年5月第1次印刷
**印刷** 北京新生代彩印制版有限公司

地址:北京市丰台区莲花池西里7号(100073)
网址:www.lawpress.com.cn
投稿邮箱:info@lawpress.com.cn
举报盗版邮箱:jbwq@lawpress.com.cn

销售电话:010-83938349
客服电话:010-83938350
咨询电话:010-63939796



**书号**:ISBN 978-7-5197-9174-2　　**定价**:49.00元

# 作者简介

（以撰写章节为序）


**吕忠梅** 中国法学会副会长、中国法学会环境资源法学研究会会长、最高人民法院环境资源司法研究中心副主任暨学术委员会主任，中国政法大学民商经济法学院兼职教授、博士生导师

**刘长兴** 华南理工大学法学院教授、博士生导师

**吴一冉** 江苏省徐州市中级人民法院研究室主任

**张忠民** 中南财经政法大学法学院教授、博士生导师，生态文明研究院常务副院长

**黄　凯** 内蒙古自治区人民检察院知识产权检察办公室主任

**杨　迪** 最高人民法院环境资源审判庭三级高级法官

**吴凯敏** 最高人民法院环境资源审判庭三级高级法官

**刘慧慧** 最高人民法院环境资源审判庭综合办主任

# 编写说明

建立生态环境损害赔偿制度,落实损害担责原则,是生态文明体制改革和制度建设的重要组成部分。中共中央办公厅、国务院办公厅于2015年发布《生态环境损害赔偿制度改革试点方案》,决定在吉林等七省市试行生态环境损害赔偿制度;2017年12月发布《生态环境损害赔偿制度改革方案》(以下简称《改革方案》),决定在全国正式实施生态环境损害赔偿制度。根据《改革方案》,生态环境损害赔偿制度既有以行政方式承担的生态环境损害赔偿责任,也有以司法方式追究的生态环境损害赔偿责任。为了护航生态环境损害赔偿制度改革,最高人民法院根据《改革方案》制定了《关于审理生态环境损害赔偿案件的若干规定(试行)》,在总结实践经验的基础上,对生态环境损害赔偿案件的审理和裁判进行了初步规范。《民法典》颁布后,最高人民法院又对该司法解释进行了修订,进一步完善了生态环境损害赔偿诉讼规则,为生态环境损害赔偿诉讼案件的公正审判提供了基本依据。

但是,被政策文件与法律规范同时使用的"生态环境损害赔偿制度",虽然从词汇上看并无差别,但是其背后有政策话语体系与法律话语体系的巨大差别。申言之,在生态文明体制改革的文件中与《民法典》的规定中,"生态环境损害赔偿"的概念在内涵与外延上都有很大不同,这使对"生态环境损害赔偿制度"需要从政策话语与法律话语两个不同角度进行理解,并以此为前提来观察和思考生态环境损害赔偿制度的相关问题。就司法机关而言,最重要的是在厘清"生态环境损害赔偿制度"不同含义的基础上,正确理解和把握生态环境损害赔偿诉讼的基本问题。

在生态环境损害赔偿诉讼实践中,司法机关始终面临诸多理论和实践问题。理论上,生态环境损害赔偿诉讼由政府作为原告,不同于任何已有的诉讼类型,包括环境民事公益诉讼,因此,政府的诉讼地位、与被告的法律关系等基本问题都需要在理论上重新界定后由法律加以规定,但目前并无法律依据。

在实践中，生态环境损害赔偿诉讼沿用民事诉讼法的基本规定，但其所需要的特别程序规则尚无供给。在目前生态环境损害赔偿诉讼的实体法、程序法供给均有不足的情况下，案件受理、审理、裁判必然会受到影响。为了厘清相关认识、推进规则完善，我们在认真梳理有关理论、总结实践经验、探索审判规律的基础上，编写了这本《生态环境损害赔偿诉讼理论分析与实务指南》，希望能够助力生态环境损害赔偿诉讼案件的审理，支持司法机关在实践探索的基础上不断提炼和归纳裁判规则。

本书分为导论、理论、实践三大部分。第一章导论部分主要是简单介绍和分析生态环境损害赔偿诉讼相关概念和历史沿革；理论部分包括第二章和第三章，主要是界定生态环境损害赔偿制度，分析其诉权基础，为从法理上准确理解和把握生态环境损害赔偿诉讼制度提供智识基础；实践部分包括第四章至第八章，主要是按照生态环境损害赔偿诉讼的实践步骤，对生态环境损害赔偿诉讼的前置程序、生态环境损害赔偿诉讼的立案与审理程序、生态环境损害赔偿诉讼案件中的事实查明与证据采信、生态环境损害赔偿责任认定、生态环境损害赔偿诉讼的裁判与执行等进行深入分析与讨论，对生态环境损害赔偿诉讼案件审理过程中反映出来的疑难问题进行回应。

本书编写高度重视理论与实践相结合、学术建构与解疑释惑互相交融，撰稿人中，既有深耕生态环境损害赔偿制度的学者，也有直接审理生态环境损害赔偿案件和参与制定相关司法解释的法官。来自理论与实践领域的作者在反复共同研究讨论的基础上，根据各自所长承担了相关撰稿任务，最后由本人对全书进行统稿。

当前，全国人大常委会已经启动生态环境法典编纂工作，必将对生态环境损害赔偿这一生态文明体制改革的重要制度进行更为深入的研究，我们也期待在法典编纂过程中能够解决好生态环境赔偿诉讼制度的法律依据、诉讼程序等问题。在这样的背景下，本书所提出的体系定位、制度规则等观点本身就有阶段性、探索性，并非定论。因此，希望本书既对法官审理生态环境损害赔偿诉讼案件有所助益，又可以为法官在审判实践中继续探索创新提供空间，在大家的共同努力下，为生态环境损害赔偿诉讼制度的成熟定型贡献智慧和力量！

**吕忠梅**

**2024 年 3 月 24 日**

# 目　录

# 第一章　导　　论

“生态环境损害”并不是一个新的概念,但在生态环境损害赔偿制度中被赋予了特定的含义,所关注的是生态环境的整体性、公共性损害问题。为了对生态环境损害进行有效救济,我国自2015年起推行生态环境损害赔偿制度,其中生态环境损害赔偿诉讼作为一项创新性的诉讼制度,在诉讼主体、诉讼目标等方面都不同于传统的民事等诉讼制度,其体系建构和规则内容都建立于对生态环境损害及其赔偿制度的界定之上。

在中央明确要“加快生态文明体制改革,建设美丽中国”的背景下,生态环境损害赔偿制度已成为生态文明制度体系的重要组成部分,其建立和完善对于加强生态环境保护特别是落实生态环境损害责任具有重要意义。在中共中央办公厅、国务院办公厅于2015年发布《生态环境损害赔偿制度改革试点方案》(以下简称《生态赔偿试点方案》)、吉林等七省市试行生态环境损害赔偿制度两年之后,中共中央办公厅、国务院办公厅于2017年12月正式发布《生态环境损害赔偿制度改革方案》(以下简称《生态赔偿改革方案》)并于2018年1月1日起施行,相关的配套改革和制度建设也已经全面展开。《民法典》在“环境污染和生态破坏责任”专章规定了生态环境损害赔偿的基本框架,[1]主要强调修复责任和赔偿范围,但将“国家规定的机关或者法律规定的组织”作为

---

〔1〕《民法典》第1234条规定:“违反国家规定造成生态环境损害,生态环境能够修复的,国家规定的机关或者法律规定的组织有权请求侵权人在合理期限内承担修复责任。侵权人在期限内未修复的,国家规定的机关或者法律规定的组织可以自行或者委托他人进行修复,所需费用由侵权人负担。”第1235条规定:“违反国家规定造成生态环境损害的,国家规定的机关或者法律规定的组织有权请求侵权人赔偿下列损失和费用:(一)生态环境受到损害至修复完成期间服务功能丧失导致的损失;(二)生态环境功能永久性损害造成的损失;(三)生态环境损害调查、鉴定评估等费用;(四)清除污染、修复生态环境费用;(五)防止损害的发生和扩大所支出的合理费用。”

权利人，范围上比《生态赔偿改革方案》更宽，实质上涵盖了环境公益诉讼。[1]因此，《生态赔偿改革方案》仍是推行生态环境损害赔偿的纲领性文件，为全国范围内确立生态环境损害配置制度提供了基本依据和方向指导。其中明确提出“到2020年，力争在全国范围内初步构建责任明确、途径畅通、技术规范、保障有力、赔偿到位、修复有效的生态环境损害赔偿制度”的目标。在明确政府对生态环境损害进行索赔的职责分工、启动条件等规则之外，“完善赔偿诉讼规则”是《生态赔偿改革方案》明确的主要工作内容之一。最高人民法院在总结前期试点中的司法案例经验的基础上，于2019年6月4日公布了《关于审理生态环境损害赔偿案件的若干规定（试行）》（法释〔2019〕8号），并于2020年进行了修正（法释〔2020〕17号，以下简称《生态赔偿案件若干规定》），对生态环境损害赔偿诉讼规则进行了明确。2022年4月26日，生态环境部联合最高人民法院、最高人民检察院以及科学技术部等发布《生态环境损害赔偿管理规定》（环法规〔2022〕31号），对生态环境损害赔偿制度的规则和工作程序进行了进一步明确。

本书结合上述文件确立的基本方向、基本原则和具体规则，展开对生态环境损害赔偿诉讼的学理分析，以深化对相关制度的理解，进而提出其司法适用的建议，以期对生态环境损害赔偿诉讼制度的顺利运行有所帮助。本章从分析生态环境损害的概念和现实状况入手，讨论作为赔偿诉讼之现实背景生态环境损害的救济问题，进而从整体上探讨生态环境损害赔偿制度的基本属性、法律依据和实践状况，呈现作为赔偿诉讼之直接前提的赔偿制度的概况；最后在诉讼体系下观察生态环境损害赔偿诉讼这一特殊诉讼类型，发掘其创新基础、法律依据以深化对具体诉讼规则的认识。

## 第一节　生态环境损害及其救济问题

### 一、生态环境损害及其现状

环境问题本质上是环境变化对人产生的不利影响，换个角度即意味着存

---

〔1〕 对《民法典》生态环境损害赔偿规则的解释，参见徐以祥：《〈民法典〉中生态环境损害责任的规范解释》，载《法学评论》2021年第2期。

在某种形式的“损害”，通常以“环境损害”进行概括，其实质包括了对人身、财产以及环境本身的损害，其表现形态的复杂性带来了法律应对的难题。如果将生态环境损害作为其中一个特殊类型，也需要进一步的界定才能作为法律制度建构的基础。

### （一）生态环境损害的概念

生态环境损害并非一个明晰的法学概念。概念在理论构建中具有基础性作用，理论体系主要是由概念以及概念之间的逻辑关系构成的。[1] 法律概念旨在承载立法者等所赋予的法律意义，是为构建法律体系而有逻辑地排列在成文法中的。[2] 因此，讨论生态环境损害的救济制度，需要先明确生态环境损害的概念。

生态环境损害经常被认为是因环境问题造成或者与环境问题有关的损害，是一个相对宽泛的概念，也因此导致了诸多争议。随着环境侵权制度、环境公益诉讼制度研究的深入和实践的展开，对生态环境损害的界定和定性逐渐清晰，特别是《生态赔偿试点方案》出台后对其概念的认识形成了一定共识，与环境侵权所造成的“人身财产损害”相区别而成为建立生态环境损害赔偿制度的前提。对其概念分析可从其具体字义展开。

#### 1. 生态环境的概念

“生态环境”一词在我国的使用可以追溯至新中国成立初期，[3]已经成为汉语中使用频率较高的短语之一。其含义可以从生物中心和人为中心两个角度理解，指对生物或者人类生存和发展“有影响的环境因子的综合”。[4] 随着环境保护主管部门更名为生态环境主管部门，“生态环境”术语的使用范围将进一步扩展，但我国法律上使用的“生态环境”概念具有多义性也存在争议。[5]

“生态环境”从字面理解是“生态”与“环境”的综合。环境科学上将环境定义为“围绕着人群的空间及其中可以直接、间接影响人类生活和发展的各种

---

〔1〕 参见姜井水：《社会系统论》，学林出版社2004年版，第95页。

〔2〕 参见陈金钊：《论法学的核心范畴》，载《法学评论》2000年第2期。

〔3〕 参见王孟本：《“生态环境”概念的起源与内涵》，载《生态学报》2003年第9期。

〔4〕 参见王孟本：《“生态环境”概念的起源与内涵》，载《生态学报》2003年第9期。

〔5〕 参见巩固：《“生态环境”宪法概念解析》，载《吉首大学学报（社会科学版）》2019年第5期。

自然因素和社会因素的总体"[1]，所指为"人类环境"。而"生态"更强调非人生物体与其他生物及其栖息地之间的交互关系，包含生物与生物之间相互作用形成的关系以及生物与所在环境相互作用形成的关系，[2]是生命共同体系统存在及运行的表现，同时对人的生存和发展具有重要意义。综合来看，"生态环境"应当采用人类视角进行界定，指对人的生存和发展有影响的环境因子的综合。社会科学包括法学视野下的生态环境应当限于影响人的生存和发展的生态环境。

我国《宪法》明确规定"国家保护和改善生活环境和生态环境，防治污染和其他公害"。相对于"生活环境"概念，生态环境更强调自然因素的整体性和系统性，虽为人类生存和发展的条件但对人的影响是相对间接的，具体表现为生态环境具有社会公共性，影响的是一定的社会整体；如果可以具体化为人的生活环境，则可归入与社会个体的关系，其影响对象更具体，也更具私人性。

2. 损害的法律界定

损害一般理解为使事业、利益、健康、名誉等蒙受损失，从词源和词义上来看，《说文解字（现代版）》对"损"的解释是，"损，减也"，[3]现代汉语对"损"的解释是，"减少、损害、损坏"[4]；《说文解字（现代版）》对"害"的解释是，"害，伤也"，[5]现代汉语对"害"的解释是，"祸害、坏处（跟利、益相对）"。[6] 据此，可以将损害理解为最广义上的损失或者不利益。通常情况是将损害作为名词使用，就是一定的损害结果或者损害事实状态。[7] 但是某些情形也会将损害作为动词使用，指损害的动作或者过程，[8]这一过程与损害的后果相联系。

---

〔1〕《中国大百科全书·环境科学》编委会：《中国大百科全书·环境科学》，中国大百科全书出版社 2002 年版，第 134 页。

〔2〕参见郭晓虹：《"生态"与"环境"的概念与性质》，载《社会科学家》2019 年第 2 期。

〔3〕（汉）许慎撰：《说文解字（现代版）》，王宏源新勘，社会科学文献出版社 2005 年版，第 676 页。

〔4〕中国社会科学院语言研究所词典编辑室编：《现代汉语词典》（增补本），商务印书馆 2002 年版，第 1210 页。

〔5〕（汉）许慎撰：《说文解字（现代版）》，王宏源新勘，社会科学文献出版社 2005 年版，第 395 页。

〔6〕中国社会科学院语言研究所词典编辑室编：《现代汉语词典》（增补本），商务印书馆 2002 年版，第 493 页。

〔7〕例如，原《侵权责任法》第 8 条的规定："二人以上共同实施侵权行为，造成他人损害的，应当承担连带责任。"

〔8〕例如，原《侵权责任法》第 7 条的规定："行为人损害他人民事权益，不论行为人有无过错，法律规定应当承担侵权责任的，依照其规定。"

在法学范畴中,损害是侵权责任法的核心概念之一,也是侵权责任的构成要件,[1]侵权责任法在很大程度上就是解决损害赔偿问题的法。但是,成文法中通常都没有界定什么是损害,包括我国原《侵权责任法》、原《民法总则》和《民法典》、《新荷兰民法典》在内的欧洲多数国家成文法都是如此,[2]仅《奥地利民法典》第 1291 条第 1 句规定了损害的法律定义:"损害是给某人财产、权利或人身造成的不利益。"[3]尽管如此,从欧洲各主要国家的情况看,损害还是一个法律概念,虽然其出发点是"自然"意义上的损害,但只有法律意义上的损害才能赔偿。[4] 英美法上认为损害是"在法律上被认为是可控诉情况下,一个人所遭受的损失和伤害",[5]也是在一般意义的损失和伤害概念之上附加法律上可控诉的条件,但是需要在个案中加以具体化。如果能够在一般意义上使用损害的概念,它则仅仅指那些不使人遭受它已经成为义务内容的不利后果。[6] 国内侵权责任法教材上多将损害等同于损害后果、损害事实,是指受害人的民事权益因他人的侵权行为(包括人的加害行为或物的危险之实现)而遭受的不利后果,[7]一般谓损害乃财产或法益所受之不利益,[8]"是对法律保护的利益造成的物质损失或非物质损失"[9]。

由此可见,法律上对于损害的界定是以法律权益的界定为前提的,通过价值判断和法律制定过程已经将法律保护的权益的边界确定了,那么只要发生了不利于这些权益的事实状态的改变,即可认定为法律上的损害。因此,法律

---

[1] 参见张新宝:《侵权责任构成要件研究》,法律出版社 2007 年版,第 119 页。

[2] 参见[德]U. 马格努斯主编:《侵权法的统一:损害与损害赔偿》,谢鸿飞译,法律出版社 2009 年版,第 275 页。

[3] [德]U. 马格努斯主编:《侵权法的统一:损害与损害赔偿》,谢鸿飞译,法律出版社 2009 年版,第 16 页。

[4] 参见[德]U. 马格努斯主编:《侵权法的统一:损害与损害赔偿》,谢鸿飞译,法律出版社 2009 年版,第 276 页。

[5] 参见[英]沃克编辑:《牛津法律大辞典》,北京社会与科技发展研究所译,光明日报出版社 1988 年版,第 238 页。

[6] 参见[德]克雷斯蒂安・冯・巴尔:《欧洲比较侵权行为法》(下卷),焦美华译,法律出版社 2001 年版,第 3 页。

[7] 参见蒋云蔚、王康编著:《侵权责任法原理》,格致出版社、上海人民出版社 2010 年版,第 54 - 55 页等。

[8] 参见史尚宽:《债法总论》,中国政法大学出版社 2000 年版,第 201 页。

[9] 欧洲侵权法小组编著:《欧洲侵权法原则:文本与评注》,于敏、谢鸿飞译,法律出版社 2009 年版,第 4 页。

上损害的界定逻辑与一般损害概念相同,但在界定路径上有两个重要的区别:一是以法律上的评价代替一般意义的评价,也就是某种事实状态的变化是好的还是坏的,标准是法律认可的价值,很多时候就是法律规定的标准。二是将对事实变化和法律评价的过程统一起来,也就是在观察事实变化的同时,已经拿法律上的评价标准完成了评价过程。因此,"民事权益遭受的不利后果"就是损害,内含了事实和评价两个方面。但在分析上仍然可以将损害分为事实方面和法律方面。[1] 从事实方面看,损害为客观真实的事实,而不是虚假或者想象的"事实",并且这种事实还需要有相对的确定性。进而,损害还是不利于受害人的客观事实,"可定义为法益主体之生活条件的减少"[2],具有"不利性"。[3] "不利性"是对客观事实的主观评价,因此并不是客观事实本身;但是这里的不利不一定是法律上的评价,因此从法律角度可以认为是等待法律认定的事实。从法律方面看,损害是被法律认可的"可救济"的损害,具有法律上的可救济性。这是对损害事实的法律评价过程,完成法律评价并被认定为"可救济"才能构成法律意义上的损害。

目前为止对损害的讨论还是从事后角度对某种损害后果的分析,但在法律上还存在预期利益损失是否属于损害的问题,具体来说就是,按照事物进程在未来可以多得的利益,如果该进程被破坏而未能获得,能否将其界定为损害并获得救济,一直存在争议。《奥地利民法典》第 1291 条第 2 句限制了损害的含义:"损害应区别于所失利润损失,这些利润是某人按照事物的进程可获得的。"[4]似乎从损害概念中排除了作为预期利益的利润损失。但是损害与利润损失的区别是技术问题,奥地利现在也是在广义上理解损害的概念,包括利润损失;欧洲其他国家也倾向于将损害定义为包括"任何损失""可从经济角度评价的不利益""确实会发生的事实上的不利益"等。[5] 虽然这种广泛的定义被认为只能作为一个指导方针,其适用还需要仰赖对具体案件的深入考量,但

---

〔1〕 参见张新宝:《侵权责任构成要件研究》,法律出版社 2007 年版,第 121 - 125 页。

〔2〕 史尚宽:《债法总论》,中国政法大学出版社 2000 年版,第 166 页。

〔3〕 参见张新宝:《侵权责任构成要件研究》,法律出版社 2007 年版,第 121 页。

〔4〕 [德]U. 马格努斯主编:《侵权法的统一:损害与损害赔偿》,谢鸿飞译,法律出版社 2009 年版,第 16 页。

〔5〕 参见[德]U. 马格努斯主编:《侵权法的统一:损害与损害赔偿》,谢鸿飞译,法律出版社 2009 年版,第 276 页。

是也显示损害概念有一定的弹性,为将非典型意义上的权益损害纳入法律保护留下了余地。

在法律上使用"损害"一词时,虽然并不必然意味着它就是法律上可救济的损害,但是已经暗含了需要接受法律评价的要求,如果经过法律程序的认定不属于可救济的范围,那么它可能属于一般意义上的损害,但是不属于法律意义上的损害。而且,法律上的损害都是指特定主体的利益或者不利益,因此法律上的损害必定指对某法律主体的损害,被损害的"权益"必定是特定主体的权益。

3. 生态环境损害的界定

目前法律法规和司法解释中尚未对生态环境损害进行明确界定,比较正式的用法体现在原环境保护部 2014 年发布的《环境损害鉴定评估推荐方法(第Ⅱ版)》中,其第 4.1 条规定"环境损害"是"因污染环境或破坏生态行为导致人体健康、财产价值或生态环境及其生态系统服务的可观察的或可测量的不利改变",第 4.5 条规定"生态环境损害"是指"由于污染环境或破坏生态行为直接或间接地导致生态环境的物理、化学或生物特性的可观察的或可测量的不利改变,以及提供生态系统服务能力的破坏或损伤"。据此,生态环境损害是环境损害的下位概念,是污染环境或破坏生态行为导致的人身损害、财产损害之外的生态环境本身的损害,内容为生态环境的物理、化学、生物特性的不利改变或者提供生态系统服务能力的破坏或损伤,并且具有可观察、可测量的特征。

将上述界定与《生态赔偿改革方案》中对生态环境损害的界定以及赔偿责任情形的规定结合起来,可以明确生态环境损害具有以下规定性:其一,损害的原因是环境污染或者生态破坏,即表现为污染进入环境或者生态遭到破坏。其二,损害表现为环境要素的不利改变,即不利于人类对环境的利用或者生态系统的正常运行。其三,损害程度可观察并且可测量,即可以通过一定的方法加以量化。其四,损害后果具有公益性,并非对于具体个人的损害,即不能纳入传统人身权和财产权的保护范围,是对不特定多数人利益的侵犯。

《生态赔偿改革方案》延续《生态赔偿试点方案》提出"鼓励各地区开展环境健康损害赔偿探索性研究与实践",将环境健康损害作为一个特殊问题列出,未明确属于生态环境损害但显示了二者的相关性。因环境污染导致的健康损害可能表现为个体的健康损害,也可能表现为集体的健康风险,前者可以纳入人身权的保护范围,后者与上述生态环境损害具有更大的相似性,只是损害的客体是人群健康,或者说带来公众的健康风险。因此,可以在生态环境损害赔偿制度上考虑纳入对环境健康损害的赔偿。

总之,生态环境损害首先指称一种事实状况,是对环境污染或者破坏发生后现实状况的概括和抽象,重在"环境要素和生物要素的不利改变"以及"生态系统功能的退化"。[1] 其次表明了主观上的否定态度,即按照一定的价值观念来看事实状态的改变是有害的、是坏处,着重在"害"。综合来看,生态环境损害是指污染环境或者破坏生态行为导致的生态环境的可测量的不利改变,专指属于生态环境本身的损害,与人身损害、财产损害并列;而环境损害包括了人身损害、财产损害和生态环境损害。从规范的概念体系上看,生态环境损害是"环境损害"的下位概念。将环境侵权行为所造成的损害区分为"人身财产损害"和"生态环境损害",为建立生态损害赔偿制度提供了前提。[2]

### (二)生态环境损害的公共性

一定意义上,可以将生态环境损害理解为"对生态环境的损害",虽不具有实质的法律意义,但如果从生态环境承载的公共利益来看,对生态环境的损害就是对公共利益的损害,是对不特定多数人的损害,显示了生态环境损害的公共属性。

对生态环境的损害包括了环境污染导致环境质量降低、自然资源破坏或者环境污染导致环境的生态功能减低甚至丧失的情形,而维持一定的环境质量和生态环境的持续产出能力是人类生存的必要条件,从社会的整体立场出发,对生态环境的损害就是对人类社会生存条件的损害,是对社会之整体利益和公共利益的损害。

经由环境也可能对私人的权益造成损害,一般所谓的环境损害事实上包括了人身损害和财产损害。环境状况的改变可能直接与财产有关,例如,草原退化同时也是作为财产的草场的状态变化,其财产价值也发生相应的改变;也可能间接导致财产状态的改变,从而减少财产的价值,如空气质量不达标对房

---

〔1〕 参见南景毓:《生态环境损害:从科学概念到法律概念》,载《河北法学》2018 年第 11 期。
〔2〕 参见吕忠梅:《"生态环境损害赔偿"的法律辨析》,载《法学论坛》2017 年第 3 期。

产使用价值的不利影响。在财产属于私人主体的意义上，其结果是对私人权益的损害。自然资源破坏以及相关的自然景观破坏、生态功能损失只在非常弱的意义上与人的健康有关，而且通常并不被看作是对健康的损害，只是存在不利影响。而环境污染如果达到一定程度，对生活在污染环境中的人的健康有直接的损害效果，甚至导致死亡。除了少数重大的环境污染事故，一般即使比较严重的污染也不会直接导致人的死亡，而是先导致健康受损。

生态环境损害是从整体意义上认识损害的，强调的是可观察的环境质量或者自然资源状态及其生态功能的改变，效果上是对公共利益的损害，具有损害的事实特征，即客观性和不利性。[1] 在生态环境损害赔偿制度意义上，生态环境损害不包括对私人人身和财产权益的损害，体现了法律概念对日常生活概念的限定和精确化。《生态赔偿改革方案》明确规定"涉及人身伤害、个人和集体财产损失要求赔偿的，适用侵权责任法等法律规定"，反映了将生态环境损害限定在公共利益损害的基本立场。

### （三）生态环境损害的现实状况

#### 1. 生态环境损害的基本情况

在国内，环境污染和破坏已经造成了比较严重的环境损害，这可以通过各类环境事件、局部比较严重的污染状况、草原等生态退化直观显现出来，但是国内关于生态环境损害的统计还没有相对可信的数字，一方面由于生态环境损害计量的客观困难；另一方面由于对生态环境损害的范围存在不同的认识。因此，对于生态环境损害仅从以下几个方面大致进行定性分析，以呈现生态环境损害的基本情况。

一是环境污染事件持续高发。近年来环境污染事件总体上呈现高发态势，不仅有危险品爆炸、化学品泄漏等突发性环境污染事件，也有长期排污累积造成的土壤污染导致的毒大米、铅中毒、砷中毒等污染事件。2012～2017 年国内突发环境事件 2657 起，其中突发环境污染事件 592 起，以突发性水污染事件为主（共 561 起）。综合废水（共 275 起）是主要污染源，华东地区是污染事件发生率最高的地区（43%）；违规排放依然是突发性水污染事件的最主要原因。重金属污染事件仅占国内突发水污染环境事件的 4%，但在 2012～2017

〔1〕 参见张新宝：《侵权责任构成要件研究》，法律出版社 2007 年版，第 121 页。

年这6年中重金属污染事件（共6起）却占重大环境事件（共18起）的33%。[1] 环境污染事件通常伴随严重的环境损害，频频发生的污染事件将环境损害问题显现在公众面前，成为越来越严重的社会问题。

二是整体环境污染状况没有得到根本改善。虽然节能减排等工作取得了一定成效，局部地区的环境质量有所改善，但是总体上污染物排放量仍然居高不下，环境污染状况没有得到根本性改善。2020年，全国337个地级及以上城市中，202个城市环境空气质量达标，占全部城市数的59.9%，比2019年上升13.3%；135个城市环境空气质量超标，占全部城市数的40.1%，比2019年下降13.3%。337个城市平均优良天数比例为87.0%，其中17个城市优良天数比例为100%。337个城市累计发生严重污染345天，比2019年减少107天；重度污染1152天，比2019年减少514天。2020年，全国地表水监测的1937个水质断面（点位）中，Ⅰ～Ⅲ类水质断面（点位）占83.4%，比2019年上升8.5%；劣Ⅴ类占0.6%，比2019年下降2.8%。[2] 作为主要环境要素的水和空气的质量都还有比较高的不达标率，土壤污染状况也不容忽视。

三是生态环境质量依然堪忧。经过多年治理，荒漠化等生态问题逐步得到改善，但是生态环境质量较差的地区荒漠化占比依旧较高，生物多样性减少等生态问题也没有从根本上解决，森林覆盖率仍然偏低。2020年，全国生态环境质量优和良的县域面积占国土面积的46.6%，主要分布在青藏高原以东、秦岭—淮河以南、东北的大小兴安岭地区和长白山地区；一般的县域面积占22.2%，主要分布在华北平原、黄淮海平原、东北平原中西部和内蒙古中部；较差和差的县域面积占31.3%，主要分布在内蒙古西部、甘肃中西部、西藏西部和新疆大部。810个开展生态环境动态变化评价的国家重点生态功能区县域中，2020年与2018年相比，生态环境质量变好的县域占22.7%，基本稳定的占71.7%，变差的占5.6%。[3]

通常环境污染事件是造成生态环境损害的直接原因，环境污染的整体状况对于环境损害有决定性影响，生态环境质量状况一方面是环境损害的表现

---

〔1〕 参见肖筱瑜：《2012－2017年国内重大突发环境事件统计分析》，载《广州化工》2018年第15期。

〔2〕 参见《2020年中国生态环境状况公报》，生态环境部2021年5月26日发布。

〔3〕 参见《2020年中国生态环境状况公报》，生态环境部2021年5月26日发布。

形式，另一方面也对环境损害的形成有间接的影响。特定的自然资源破坏事件也可能造成严重的生态环境损害后果，并导致环境质量的下降等不利环境后果。上述环境污染事件、环境污染状况和环境质量状况虽然不是表征生态环境损害的直接指标，但也反映我国目前面临比较严重的生态环境损害问题。

2. 生态环境损害的案件情况

从环境资源不断被开发利用而且经常是过度开发利用的角度看，对生态环境的损害也是经常性的，只是未必达到“可观察”的程度，而转化为生态环境损害事件或者案件更需要一定的条件。因此，虽然整体上我国的生态环境损害已经比较普遍、特定区域还比较严重，但是真正转化为需要针对性处理的社会事件的仍然有限，发展为法律上需要处理的案件的情况更少。

然而，毕竟总体上生态环境问题及其导致的明显损害仍比较严重，所以生态环境损害社会事件仍不断发生，并对社会秩序造成冲击、吸引了社会舆论的关注。除了生态环境损害引起的一般性社会事件之外，近年来我国不断推开的环境公益诉讼案件在一定程度上可以反映生态环境损害案件的大致发展态势，特别是环境民事公益诉讼多数针对已经造成的公共性生态环境损害，虽然事实上的生态环境损害转化为诉讼案件还需要一定的条件，但是环境民事公益诉讼案件的增多从侧面反映了生态环境损害问题的严重性。2019 年，全国法院共受理社会组织提起的环境民事公益诉讼案件 179 件，审结 58 件，同比分别上升 175.4%、262.5%。受理检察机关提起的环境公益诉讼案件 2309 件，审结 1895 件，同比分别上升 32.9%、51.4%，其中环境民事公益诉讼案件 312 件，审结 248 件；环境刑事附带民事公益诉讼案件 1642 件，审结 1370 件；环境行政公益诉讼案件 355 件，审结 277 件。[1] 2020 年，全国法院继续加大环境公益诉讼和生态环境损害赔偿诉讼审判力度，维护国家利益和社会公共利益，审结社会组织提起的环境民事公益诉讼案件 103 件，同比上升 77.6%；审结检察机关提起的环境公益诉讼案件 3454 件，同比上升 82.3%，审结生态环境损害赔偿诉讼案件 62 件，同比上升 72.2%。[2] 《生态赔偿试点方案》实施后政府提起的生态环境损害赔偿诉讼更直接以生态环境损害问题为指向，但目前案件数量还不是太多，另有一些生态环境损害赔偿案件已经展开了政府磋商。

---

〔1〕 参见《中国环境资源审判(2019)》，最高人民法院 2020 年 5 月 8 日发布。

〔2〕 参见《中国环境资源审判(2020)》，最高人民法院 2021 年 6 月 4 日发布。

总体上，生态环境损害呈现出事实状况比较严重而转化为诉讼案件比较困难的局面。生态环境损害导致的社会事件多发而诉讼案件相对较少，与公共利益损害的界定困难有关，也与法律制度的建设滞后有关。

## 二、生态环境损害的救济

上述状况反映了生态环境损害救济的难题，即一方面，生态环境损害的事实已经发生，并以重污染天气、普遍性健康损害等各种形式呈现出来；但另一方面不仅通过一般的社会渠道获得救济比较困难，通过公益诉讼等法律途径获得救济也存在不少困难。

环境法是应对环境问题而产生的部门法，环境风险预防和环境损害救济是其基本目标。然而从实际效果看，虽然已经作出了制度创新的种种努力，例如，环境侵权制度的规则创新、环境管制手段的多样化、环境刑事法律规范的调整等，但是从我国环境的现实状况看其成效并不理想。生态环境损害的救济更是面临公共利益的代表者不明、政府履职不力、损害计量困难等诸多问题。

### （一）生态环境损害的救济状况与途径

环境问题之成为困扰人类社会的"问题"，可以从两个视角加以观察：一是事前来看，所谓的环境问题是人类社会遭受损失的不确定性，即环境风险；二是事后来看，人类所面临的问题是因为环境污染和破坏而受到的现实损失，即环境损害。生态环境损害作为环境损害的具体类型，在其现实发生之前，应当针对环境风险采取预防措施以防止其发生；针对已经发生的损害，应当着重于如何进行补救。

法律上应对生态环境损害的途径也需要从不同法律机制进行考察，概括来说可以区分为民事法律途径、行政法律途径以及作为保障性的诉讼法律途径。刑事手段在公共利益的维护上具有重要作用，但以惩罚性为主而补救效果有限，对环境犯罪后果的补救越来越多采用刑事附带民事公益诉讼[1]说明了这一点。

---

〔1〕 2019年，全国法院受理检察机关提起的环境刑事附带民事公益诉讼案件1642件，成为民事公益诉讼的主要类型。参见《中国环境资源审判(2019)》，最高人民法院2020年5月8日发布。

民事法律上的损害赔偿制度可为生态环境损害的填补提供借鉴。尽管是一种特殊的损害,其表现形式和衡量指标都不同于常见的传统损害,但生态环境损害在本质上仍与民法上救济的损害具有相似性,民事法律上对损害的赔偿制度可以为生态环境损害救济所借鉴。民事侵权责任主体制度、责任构成理论和责任形式规则都可以在一定程度上适用于生态环境损害的救济。事实上,当前环境民事公益诉讼以及生态环境损害赔偿诉讼的实践都在很大程度上借鉴了民事损害赔偿制度。

行政法律上的罚款等行政处罚可发挥补救生态环境损害的作用。生态环境损害是对环境公共利益的损害,其补救可以对公共利益进行补偿,也可以对受损生态环境进行恢复。行政罚款可以在一定程度上发挥补偿公共利益的作用,即由造成生态环境损害的主体缴纳罚款形成公共财政资金补偿公共利益损失,我国环境行政罚款的数额设置在一定程度上考虑了其补偿公共利益损失的价值。对受损的生态环境的修复是对环境公共利益的未来和长期的保护,具有补偿既有环境公共利益损失的作用。

诉讼法律途径是生态环境损害救济的最终途径,但是需要实体法的支撑。在此意义上,诉讼是生态环境损害救济的保障手段。我国环境公益诉讼的发展和生态环境损害赔偿诉讼制度的建立都发挥了生态环境损害救济的积极作用,但是目前面临的困难反映了实体法律规范支撑不足的问题。

### (二)生态环境损害救济的困难

传统法律制度在应对生态环境损害问题方面存在明显的不足。

1. 现行法律体系在环境风险的预防上存在明显不足,即使为适应风险社会的需要而发展出的风险行政理论与制度,[1]也未能真正解决环境风险的应对问题,仍然存在风险规制理念、规制制度、规制过程和规制机构等方面的断裂问题,[2]生态环境损害结果在一定程度上意味着环境风险预防制度的失败,而相对比较普遍的生态环境损害现象更显示了法律制度应对的不力。

2. 法律制度在直接应对生态环境损害方面的不完备,不能满足生态环境损害救济的现实需要,具体体现在以下方面:

---

〔1〕 参见王贵松:《风险行政的组织法构造》,载《法商研究》2016年第6期。

〔2〕 参见刘超:《环境风险行政规制的断裂与统合》,载《法学评论》2013年第3期。

首先,现行法律框架下难以厘清生态环境损害涉及的主体关系。生态环境损害影响为数众多的自然人的利益,在个体层面上体现出私人性;但同时具有关涉不特定多数人的公共性特征,或者说在整体层面上体现出明显的公共性。而且这种公共性并非一般公共事务意义上的公共性,而是与特定利益密切相关甚至直接表现为一定利益损失的公共性。生态环境损害的公共性特征打破了法律上主体之间利益可以明确切割的格局,使主体问题成为法律制度设计时首先面临的障碍。

生态环境损害涉及的主体在法律意义上是难以明确的。虽然一般将政府当作公共利益的代表者,但实践操作中仍难免遇到一些特殊的困难。目前将环境公益诉讼作为应对环境问题的重要制度手段,也正说明生态环境损害出现后公共利益代表者的主体界定存在困难,而环境公益诉讼也存在司法权定位的问题,[1]更显示出法律上还未能很好地解决公共利益的代表主体问题。

其次,法律权利体系的构造无法涵盖生态环境损害显现出来的问题。生态环境损害所造成的问题显然已经超出了法律权利体系的解释范围,有一部分利益损害显然不属于法定权利的保护范围,因此只有打破既有权利体系、建立新的权利才能衡平由于环境问题产生的具体利益冲突,环境权理论就是在这一背景下出现的。[2] 然而环境权过于关注个体权利的倾向损害了其保护公共利益的价值,将环境权解释为人类权[3]又难以获得法律制度的支撑、转化为可操作的法律规则。

最后,在法律体系内难以解决生态环境损害的专业技术问题。一定意义上可以说,环境问题是现代工业技术应用的副产品,技术复杂性和科学不确定性是环境问题的基本特征,[4]因此环境保护也具有极强的技术性。但在应对包括生态环境损害的计量在内的技术性问题时,法律并没有足够的针对性措施,在很大程度上建立在常识和共识基础之上的法律制度并不直接提供专业技术问题的解决方案,而是经由程序引入专门的技术问题处理机制,如生态环

---

[1] 参见王明远:《论我国环境公益诉讼的发展方向:基于行政权与司法权关系理论的分析》,载《中国法学》2016 年第 1 期。

[2] 参见吕忠梅:《环境法学》,法律出版社 2004 年版,第 85 页。

[3] 参见徐祥民:《环境权论——人权发展历史分期的视角》,载《中国社会科学》2004 年第 4 期。

[4] See Tracylee Clarke, Tarla Rai Peterson, *Environmental Conflict Management*, Thousand Oaks, California : SAGE Publications, Inc. , 2016, p. 7.

境损害的鉴定和评估机制。但这损害了法律应对环境损害的灵活性，将法律判断与专业技术判断区隔开来，分别做出看似是合理的专业分工的需要，但显然难以达成对环境损害的统一、全面衡量和处置，从而导致对环境损害的应对措施片面化、碎片化，无法取得完满的效果。虽然从实证主义的角度来看，法学不是一门难以精确的科学，[1]从而可以看到法律与专业技术沟通的可能性，但是到目前为止，法律在处理环境损害问题时所展现出来的科学性、精确性还远远不够，不得不依赖于外在的专业技术支持。

总之，在应对生态环境损害时法律制度显现了诸多不足，这也说明生态环境损害救济需要法律制度的适应性调整和创新。从法律方面看，环境公益损害具有纳入法律救济体系的必要性，关键在于如何设计适当的法律制度。

## 第二节　生态环境损害赔偿制度

### 一、生态环境损害赔偿的性质

如果略去生态环境损害救济的各种复杂因素，直观来看，赔偿是对生态环境损害最直接的补救措施。生态环境损害赔偿就是评估生态环境损害的程度和数额并以金钱或者其他方式进行填补，沿用了一般损害赔偿的思路和形式，但是由于生态环境损害具有不同于一般损害的特征，法律上对生态环境损害需要重新定性，方可展开具体的制度设计。

#### （一）民事赔偿的形式特征

从词义上看，“赔偿”一般指“因自己的行动使他人或集体受到损失而给予补偿”，是对损失的填补，与“补偿”一词并无严格区别，补偿或分担损失之义务也属于侵权损害赔偿责任。[2] 在法律学说上，往往出于技术的需要区别损害赔偿与损失补偿的概念，将由侵权行为和债务不履行等违法行为发生的损害

---

〔1〕 参见左卫民：《一场新的范式革命？——解读中国法律实证研究》，载《清华法学》2017 年第 3 期。

〔2〕 参见杨代雄：《一般侵权行为的无过错损失分担责任——对“无过错即无责任”的质疑及对“公平责任原则”的改造》，载《华东政法大学学报》2010 年第 3 期。

的填补叫作损害赔偿,[1]包含对违法行为的责难之意;而将接受对依据土地收用法的土地收用和根据相邻关系的土地通行那样的合法的行为的特别牺牲的填补叫作损失补偿,[2]体现对合法行为的中性评价。

民事赔偿建立在当事人地位平等的基础上,基于对责任人的行为的否定评价,但是从责任性质上并不包含惩罚的意图,惩罚性赔偿是一项特殊的制度设计。对于赔偿责任大小的界定建立在一定的市场基础上,即原则上按照市场标准来确定赔偿的数额,仅在生命损害和精神损害等特殊领域遵循定额标准,本质上仍然是一种基于公平考虑的计算。

恢复原状与金钱赔偿本是大陆法系民法中损害赔偿的两种基本方法,分别对应保护受害人的完整利益和价值利益,但在我国民法上恢复原状被作为独立的责任形式,而且不被看作是损害赔偿的方法,实践中存在一定的问题。未来的改革方向应当是明确恢复原状为损害赔偿的基本方法,并严格区分恢复原状请求权、恢复原状花费的请求权以及金钱赔偿请求权。[3] 相应地,《民法典》规定了生态环境损害赔偿和修复为主要责任方式。

生态环境损害赔偿从形式上仍遵从损害赔偿的框架,而且恢复原状在其中具有特殊的意义。从原因行为来看,生态环境损害是污染环境和破坏资源的行为造成的,同样的行为也可能造成人身和财产等民事权益损害。而且从损害的样态来看,如果能够从物理或者生物意义上加以恢复,也可以实现对生态环境损害的补救。就此而言,民事赔偿手段在生态环境损害救济中具有重要的借鉴意义,但是同时需要考虑生态环境损害赔偿的特殊性。

### (二)生态环境损害赔偿的特殊性

从法律的角度,生态环境损害赔偿的特殊性主要表现在主体方面。造成生态环境损害的主体可能是任何人,在多数情况下是企业,这与其他环境损害并无根本区别。而生态环境损害的认定聚焦于生态环境本身的状况,虽然无法排除社会评价的影响,但并无通常意义上的受害人,而是公共利益损失。而公共利益的代表者历来存在争议,政府基于公共管理职责在大多数情况是公

---

[1] 参见于敏:《日本侵权行为法》,法律出版社2006年版,第21页。
[2] 参见于敏:《日本侵权行为法》,法律出版社2006年版,第21页。
[3] 参见程啸、王丹:《损害赔偿的方法》,载《法学研究》2013年第3期。

共利益的合适代表者，但并不能排除其他主体作为公共利益代表者的可能，公益诉讼的发展反映了公共利益代表主体的多样性。在生态环境损害领域，政府作为主要的利益代表者是基于自然资源国家国有权以及其不可替代的“元治理”角色，[1]生态环境损害赔偿制度中政府的赔偿权利人地位正是据此设计的。

生态环境损害赔偿的特殊性还体现在损害评定方面。由于生态环境损害的公共属性，无法参照民事赔偿的市场价值原则完成损害数额的评定，从而给生态环境损害赔偿带来难以逾越的障碍，实践中相关争议很大程度上是围绕生态环境损害的评定产生的。对损害进行评定的基本方法是比较事物的两种状态以评价其间的差额，即“差额说”。[2] 生态环境损害的评定实质上也是比较两种状态下相关利益的变化，但是由于生态环境所涉公共利益，还不存在有效的市场，其价值评估一直充满争议。损害的组织说认为损害并非单纯地体现为财产受损，还包括由此给受害人造成的其他不利益，[3]因此对损害的填补不能限于用金钱弥补受害人遭受的可以用市场价值计算的财产差额，而应当使受害人重新恢复到损害事件没有发生时应处的状态。[4] 回避对损害的数额进行直接评定，而是以状态的恢复为主要目标补救损害，可能更适合生态环境损害赔偿的目标。

### (三)生态环境损害赔偿的基本定性

生态环境损害赔偿是针对生态环境损害的法律责任，字面上是指对损害的填补，但由于生态环境损害的特殊性质和应对目标，其并非民法意义上的填补责任，[5]须注重其防御责任属性。

1. 生态环境损害赔偿针对特定的损害。损害还是一个法律概念，虽然其出发点是“自然”意义上的损害，但只有法律意义上的损害才能赔偿。[6] 最严

---

[1] 参见吴惟予:《生态环境损害赔偿中利益代表机制研究——以社会公共利益与国家利益为分析工具》，载《河北法学》2019 年第 3 期。

[2] 参见[德]U. 马格努斯主编:《侵权法的统一:损害与损害赔偿》，谢鸿飞译，法律出版社 2009 年版，第 277 页。

[3] 参见曾世雄:《损害赔偿法原理》，中国政法大学出版社 2001 年版，第 124 页。

[4] 参见程啸、王丹:《损害赔偿的方法》，载《法学研究》2013 年第 3 期。

[5] 参见吕忠梅:《“生态环境损害赔偿”的法律辨析》，载《法学论坛》2017 年第 3 期。

[6] 参见[德]U. 马格努斯主编:《侵权法的统一:损害与损害赔偿》，谢鸿飞译，法律出版社 2009 年版，第 276 页。

格意义上，任何对生态环境要素的不利改变都可以认为是“损害”，但是要成为可赔偿的损害须具备两个要素：一是技术上的可观察、可测量性，即能够通过一定的鉴定、评估方法获得相对确切的数额或者技术指标，这也是上述生态环境损害概念的基本要素。二是价值上的应当性判断，即通过价值判断界定为法律意义上的损害。环境侵权制度应当建立在基本的法律价值之上，超越技术主义思路，〔1〕生态环境损害赔偿也需要结合技术判断和价值判断来界定应当赔偿的损失范围，具体对《生态赔偿改革方案》确定的“发生较大及以上突发环境事件”等三类情形进行细化。

2. 生态环境损害赔偿要协调填补与防御的关系。损害赔偿通常具有填补的形式，生态环境损害也在一定意义上是对损害的填补，赔偿“生态环境功能永久性损害造成的损失”就与传统的损害填补相似。但是，生态环境损害责任源于相关主体的环境危险或者风险的预测义务以及采取相应措施减少损害或风险的义务，体现为“对风险制造要素进行事前的规制和调整，以达到风险预防的目的”〔2〕，是一种防御责任。〔3〕 基于此，生态环境损害赔偿实质上是以填补的形式实现防御的目的，即形式上修复生态环境、填补生态功能损害造成的损失，实质上实现生态风险的防御目的。

3. 生态环境损害赔偿的责任形式多样。《生态赔偿改革方案》提出要探索“多样化责任承担方式”，对照生态环境损害赔偿范围即“清除污染费用、生态环境修复费用、生态环境修复期间服务功能的损失、生态环境功能永久性损害造成的损失以及生态环境损害赔偿调查、鉴定评估等合理费用”，可以归纳生态环境损害赔偿的责任承担方式包括：一是赔偿损失。生态环境功能永久性损害造成的损失、生态环境损害调查及鉴定评估等合理费用是既成的、应当填补的损失或成本，其责任方式为赔偿损失。二是支付生态修复费用。《生态赔偿改革方案》明确生态环境修复费用属于赔偿范围，同时明确提出修复优先、无法修复的实施货币赔偿。支付生态修复费用类似民法上的损害赔偿，生态修复与民法上的恢复原状有共通性，但是支付生态修复费用被认为是一种独

〔1〕 参见刘长兴：《环境侵权规则设计之偏差及矫正——基于环境侵权鉴定的分析》，载《法商研究》2018 年第 3 期。

〔2〕 [美]凯斯·R. 桑斯坦：《权利革命之后：重塑规制国》，钟瑞华译，中国人民大学出版社 2008 年版，第 116 页。

〔3〕 参见吕忠梅：《“生态环境损害赔偿”的法律辨析》，载《法学论坛》2017 年第 3 期。

立的环境侵权责任承担方式。[1] 无论是前者还是后者,最终都要体现为赔偿义务人承担一定的金钱成本,即使直接承担修复责任也需要明确其不实施修复措施时的赔偿数额,因此形式上仍与民法损害赔偿相似。

至此,可以将生态环境损害赔偿界定为污染环境或破坏生态造成严重生态环境损害的主体,以赔偿损失、修复生态环境或者支付生态修复费用等方式对生态环境公益损害进行补偿。

## 二、生态环境损害赔偿的法律依据

在确定生态环境损害赔偿基本架构的前提下,其制度推进仍需要相对明确的法律依据。虽然《生态赔偿改革方案》为生态环境损害赔偿制度的发展和完善确定了框架、指明了方向,建立了基本的概念体系、明确了主要内容,但具体制度规则的设计仍需要基于法律的规定,目前还存在一定欠缺,需要在改革中不断完善。

### (一)生态环境损害赔偿的法律依据缺陷

《生态赔偿改革方案》确定省级、市地级政府以赔偿权利人身份向赔偿义务人主张生态环境损害赔偿,在我国现行法律体系中没有直接依据,创设了一类新的法律关系。《民法典》第1234条和第1235条规定"国家规定的机关"可以请求生态环境损害赔偿及修复,在法律上确认了生态环境损害赔偿的地位。但是,生态环境损害赔偿中政府并非以普通财产所有权主体身份主张赔偿,因此难以适用普通民事法律制度;如果将生态环境损害索赔权作为一项政府职权,又缺乏相关法律的规定;从诉讼制度上看,政府作为赔偿权利人并不是民事主体,以政府身份作为原告起诉也没有直接的法律依据。

这决定了生态环境损害赔偿诉讼的法律依据不足,是目前贯彻落实《生态赔偿改革方案》,特别是完善诉讼制度遇到的首要难题,虽有《民法典》的规定但也难以解决其规则供给不足的问题。从一般法理来讲,政府权力的授予和运行需要相对明确的法律依据,目前生态环境损害赔偿法律依据的缺失导致诉讼模式的选择和诉讼规则的设计都存在困难。政府提起生态环境损害赔偿诉讼如何与我国现有的诉讼体制相协调需要继续研究,不仅需要诉讼理论和

---

〔1〕 参见吕忠梅:《"生态环境损害赔偿"的法律辨析》,载《法学论坛》2017年第3期。

司法权定位的理论研究，而且需要基于实践的分析和论证。从根本上讲，这一问题的解决需要积极推动在适当时机启动《环境保护法》《民事诉讼法》的修改工作，将生态环境损害赔偿诉讼的基本规则上升为法律。在修法之前，落实《生态赔偿改革方案》的要求需要更多的法律解释和实践变通。

### （二）生态环境损害赔偿法律依据的完善

生态环境损害赔偿诉讼在某种意义上创制了新的诉讼类型，《生态赔偿改革方案》还不足以为诉讼规则的制定提供充分的依据，《民法典》的规定也需要进一步的明确。

当前制定环境损害赔偿法〔1〕的条件还不成熟，确立生态环境损害赔偿诉讼的法律依据的可选方案大致有三个：一是针对《民法典》第1234条和第1235条进行解释，明确更加具体的规则。二是修订《环境保护法》或者《民事诉讼法》，在其中规定生态环境损害赔偿诉讼的条文。三是扩大解释现行《环境保护法》《民事诉讼法》，并通过解释参照适用环境侵权的规则确立生态环境损害赔偿制度。

## 三、生态环境损害赔偿的制度架构

生态环境损害赔偿是赔偿义务人对赔偿权利人的补偿，法律上体现为两者之间的法律关系，具体内容是体现在赔偿范围中的赔偿义务。生态环境损害赔偿主体是赔偿义务人和赔偿权利人，联结二者的是赔偿责任。这些都是《生态赔偿改革方案》界定的新概念，在此加以阐释作为下文规则分析的基础。

### （一）赔偿权利人

赔偿权利人是有权向赔偿义务人请求生态环境损害赔偿的主体。民法上的赔偿权利人与受损权利的享有者一致，但是生态环境损害赔偿中受到损害的是生态环境公共利益，需要确定具体的赔偿权利人代表行使赔偿请求权。《生态赔偿改革方案》明确原则上国务院授权省级、市地级政府（包括直辖市所辖的区县级政府）作为本行政区域内生态环境损害赔偿权利人，确认了省级、

---

〔1〕　环境责任的单独立法是可选方案之一，也获得了学者的支持。参见吕忠梅主编：《环境法学概要》，法律出版社2016年版，第223页；於方、韩梅、田超：《论环境责任与赔偿法律制度的完善》，载《环境保护》2018年第16期。

市地级政府作为生态环境公益代表的权利主体身份。具体赔偿权利人的确定还存在几个特殊情形:一是跨区域的生态环境损害管辖,其中跨省域的生态环境损害,由生态环境损害地的相关省级政府协商开展生态环境损害赔偿工作;省域内跨市地的生态环境损害,由省级政府管辖。二是国务院直接行使全民所有自然资源资产所有权的,由受委托代行该所有权的部门作为赔偿权利人开展生态环境损害赔偿工作。三是其他案件的工作范围划分由省级政府根据本地区实际情况确定,以具体划分省级政府和市地级政府的管辖范围,其依据应当考虑案件大小、影响范围等因素。

赔偿权利人身份与生态环境损害赔偿诉讼的起诉资格直接相关,原则上有请求赔偿的权利即有提起赔偿诉讼的资格。生态环境损害赔偿的特殊性在于赔偿权利主体为政府,其赔偿请求权的分配和起诉资格的确认从根本上讲是行政权的分配问题,因此赔偿权利人的确认当以《生态赔偿改革方案》和省级人民政府实施《生态赔偿改革方案》的细则来规定。

### (二)赔偿义务人

生态环境损害的赔偿义务人是违反法律法规、造成生态环境损害的自然人、法人或者非法人组织。原则上,违反法律法规造成生态环境损害的主体应当承担赔偿责任,贯彻环境法上的损害担责原则,“做到应赔尽赔”。

1.“违反法律法规”和“造成生态环境损害”是确定赔偿义务人的两个基本要件。造成生态环境损害描述了行为要件,同时包含了因果关系(造成)和损害后果要件(生态环境损害),即实施污染环境、破坏生态行为造成生态环境损害的主体为赔偿义务人,而且原则上是以自己行为污染环境、破坏生态者,特殊情况下依据法律规定可以为其他相关主体。“违反法律法规”实质上规定了过错要件。一般认为环境侵权适用无过错责任原则,但是生态环境损害赔偿应当适用过错责任原则。[1] “违反法律法规”表面上是对违法性要件的规定,实质上也包含了对过错的要求,因为对环境保护法律法规规定的违反往往具有主观过错,至少也存在客观过错。《生态赔偿改革方案》明确“违反法律法规、造成生态环境损害”的单位和个人,即可初步确定为赔偿义务人。

---

〔1〕 参见晋海:《生态环境损害赔偿归责宜采过错责任原则》,载《湖南科技大学学报(社会科学版)》2017年第5期。

2. 生态环境损害赔偿责任可以依法减轻或者免除。《生态赔偿改革方案》规定“现行民事法律和资源环境保护法律有相关免除或减轻生态环境损害赔偿责任规定的,按相应规定执行”。这意味着在初步判断为赔偿义务人之后,还需要对照民法和环境法排除免除生态环境损害赔偿责任的情形,方可筛选出真正的赔偿义务人。存在减轻生态环境损害赔偿责任情形的,应当减轻赔偿义务人的赔偿责任。《民法典》对生态环境损害赔偿责任的规定还比较原则,对上述规定应当理解为比照适用环境侵权规则中关于减轻或者免除责任的规定,如侵权责任中关于不可抗力免责的规定应当适用于生态环境损害赔偿。

3. 生态环境损害赔偿责任可以由法律规定的主体承担。生态环境损害的涉及面广、因果链可能较长,仅仅追究直接的污染者或破坏者的责任可能不足以实现保护生态环境的目的,因此在特殊情况下存在扩展赔偿义务人范围的需要。《生态赔偿改革方案》并未授权赔偿磋商和诉讼中直接扩展赔偿义务人等范围,但是明确提出“各地区可根据需要扩大生态环境损害赔偿义务人范围,提出相关立法建议”,为赔偿义务人的扩展留下了空间。《土壤污染防治法》第 96 条第 2 款关于土地使用权人的损害赔偿责任即属于对土壤污染责任人的扩张,[1]生态环境损害赔偿中可以比照适用。赔偿诉讼中可以适当探索特殊情形下应当承担赔偿义务的主体,推动赔偿诉讼目标的实现和相关立法的改进。

4. 赔偿义务人仅限于特定环境事件中的污染者或者破坏者,即造成严重生态环境损害的责任人。与民法上构成环境侵权者即应承担侵权责任不同,生态环境损害赔偿磋商和诉讼都只适用于相对比较严重的环境事件,对比较严重的生态环境损害进行救济,这体现在《生态赔偿改革方案》对案件范围的规定中,即应当依法追究生态环境损害赔偿责任的情形限于:一是发生较大及以上突发环境事件的,具体要依据突发环境事件的分级标准确定。[2] 二是在国家和省级主体功能区规划中划定的重点生态功能区、禁止开发区发生环境

---

〔1〕 2019 年 1 月 1 日实施的《土壤污染防治法》第 96 条第 2 款规定:“土壤污染责任人无法认定,土地使用权人未依照本法规定履行土壤污染风险管控和修复义务,造成他人人身或者财产损害的,应当依法承担侵权责任。”

〔2〕 具体标准参见 2014 年 12 月 29 日经国务院批准、由国务院办公厅印发的《国家突发环境事件应急预案》附件 1　突发环境事件分级标准。

污染、生态破坏事件的。三是发生其他严重影响生态环境后果的。具体需要“各地区应根据实际情况，综合考虑造成的环境污染、生态破坏程度以及社会影响等因素，明确具体情形”。

同时，《生态赔偿改革方案》明确了两种排除适用生态环境损害赔偿制度的情形：一是涉及人身伤害、个人和集体财产损失要求赔偿的，适用与侵权责任相关的法律规定。这主要是对民事侵权的适用排除，从环境法律体系化角度考虑是必要的。二是涉及海洋生态环境损害赔偿的，适用《海洋环境保护法》等法律及相关规定。这一规定主要基于机构改革前海洋环境保护与普通环境保护的部分职责分工和分别立法的考虑，在环境保护职能整合的背景下有必要重新考虑。

（三）赔偿责任

生态环境损害赔偿法律关系的内容具体体现为赔偿义务人承担的赔偿责任。狭义的赔偿责任是对损失的金钱赔偿，但是《民法典》和《生态赔偿改革方案》对生态环境损害都规定了修复生态环境和赔偿的责任，修复生态环境是特殊的赔偿责任形式，在生态环境损害赔偿制度中具有优先适用地位。

修复生态环境责任表现为对生态环境的直接或者间接修复，即由污染和破坏者“在合理期间内承担修复责任”，或者由“国家规定的机关或者法律规定的组织”“自行或者委托他人进行修复”，所需费用由污染和破坏者承担。污染环境和破坏生态的，应当优先承担修复生态环境责任，这基于生态主义的环境哲学，将生态环境整体作为调整对象，确立修复为生态环境损害的主要救济方式。[1]

狭义赔偿责任以《民法典》第1235条规定为基础，赔偿过程中直接计算的标的是赔偿义务人应当承担的赔偿责任，具体体现为生态环境损害的赔偿范围。《生态赔偿改革方案》明确生态环境损害赔偿范围包括“清除污染费用、生态环境修复费用、生态环境修复期间服务功能的损失、生态环境功能永久性损害造成的损失以及生态环境损害赔偿调查、鉴定评估等合理费用”，具体体现为以下几个方面：

---

〔1〕参见吕忠梅、窦海阳：《以“生态恢复论”重构环境侵权救济体系》，载《中国社会科学》2020年第2期。

首先,生态修复费用应当由赔偿义务人承担。生态环境保护的基本原则是维持以及改善生态环境条件,生态环境损害发生后,应当以清除污染、恢复生态为目标开展修复工作,因此生态环境损害赔偿义务人的主要责任应当是完成生态修复,不能或者不宜由赔偿义务人修复的,由其承担生态修复费用。清除污染是生态修复的前提或者内含事项,清除污染费用、生态环境修复费用都属于生态修复费用。

其次,生态服务功能损失应当由赔偿义务人承担。保护生态环境的重要原因是其有用性,即具有服务功能。《环境损害鉴定评估推荐方法(第Ⅱ版)》第4.8条明确生态系统服务指"人类或其他生态系统直接或间接地从生态系统获取的收益。生态系统的物理、化学或生物特性是生态系统服务的基础"。生态环境遭到污染或者破坏的,其服务功能降低乃至丧失导致收益减少,是为服务功能损失。《环境损害鉴定评估推荐方法(第Ⅱ版)》第4.12条规定期间损害指"生态环境损害发生至生态环境恢复到基线状态期间,生态环境因其物理、化学或生物特性改变而导致向公众或其他生态系统提供服务的丧失或减少,即受损生态环境从损害发生到其恢复至基线状态期间提供生态系统服务的损失量"。第4.13条规定永久性损害指"受损生态环境及其服务难以恢复,其向公众或其它生态系统提供服务能力的完全丧失"。生态环境修复期间服务功能的损失、生态环境功能永久性损害造成的损失应当由赔偿义务人承担,以货币量化后由赔偿义务人支付。

再次,生态环境损害调查和鉴定评估等费用应当由赔偿义务人承担。生态环境损害比侵权法上处理的其他损害更加复杂、更加难以计量,其中因果关系判断、损失计量等都需要专业的调查或者鉴定、评估,而且费用可能较高,但又为实现生态环境损害赔偿所必须,因此如果认定赔偿义务人须承担生态环境损害赔偿责任,那么相关的生态环境损害赔偿调查、鉴定评估等费用也应由其承担。同时也应当避免在生态环境损害调查或者鉴定评估中支出不合理的费用,赔偿义务人仅承担合理费用。例如,实践中出现过生态环境损害鉴定费用超过生态环境损害数额的案例,其鉴定费用的合理性难以认定。

最后,"防止损害发生和扩大所支出的合理费用"也属于生态环境损害赔偿的范围。《生态赔偿改革方案》还提出"各地区可根据生态环境损害赔偿工作进展情况和需要,提出细化赔偿范围的建议",这为各地开展生态环境损害赔偿工作时制定更具体的生态环境损害赔偿责任规则留下了空间;“鼓励各地区开展环境健康损害赔偿探索性研究与实践”,也为环境健康损害赔偿纳入生态环境损害赔偿提供了可能。

## 四、生态环境损害赔偿的实践状况

生态环境损害赔偿是《生态赔偿试点方案》推出的新制度,《生态赔偿改革方案》出台后才在全国范围内推开。不同于环境公益诉讼在政策和法律正式出台之前已有不少案件实践,生态环境损害赔偿并无自发的尝试,在《生态赔偿试点方案》乃至《生态赔偿改革方案》出台之后仍面临不少实践问题。

### (一)试点以来各地政府的推进情况

生态环境损害赔偿工作的推进主要依赖地方政府特别是省级、地市级政府,《生态赔偿试点方案》和《生态赔偿改革方案》也明确要求地方政府出台相关配套措施,推进生态环境损害赔偿工作。2016 年以来,山东、天津、辽宁、广西等省区市出台了“生态环境损害赔偿制度改革实施方案”,对具体工作的开展提供进一步的规范和指引。2018 年以来,湖南省株洲市、江苏省无锡市等一批市地级人民政府也陆续出台了本地的生态环境损害赔偿制度改革实施方案,对国家和省(自治区、直辖市)的方案进行进一步的细化规定。例如,《株洲市生态环境损害赔偿制度改革实施方案》在国家规定的基础上,进一步明确“在重点生态功能区、禁止开发区及生态保护红线范围内以外的其他地区发生环境污染、生态破坏事件直接导致区域大气、水、土壤等环境质量等级显著下降,或造成耕地、林地、湿地、饮用水水源地等功能明显退化”以及“涉嫌环境资源类犯罪,造成严重生态环境损害”两种情形须承担生态环境损害赔偿责任。

同时,部分地方政府出台了系列配套文件,对生态环境损害赔偿制度改革中的具体问题进行特别规定,明确了具体规则。例如,江苏省政府办公厅于 2018 年 10 月 4 日印发了生态环境损害赔偿制度改革实施方案配套文件,包括《江苏省生态环境损害事件报告办法(试行)》《江苏省生态环境损害鉴定评估管理办法(试行)》《江苏省生态环境损害赔偿磋商办法(试行)》《江苏省生态环境损害赔偿起诉规则(试行)》《江苏省生态环境损害赔偿资金管理办法(试行)》《江苏省生态环境损害修复管理办法(试行)》《江苏省生态环境损害赔偿信息公开办法(试行)》,基本形成了生态环境损害赔偿的规则体系。

各地出台的生态环境损害赔偿制度改革文件加速了《生态赔偿改革方案》的落地，对于生态环境损害赔偿制度实践具有重要指导和直接规范意义，在该制度的法律依据存在欠缺的背景下更显示了其重要意义。但是，从各地出台的生态环境损害赔偿制度改革试点方案、实施方案来看，其内容也存在重复中央文件较多、原则性规定较多的问题，操作性规则特别是强制性的操作规则并不多见，对于生态环境损害赔偿制度的完善意义有限。

### （二）试点以来生态环境损害赔偿诉讼案件状况

最高人民法院按照《生态赔偿试点方案》和《生态赔偿改革方案》要求，指导各级人民法院结合本地实际情况，积极探索省、市级政府提起生态环境损害赔偿诉讼规则。江苏、浙江、山东、湖南、贵州、云南、重庆、青海等省（区、市）高级人民法院分别出台了有关生态环境损害赔偿诉讼案件的审理规则和配套措施，对辖区内人民法院受理生态环境损害赔偿案件的原告资格、管辖法院、案件范围、起诉提交材料、生态环境损害赔偿诉讼与其他诉讼的关系、磋商协议司法确认等规则进行了有益的尝试，为生态环境损害赔偿诉讼的有效运行积累了相关经验。[1]

截至2018年年底，各级人民法院已受理省、市级政府提起的生态环境损害赔偿诉讼案件20件，审结8件。2019年，受理生态环境损害赔偿案件49件，审结36件，同比分别上升145%、350%，其中生态环境损害赔偿司法确认案件28件，审结23件；生态环境损害赔偿诉讼案件21件，审结13件。[2] 2020年，全国法院加大生态环境损害赔偿诉讼审判力度，审结生态环境损害赔偿案件62件。[3] 例如，江苏省泰州市中级人民法院审理的江苏省人民政府诉海德公司生态环境损害赔偿纠纷案是具有代表意义的案件。该案中，法院判决海德公司赔偿环境修复费用3637.90万元、生态环境服务功能损失1818.95万元、评估鉴定费26万元，上述费用合计5482.85万元。该案是全国最早受理的省级人民政府诉企业生态环境损害赔偿案件之一，亦是《人民陪审员法》施行后，由七人制合议庭审理的案件，四位人民陪审员在案件审理中依法对事实认定

〔1〕 参见《中国环境资源审判（2017－2018）》，最高人民法院2019年3月2日发布。
〔2〕 参见《中国环境资源审判（2019）》，最高人民法院2020年5月8日发布。
〔3〕 参见《中国环境资源审判（2020）》，最高人民法院2021年6月4日发布。

和法律适用问题充分发表了意见，强化了长江流域生态环境保护的公众参与和社会监督，进一步提升了生态环境损害赔偿诉讼的公信力。

总体来看，截至2024年，《生态赔偿改革方案》已经出台多年，加上2015年印发的《生态赔偿试点方案》的两年试点，生态环境损害赔偿制度推行七年多来，磋商和诉讼工作都取得了进展。但是不管是生态环境损害赔偿的磋商还是诉讼案例都还比较少，各地在具体案例推进上整体比较谨慎。

## 第三节 生态环境损害赔偿诉讼的产生和发展

### 一、环境诉讼的理论发展与实践创新

环境问题严重化的背景下，特别是环境行政管理效果达不到预期时，诉讼被寄予解决或者至少是缓解环境问题的厚望，环境诉讼因此越来越成为一类重要而独特的诉讼类型，我国环境诉讼在专门化和专业化方向上不断发展，专门化的环境司法体系基本形成。[1] 生态环境损害赔偿制度改革中，赔偿诉讼是重要的或者说具有决定性意义的一环，其发展建立在环境诉讼理论发展的基础之上，并且是环境诉讼实践创新的最新形式。

#### （一）环境诉讼及其专门化的理论基础

随着环境问题的凸显以及诉讼在环境保护中的作用日益重要，特别是在我国法院环境资源专门审判机构普遍设立后，环境诉讼逐渐成为一个相对独立的诉讼领域，呈现明显的专门化和专业化发展趋势。专门化体现在专门环境审判机构数量不断增长、环境审判队伍专业化建设得到加强、环境审判职能规范发展以及环境司法理念得到贯彻等方面；专业化体现在环境资源案件审判更加凸显“生态”特性，专业化审判规则不断完善，案件审理类型化、精细化进展明显等方面。[2]

---

〔1〕 参见吕忠梅、刘长兴：《环境司法专门化与专业化创新发展：2017－2018年度观察》，载《中国应用法学》2019年第2期。

〔2〕 参见吕忠梅、刘长兴：《环境司法专门化与专业化创新发展：2017－2018年度观察》，载《中国应用法学》2019年第2期。

环境诉讼的专门化和专业化发展是对环境案件特殊性的回应。环境案件与环境保护密切相关,其特殊性主要表现在两个方面:

一是环境保护的公益属性。环境保护本身是一项公共事业,反映在因环境问题而出现的各类诉讼中,就是案件无法回避的公共利益问题。在民事案件中,无论是侵权案件还是合同案件,当事人的私人利益都在某种程度上与环境公共利益相联系,其裁判也难以完全撇开公益考量,否则其裁判结果难免出现偏离公共利益的问题。

二是环境保护的专业性。环境保护需要专业的技术支撑,环境纠纷的解决也需要在厘清技术要素的基础上展开对权利义务的界定、实现对相关利益的保护。环境保护的专业性也需要体现在环境诉讼过程中,包括技术问题的解决方案、损害的鉴定和责任的划分等都需要专业支持。因此,即使仍采用传统诉讼的基本架构,环境民事诉讼、环境行政诉讼以及环境公益诉讼都会呈现出专业性特征,需要相对特殊的制度设计。

因此,虽然在理论上仍存在不少争议,但是环境诉讼越来越成为一个相对独特的诉讼领域,其诉讼模式在传统诉讼模式的基础上有不同程度的创新和发展。

### (二)环境民事诉讼、行政诉讼与公益诉讼的发展

环境民事诉讼是环境诉讼的主要类型,主要体现在环境侵权案件的大量出现。环境侵权案件中,关于归责原则、举证责任、因果关系认定等已经发展出一系列新的规则。原《民法总则》第 9 条明确了绿色原则之后,对当事人民事权利义务的界定须全面考虑环境保护因素,在相关诉讼案件中落实环境保护的要求。一是充分考虑物权行使的环保限制。物权特别是自然资源物权行使可能导致直接环境后果,目前物权法等法律对环境保护的考虑并不充分,在司法过程中通过对物权规则的合理解释、对物权进行环保限制是落实绿色审判理念的重要方面。二是高度重视合同制度的绿色解释。在合同案件中,根据合同法等法律对当事人的权利义务认定基本不考虑环境保护的要求,这不利于环境保护目标的实现,也不符合绿色原则。运用司法裁量权在合同案件审理中根据绿色原则对合同生效、合同履行等规则进行合理解释,可以引导当事人作出符合环境保护要求的行为,助力生态文明建设。

环境行政诉讼关注对环境行政行为的审查,对于确保环境行政的合法性、

落实政府的环境保护义务有直接作用。环境行政诉讼中,须重点考虑相关行政行为是否符合环境保护要求,特别是在合理性衡量中,应当将环境政策导向作为判断行政行为是否合理的重要因素,明确在普通行政审判中考虑、落实环境政策的导向。进而,在经济行政纠纷案件的审理中应当适当考虑环境保护的要求,将环境保护作为判断经济行政行为是否合理的重要因素,引导政府在经济行政过程中更多考虑环境保护的要求。

环境公益诉讼是环境诉讼创新发展的重要成果,并且已经在环境保护中发挥了重要作用。近年来,各级人民法院畅通诉讼渠道,依法及时受理符合法定条件的环境民事公益诉讼案件,社会组织提起诉讼的审判程序和配套机制日趋完善。同时,依法审理检察机关提起的环境公益诉讼案件,完善相关诉讼规则。随着检察机关内设机构的调整基本完成,检察机关提起的环境公益诉讼案件数量继续增加,逐步成为环境公益诉讼的主要类型。

### (三)生态环境损害赔偿诉讼的产生

生态环境损害赔偿诉讼是环境诉讼专门化发展的最新结果,从主体的特殊性来看具有更高程度的创新意义。以《民法典》第1234条和第1235条的规定为基础,基于《生态赔偿试点方案》、《生态赔偿改革方案》和《生态赔偿案件若干规定》设计的生态环境损害赔偿诉讼基本框架,并结合相关的理论成果和案件审判实践经验,可以基本确定生态环境损害赔偿诉讼制度的主要内容,包括制度目标、核心概念和诉讼主体等。进一步的生态环境损害赔偿诉讼规则设计还需要明确其在法律制度体系中的定位,把握生态环境损害赔偿诉讼的性质和目的,为具体诉讼规则的设计提供基本立足点。

## 二、生态环境损害赔偿诉讼的依据

生态环境损害赔偿诉讼的直接法律依据不足,但仍应当通过法律解释和法理分析确定其基本依据,作为进一步展开规则设计的基础。针对前述生态环境损害赔偿的法律依据欠缺问题,需要从实体法上寻找生态环境损害索赔的权利基础,进而在诉讼上确认相关主体的诉讼资格。对于生态环境损害赔偿诉讼程序的依据不足问题,需要从现有诉讼程序中发掘可资利用的资源,形成可操作的诉讼程序规则。

## (一)实体法依据与诉讼主体资格

生态环境损害赔偿制度的实体方面涉及政府的环境管理权,应当充分借鉴行政私法理念进行重构。[1] 尽管自然资源国家所有权可以作为政府进行生态环境损害索赔的权利基础,但是问题在于生态环境损害涉及的范围可能超出所有权的保护界限。从政府环境管理权角度确认政府维护环境公共利益的职权,可以建立政府进行生态环境损害索赔的公权力基础。在法律没有明确规定生态环境损害索赔权之前,《环境保护法》等确认的政府环境管理职权可以作为开展解释的依据。《环境保护法》第6条第2款规定"地方各级人民政府应当对本行政区域的环境质量负责",具体的政府管理职权可以依据该条展开。

《民法典》第1234条规定"国家规定的机关"可以对生态环境损害的侵权人提起诉讼,结合《生态赔偿改革方案》的规定,可以确认生态环境损害赔偿诉讼原告的诉权源于国务院授权或者省级、市地级政府指定。在赔偿诉讼法律关系中,赔偿权利人及省级、市地级政府指定的负责生态环境损害赔偿具体工作的部门或机构都有权提起诉讼,以原告身份请求赔偿义务人承担赔偿义务。其中赔偿权利人(包括省级、市地级政府、代行全民所有自然资源资产所有权的国务院部门)的诉权源于国务院的授权,省级、市地级政府指定的负责生态环境损害赔偿具体工作的部门或机构的诉权源于省级、市地级政府的再次委托授权。前者在形式上实现了赔偿权利人与诉权人的统一,后者则是赔偿权利人与诉权人的分离,但并非通常意义的委托代理关系,而是"有权提起诉讼",应理解为直接以自己名义提起诉讼。虽然不能忽视诉权的实质权利属性,但是从诉讼程序的角度,诉权更主要解决形式上的诉讼当事人资格问题,因此《生态赔偿改革方案》关于国务院委托授权或者省级政府、市地级政府指定的规定可以解决形式意义上诉权的享有者问题,实现操作意义上诉权主体的明确化。但是,诉权本身的基础在确定生态环境损害赔偿规则的过程中具有重要意义,仍有进一步深究的必要。

---

[1] 参见张梓太、李晨光:《生态环境损害政府索赔的路径选择》,载《社会科学辑刊》2018年第3期。

### (二)程序法依据与民事诉讼法的适用性

尽管生态环境损害赔偿的请求权基础需要建立在国家所有权和政府环境管理权的基础之上,但是由于政府或者政府部门是以原告身份要求环境污染者或者破坏者承担赔偿责任,而赔偿责任与普通的民事赔偿责任更具有一致性。因此,生态环境损害赔偿制度呈现出明显的公私法融合属性,规则设计上需要体现为民事形式和行政实质的结合。生态环境损害赔偿诉讼需要更多考虑形式方面,沿用民事诉讼的基本框架开展具体规则的设计。事实上,行政诉讼与民事诉讼的最重要区别是被告的身份不同,但在赔偿诉讼中政府是作为原告出现的,被告与民事诉讼是一致的,而且被告的赔偿责任也更类似于民事责任,这是确立赔偿诉讼的民事定位的基本考虑。

按照民事诉讼框架构建赔偿诉讼规则有利于借鉴和适用既有环境诉讼和环境侵权的规则,确保生态环境损害赔偿诉讼与既有制度的有效沟通和协调。虽然生态环境损害赔偿制度的公私法融合属性决定了其遵循民事诉讼框架处理赔偿纠纷存在困难,但是相对而言民事诉讼仍是最合适的纠纷解决途径,特别是在具有关键意义的赔偿责任认定上适用民事诉讼规则具有可行性。《生态赔偿改革方案》也明确"对经磋商达成的赔偿协议,可以依照民事诉讼法向人民法院申请司法确认","磋商未达成一致的,赔偿权利人及其指定的部门或机构应当及时提起生态环境损害赔偿民事诉讼"。

确立赔偿诉讼的民事定位要求对行政权的形式进行形式审查,避免审判权与行政权在环境管理方面的不必要冲突。行政审判的核心是行政行为的合法性和合理性,在生态环境损害赔偿的行政职权并无法律明确规定、赔偿权利的边界也不易划分的情形下,关注生态环境损害赔偿中政府行为并不具有实质意义,并且会失去赔偿责任认定这一焦点问题。因此,以民事诉讼框架规范赔偿诉讼过程,将关注焦点集中于赔偿责任的认定,而仅仅在形式意义上对生态环境损害赔偿过程中的政府行为进行审查和认定,有利于核心目标的实现,并且避免审判权与行政权在环境管理具体问题上的冲突,充分尊重政府在自然资源和生态环境管理中的能动性和自由裁量权。

## 三、生态环境损害赔偿诉讼的发展方向

生态环境损害赔偿制度理论上有助于生态环境问题的解决,并且具有环

境行政管理、环境侵权制度以及环境公益诉讼制度、环境犯罪制度所不具备的优势。生态环境损害赔偿诉讼作为一个新的诉讼类型,充分反映了环境法治创新的需求,同时也要关注生态环境损害赔偿制度推进过程中呈现出来的问题,对政府起诉的动力不足、行政权与审判权的划分不明确或不合理、与行政管理相比效率不高、选择性起诉带来公平性疑问等问题进行系统分析和解决。具体来说,发展和完善生态环境损害赔偿制度应当着力于多个方面。

### (一)尽快明确法律依据和具体规则

1. 准确理解和适用《民法典》关于生态环境损害赔偿的规定。《民法典》在"环境污染和生态破坏责任"专章规定了生态环境损害赔偿制度的基本框架,[1]并且对赔偿范围作了列举性规定。但是对于生态环境损害赔偿制度仍只具有比较笼统的指导意义,包括其中"国家规定的机关""修复生态环境"等概念都需要进一步的解释或者更加具体的规定。

2. 尽快明确生态环境损害赔偿诉讼的法律依据。对生态环境损害赔偿而言,《民法典》的私法属性决定了其规则难以直接适用于环境公共利益的保护,但是对于具体操作规则具有参照意义。《生态赔偿案件若干规定》已经明确《民法典》、《环境保护法》和《民事诉讼法》的法律依据地位,在生态环境损害赔偿诉讼的具体操作性方面,还应当进一步确认其解释路径。《环境保护法》规定的政府环境管理职责可以扩大解释为政府索赔权利的基础,《民事诉讼法》确定的诉讼框架是赔偿诉讼开展的基本依据。另外,《民法典》物权编规定的自然资源国家所有权也被认为是政府索赔权利的基础,在生态环境损害赔偿范围的确定上需要考虑自然资源的物权基础。

3. 要科学设计生态环境损害赔偿诉讼的特殊规则。相对于环境侵权诉讼,生态环境损害赔偿诉讼的特殊性主要体现在原告的主体资格、责任构成要

---

〔1〕《民法典》第1234条规定:"违反国家规定造成生态环境损害,生态环境能够修复的,国家规定的机关或者法律规定的组织有权请求侵权人在合理期限内承担修复责任。侵权人在期限内未修复的,国家规定的机关或者法律规定的组织可以自行或者委托他人进行修复,所需费用由侵权人负担。"第1235条规定:"违反国家规定造成生态环境损害的,国家规定的机关或者法律规定的组织有权请求侵权人赔偿下列损失和费用:(一)生态环境受到损害至修复完成期间服务功能丧失导致的损失;(二)生态环境功能永久性损害造成的损失;(三)生态环境损害调查、鉴定评估等费用;(四)清除污染、修复生态环境费用;(五)防止损害的发生和扩大所支出的合理费用。"

件以及行政管理和赔偿磋商中证据的适用性等方面，这些都应基于生态环境公益保护需要而对环境侵权规则、民事诉讼规则进行变通。《生态赔偿案件若干规定》已经明确了一些具体规则，但是在生态环境损害赔偿案件审判中，还需要基于有限的试点案件继续完善相关规则。

### （二）把握生态环境损害赔偿诉讼的形式和实质

1. 要坚持生态环境损害赔偿诉讼的民事定位。生态环境损害赔偿的责任认定与环境侵权责任相似，《生态赔偿改革方案》也明确“磋商未达成一致的，赔偿权利人及其指定的部门或机构应当及时提起生态环境损害赔偿民事诉讼”，应当依据民事诉讼法构建生态环境损害赔偿诉讼的基本规则，包括当事人的主要权利义务、裁判形式等都可依据民事诉讼法确定，仅在真正有特殊性时作出适当的变通。

2. 要尊重赔偿制度的行政属性。具体体现在对生态环境损害赔偿制度中政府行为的尊重，即在形式审查的基础上对赔偿权利人的意思表示给予充分的尊重，及时确认其行为包括自由裁量行为的效力，包括行政执法过程中形成的证据材料等要及时认定。一是案件范围的确定尊重政府的选择。《生态赔偿改革方案》规定的生态环境损害赔偿案件范围包含了三类环境事件的情形，只有第一种情形“发生较大及以上突发环境事件”有比较明确的范围，在特定区域发生环境事件、发生其他严重影响生态环境后果的事件两种情形都需要进一步明确案件范围，需要各地明确具体情形。合理确定案件范围是赔偿诉讼制度有效运行的关键，但是对于案件范围的确定主动权在各地政府，政府以实施方案等方式明确纳入生态环境损害赔偿范围的，其提起的诉讼法院即应当受理。因此，司法解释中规定案件范围并无意义。二是案件管辖考虑政府作为原告的特殊性。民事案件通常根据案件标的额大小、社会影响大小确定级别管辖，根据案件的特定联系确定地域管辖，这些因素在确定生态环境损害赔偿案件的管辖时也应当考虑，但更重要的是需要根据原告的身份确定级别管辖，根据损害结果地确定地域管辖。三是证据认定充分尊重政府行为的公信力。民事案件的证据不管原告还是被告所举，均应经同等的质证程序方可认定。生态环境损害赔偿诉讼中原告所举的证据可能是行政管理过程中产生或者获得的，其证据效力与政府的执法规范性、社会公信力相关，不能完全等同于普通的民事证据，在认定上应当承认政府行为具有更高的公信力。

### （三）协调环境诉讼之间的关系

同一污染环境或者破坏生态的行为可能导致各种形式的损失，对行为人赔偿责任的追究已经存在环境侵权诉讼和环境公益诉讼两条主要通道，而且刑事罚金、行政罚款也与生态环境损害后果有一定的关联，通过诉讼追究赔偿义务人的生态环境损害赔偿责任必须协调与上述责任的关系，特别是与环境侵权诉讼和环境公益诉讼的关系。[1]

从原告的诉讼目标来看，生态环境损害赔偿诉讼与环境侵权诉讼比较容易区分，毕竟私人利益和公共利益的区分标准相对明确，特别是私人权益的边界通常不难确定。但是，由于致害行为的统一性，该两类诉讼在事实查明等方面仍存在密切关联，因此在事实认定标准、责任承担顺序上需要协调。

当然也要认识到，当前的生态环境问题是全方位、系统性的，法律应对手段也逐步实现了体系化，对生态环境损害赔偿诉讼解决生态环境问题的期望不应过高。从法律制度角度，完善环境管理制度、环境侵权制度才是应对生态环境问题的根本所在，刑事手段、公益诉讼等可以作有效补充。

---

〔1〕参见冷罗生、李树训：《生态环境损害赔偿制度与环境民事公益诉讼研究——基于法律权利和义务的衡量》，载《法学杂志》2019 年第 11 期。

# 第二章　生态环境损害赔偿诉讼概述

## 第一节　生态环境损害赔偿诉讼的概念

### 一、生态环境损害赔偿诉讼的内涵

#### （一）生态环境赔偿诉讼的域外探索

生态环境损害赔偿诉讼在我国环境资源审判中属于新类型诉讼，然而从比较法角度，美国和欧盟对此早有探索。但是基于欧美普通法和衡平法不同的法治传统，二者对生态环境损害采用不同的救济模式。美国对生态环境的损害提出了“自然资源损害”（NDR）的概念，其以公共信托理论作为制度依托，在《美国清洁水法》、《美国综合环境处理、赔偿和责任法》（以下简称《美国超级基金法》）、《美国油污法》等部分联邦环境法律中规定了自然资源损害赔偿制度。欧盟则采用“环境损害”概念，2004 年 4 月 21 日欧洲议会和欧盟理事会联合发布了《欧盟关于预防和补救环境损害的环境责任指令》（以下简称《欧盟环境责任指令》），旨在预防、救济生态（环境）加害行为对受保护物种和自然栖息地、水、土地等特定生态（环境）要素本身的损害。《欧盟环境责任指令》提出适用严格责任、放宽因果关系的检验标准、扩大诉讼资格、细化对损害的定义等。同时，与美国不同的是，《欧盟环境责任指令》通过增加行政权力的使用作为清除和防止污染的一种手段，因此，欧盟在对环境损害的救济上构建了一个不同于传统侵权体系架构的“环境责任”。可以说，对于环境资源本身的损害，美国采取了以公共信托理论为基础的传统诉讼模式，欧盟则采取了带有行政主导色彩的侵权救济模式。

一直以来，传统的侵权法主要关注于对私人利益的保护，普通法的诉讼中，一般人除非对诉讼标的享有确定的权益，否则其不能作为原告，因此，一般侵权之诉中原告必须是侵权之诉的受害人。从历史上看，侵权一直作为调解私人纠纷的一种手段而没有明确涉及环境保护的目标。但是侵权有时也会涉及环境维度,例如,房主或土地所有人受噪声、灰尘、烟气等影响而可能成功阻止排污行为。因此,当环境保护构成了一个涉及公共利益的目标时,侵权责任在某种程度上可能同时涵盖私人利益和公共利益。英美普通法在涉及环境领域中的侵权问题时,无法脱离土地来加以阐述。从普通法的传统和视角,环境问题产生的根源之一在于对自然资源的利用方式,资源利用各方如竞相无序的使用资源,则可能造成资源的过度利用。哈丁以美国西部公共牧场过度放牧为例对此进行了阐释,[1]并将之界定为“公地悲剧”。哈丁进而提出,私有制可以保护人们的土地免受他人的开发利用。

在英美普通法中,环境领域的侵权行为主要包括对有形物质直接侵犯的侵害之诉(trespass)和由噪声、烟气等无形现象所造成的妨害之诉(nuisance)。(1)侵害之诉。侵害之诉作为一种诉讼形式,旨在为暴力或直接侵犯个人财产(如土地)提供救济。[2] 因此类侵害的直接性和暴力性,法庭对此类侵害的处理往往较为严厉,故而为了使侵权之诉成立,原告起诉时通常需要证明与侵害之间存在直接的因果关系。正是因果关系的这种高要求,限制了侵害之诉在环境领域的使用。比如噪声、烟气等形式的污染因缺乏实体存在,又往往受气流、潮汐等的影响,因此,对邻近财产的侵扰很难判断是否是被告行为的必然结果。(2)妨害之诉。妨害源于排除妨害的诉讼形式,其目的在于恢复土地所有权的附属权利,主要包括基于协议如地役权和收益的权利,以及有法律所授予的自然权利,如干净健康的空气和水。从妨害之诉的起源来看,其最早之目的是解决邻里间的争端,因此,妨害之诉常常被概括为“在不损害邻居财产的原则下使用你的财产”(sic utere tuo ut alienum non laeda)。关于妨害,以其损害的性质又可分为私人妨害和公共妨害。私人妨害通常关注对土地权益的保护,主要表现为一个人对其财产的使用和享受不受干扰的权利。公共妨害是基于与私人妨害类比所产生的,如阻塞公共道路和阻碍地役权。因此,关于公

---

〔1〕 牧民若想获得额外的收益必须饲养和出售额外的牛,由此产生的相关成本将转嫁给公共牧场并由所有使用公共牧场的牧民来分担。因为牧民只分担成本的一小部分却可以带来额外收益,在进行成本效益分析后,牧民均会得出增加牛群数量的结论,从而使得畜群数量一直保持增长而导致公共牧场无法维持。

〔2〕 See C. H. S. Fifoot, *History and Sources of the Common Law*: *Tort and Contract*, Ch. 3(Stevens and Sons 1949).

共妨害的私人诉讼不是所有权的救济。在总检察长诉 PYA 采石场(Attorney General v. PYA Quarries)案中,被告采石场的爆破造成了噪声和震动,该案提出了以公共妨害的影响范围广且对个体没有差异性作为确定是否构成公共妨害的标准。因为许多污染物能够通过气流、河水等快速扩散并影响居住在离污染物相当距离的大量人群,故而就该损失寻求救济时,公共妨害具有重要意义。值得注意的是,在财产的使用和享受所可能受到的不利影响方面,公共妨害和私人妨害有可能存在相当大的重合。但是,公共妨害涵盖的范围更广泛,包括完全无法与侵害财产权益相联系的危害,如干扰行为对公共卫生和健康的影响。

除了基于侵入土地而带来的侵害之诉和妨害之诉外,在普通法中占据重要地位的还有过失侵权。过失侵权诉讼主要用于对过失侵权所造成的损害提供救济,而不是基于故意或者强制的行为。这种类型的索赔因关注间接和后续的伤害,因此与直接侵入他人土地不同。鉴于大多数已知的污染形式都会对邻近财产造成妨碍,所以在基于污染所引起的诉讼中,多是请求侵害之诉或者妨害之诉。而在土地侵权之外,请求过失侵权则是一种较为常见的诉讼手段。在过失侵权中,过错占据主导地位,其通常包括三个构成要件,即具备谨慎义务、违反谨慎义务以及因违反该义务而造成其他人的损失。[1]

在英美普通法中,侵权诉讼中享有诉讼资格的往往仅限于那些遭受财产损害、人身伤害或者基于土地权益所赋予的权利和利益受到干扰的人。因此,许多关于污染的案例中,可能没有个人或其他法人能够提起民事诉讼。即使在环境损害与个人损失或妨碍财产权具有一致性的情况下,其也可能选择不起诉。这种诉讼主体资格的限制引发了对实现正义的讨论。正如欧盟委员会在关于环境责任制度审议时提出“环境法的一个重要特征是常常缺乏执法驱动力的私人利益。环境通常被定性为我们共同继承的遗产。……通常其中很多东西并非私人占有,如空气、海洋、野生动植物。因此,一般情况下,环境恶化不会立即显现,即使已经出现问题,个人也可能没有合适的途径利用法律来

---

〔1〕 参见[英]马克·韦尔德:《环境损害的民事责任——欧洲和美国法律与政策比较》,张一心、吴婧译,商务印书馆2017年版,第75页。

解决问题，或没有合适的法律救济途径”[1]。

基于上述问题，部分欧盟成员国对原告资格的授予进行了探索。（1）非政府组织的诉讼资格。在私人利益已经受到影响的情况下，可以赋予遭受污染直接损失的受害者组成的社团以诉讼资格。如《丹麦淡水渔业法案》第34（3）条规定丹麦钓鱼协会和商业渔业协会可以就受污染湖泊和河流的休整复原费用提出索赔。[2] 荷兰最高法院和立法机关认为非政府组织可以作为公民生态权益的代表起诉。《荷兰民法典》的“诉讼权利”第3编第11章第305条规定，如果具有完全民事行为能力的社团或基金会组织章程所倡导的利益类型与其欲保护的他人利益类型相似，则其可以提起诉讼。（2）政府等公共机构的诉讼资格。当污染行为仅依赖公共监管权力的行使难以达到预期效果时，政府及其职能部门有可能以诉诸侵权诉讼的方式予以救济，特别是当国家对受污染的土地或水体享有直接的所有权益时，政府等公共机构如同提起私人诉讼一样具有寻求损害赔偿或强制令救济的诉讼资格。但是，当国家对受影响的资源并不享有直接的所有权益却希望代表保护环境的公共利益追究侵权行为时，其是否具有诉讼资格在欧盟成员国中存有争议，主要表现在政府或者主管职能部门是否能够提起侵权诉讼以代替其已经拥有的公共执法权，或者作为履行公共执法权的补充。为了避免政府的侵权诉讼与公共执法权力形成不必要的重复，荷兰通过判决确认了“侵犯性检验”标准。在温德梅尔案中，温德梅尔公司将废石膏泥浆排放到国家所有的水域中，荷兰政府就此提起了侵权诉讼。温德梅尔公司以其取得了《荷兰河流法案》和《荷兰地表水污染法案》的许可而拒绝赔偿。荷兰最高法院在判例中认为政府使用侵权手段是否对法定权力形成了不可接受的侵犯可通过三个标准来考量：监管法规的内容和目的、公民的利益在公法上是否获得了充分的保护以及使用公共权力是否可以达到相应的结果，亦即，在监管部门被要求尽可能使用公共权力的同时，如果侵权是更有效的解决方案，那么监管部门应该保留一定的自由裁量权以提起侵权诉讼。1993年欧洲理事会制定了《危害环境行为造成损害的民事责任公约》

---

〔1〕 Communication from the Commission, Implementing Community Environmental Law, COM (96) 500 final, para. [38].

〔2〕 参见[英]马克·韦尔德：《环境损害的民事责任——欧洲和美国法律与政策比较》，张一心、吴婧译，商务印书馆2017年版，第305页。

(Convention on Civil Liability for Damage Resulting from Activities Dangerous to the Environment),2000年欧盟委员会发表了针对这个主题的《欧盟环境责任白皮书》(White Paper on Environmental Liability),该白皮书建议公共机构应该利用诉讼资格以提起侵权诉讼,从而保护他们不享有直接所有者权益的环境介质。然而后来颁布的《欧盟环境责任指令》则采取与《欧盟环境责任白皮书》完全不同的方式,其基于公法的污染预防或事后补偿的行政管理制度代替了上述白皮书所提出的基于侵权的方法。这体现了政府的双重身份和职能,一方面其作为管理者行使行政管理职能;另一方面作为所有权人或所有权人的代表,主张包括因采取预防或修复环境损害措施的费用及政府针对特定环境损害行为所发生的特别政府费用。[1] 在美国,联邦政府除了可以作为政府机关规制污染土地的行为外,还可以向相关责任人主张因调查污染所发生的行政费用,并可通过超级基金向相关责任人主张修复环境的费用。

侵权作为一种环境保护手段的主要局限性在于其救济措施通常仅反映私人损失而不是环境所受到的损害。但是值得注意的是,侵权的私人之诉有时也会与环境救济产生重合,这主要体现在普通法救济环境损害侵权的方式上。(1)损害赔偿。普通法寻求救济弥补索赔人所遭受的任何损失,防止未来对所有权权益的损害或纠正任何已经发生的此类侵权所造成的损害。衡量损害赔偿的指导原则是"恢复原状",其含义是"当损害将要由损害赔偿金来补偿的情况下,在计算损害赔偿金数额时,赔偿金额应尽可能使受害方所遭受的损失能够恢复到原来的状态,即其为遭受不法侵害时的状态"[2]。如在英国格兰比侯诉贝克韦尔城镇区议会案中,煤气厂的操作员将有毒污水排入原告拥有捕鱼权的河中,原告不仅获得了相当于用其他粮食储备代替食物供应的损失,就河流中种群恢复的费用原告同时获得了相应的赔偿。(2)强制令。强制令源于衡平法院的衡平法管辖权,是自由裁量的救济措施。通常情况下,针对持续侵入他人土地或妨害可以颁发强制令。在戈德史密斯诉坦布里奇·韦尔斯市改善委员会案中,法院认为对于永久性和严重的损害,法院应当干预,并可颁发强制令。同时,在确定伤害是否严重时,应考虑由此可能产生的所有后果。但是对于仅仅是暂时的或者轻微的伤害,法院则不应予以干预。

---

〔1〕 参见吕忠梅等:《环境损害赔偿法的理论与实践》,中国政法大学出版社2013年版,第258页。

〔2〕 Livingstone v. Rawyards Coal Co. [1880] 5 App. Cas. 25,103(Lord Blackburn).

### （二）生态环境损害赔偿诉讼的中国实践

具体到我国，就建立生态环境损害赔偿制度本身来说，其主要基于以下三方面的考虑：一是实现损害担责原则的制度要求。2015 年 1 月 1 日起施行的《环境保护法》第 5 条明确确立了损害担责的原则，修正了“谁污染，谁治理”的污染者治理责任，将生态破坏者的赔偿责任纳入了法律评价范围。基于此，建立健全生态环境损害赔偿制度，由造成生态环境损害的责任者承担赔偿责任，修复受损生态环境，是落实损害担责原则的基本要求。二是弥补自然资源损害赔偿制度缺失的需要。我国《宪法》规定，国务院代表国家对矿藏、水流、城市土地、国家所有的森林、山岭、草原、荒地、滩涂等自然资源行使所有权。但是在上述自然资源受到损害后，因现有制度中缺乏由谁来主张权利以及具体的索赔程序等规定，受损生态环境难以得到及时有效的修复，往往出现“企业污染、群众受害、政府买单”的困局。三是政府履行环境保护法定职责的必然要求。保护环境是国家的基本国策，实施生态环境损害赔偿制度，对造成生态环境损害的责任人追究赔偿责任，修复受损的生态环境，防止、减少环境污染和生态破坏，保护和改善人民群众生产生活环境，是政府履行环境保护职责的需要。[1] 2016 年 12 月 1 日江苏省南京市中级人民法院立案受理了江苏省人民政府、江苏省环保联合会诉德司达（南京）染料有限公司（以下简称德司达公司）生态环境损害赔偿诉讼案，[2]该案是生态环境损害赔偿诉讼试点后，省政府第一次以生态环境损害赔偿权利人身份作为原告提起诉讼的案件，也是全国范围内较早受理审理的生态损害赔偿诉讼案件，对生态环境损害赔偿诉讼这一新类型案件进行了有益探索。除该案外还有重庆市第一中级人民法院受理的重庆市人民政府和重庆两江志愿服务发展中心诉重庆藏金阁物业管理有限公司等生态环境损害赔偿案、山东省人民政府诉山东金诚重油化工有限公

---

〔1〕 参见《破解“企业污染、政府买单”困局——环保部有关负责人解读〈生态环境损害赔偿制度改革试点方案〉》，载新华网，http://www.xinhuanet.com/fortune/2015-12/03/c_1117349597.htm。

〔2〕 江苏省南京市中级人民法院判决书，（2016）苏 01 民初 1203 号，该一审判决指出，（1）被告德司达公司赔偿环境修复费用人民币 2428.29 万元。（2）被告德司达公司应在判决生效之日起 60 日内，支付判决第一项所列款项的 50%，剩余款项于 2018 年 12 月 31 日前支付；上述款项交付至江苏省环境保护厅账户，用于环境修复。（3）被告德司达公司在判决生效后 10 日内给付原告江苏省环保联合会律师费 17 万元。

司等生态损害赔偿案。试点期间的生态环境损害赔偿诉讼案件的共同特点，在于开展生态环境损害赔偿磋商以及相关民事与刑事诉讼案件中的大多数赔偿义务人系违法排污者，行为同时违反国家环境保护法规并构成污染环境犯罪，又因污染环境侵害他人合法权益以及环境公益等行政、刑事和民事等多重违法属性。因此，赔偿义务人既可能面临赔偿权利人提起的生态环境损害赔偿诉讼和污染环境侵害他人合法权益的民事私益诉讼，同时还可能面临环境民事公益诉讼以及刑事诉讼。[1]

除了生态环境损害赔偿诉讼案件，在生态环境损害赔偿制度试点期间，试点省份法院还对生态环境损害赔偿协议司法确认案件进行了探索。其中贵州省人民政府、息烽诚诚劳务有限公司、贵阳开磷化肥有限公司案是生态环境损害赔偿制度改革试点开展后，全国首例由省级人民政府提出申请的生态环境损害赔偿协议司法确认案件。经过两年的试点，2017 年 12 月，中共中央办公厅、国务院办公厅印发了《生态赔偿改革方案》进一步明确生态环境损害赔偿的范围、索赔主体、责任主体等。与《生态赔偿试点方案》相比，《生态赔偿改革方案》中规定的生态环境损害赔偿诉讼制度突出的表现为以下几点变化：

一是关于诉前程序。《生态赔偿改革方案》要求生态环境损害发生后，赔偿权利人组织开展生态环境损害调查、鉴定评估、修复方案编制等工作，主动与赔偿义务人磋商。磋商未达成一致，赔偿权利人才可依法提起诉讼，将磋商程序作为赔偿权利人提起生态损害赔偿诉讼的前置程序。

二是关于生态环境损害赔偿索赔范围。对不能适用生态环境损害赔偿索赔的范围，《生态赔偿试点方案》和《生态赔偿改革方案》规定一致，主要包括：涉及人身伤害、个人和集体财产损失要求赔偿的，适用与侵权责任相关的法律规定；涉及海洋生态环境损害赔偿的，适用《海洋环境保护法》等法律及相关规定。对可以适用生态环境损害赔偿索赔的范围，《生态赔偿改革方案》主要在兜底条款上有了新的规定。《生态赔偿改革方案》将《生态赔偿试点方案》规定的“发生其他严重影响生态环境事件的”改为“发生其他严重影响生态环境后果的”作为兜底条款，且各地区还可以根据实际情况，综合考虑造成的环境污

---

〔1〕 参见汪劲：《论生态环境损害赔偿诉讼与关联诉讼衔接规则的建立——以德司达公司案和生态环境损害赔偿相关判例为鉴》，载《环境保护》2018 年第 5 期。

染、生态破坏程度以及社会影响等因素,明确具体情形。

三是关于起诉主体。《生态赔偿改革方案》进一步明确和扩展了起诉主体范围,除了省级政府有权作为赔偿权利人提起生态环境损害赔偿诉讼外,省级、市地级政府指定的负责生态环境损害赔偿具体工作的相关部门或机构均有权提起诉讼。

在总结审判经验和生态环境损害赔偿案件司法规则的基础上,最高人民法院 2019 年发布、2020 年修正的《生态赔偿案件若干规定》对于司法实践中亟待明确的生态环境损害赔偿诉讼受理条件、证据规则、责任范围、诉讼衔接、赔偿协议司法确认、强制执行等问题予以规定。参考《生态赔偿案件若干规定》第 1 条的规定,可将生态环境损害赔偿诉讼界定为:省级、市地级人民政府及其指定的相关部门、机构,或者受国务院委托行使全民所有自然资源资产所有权的部门,因与造成生态环境损害的自然人、法人或者其他组织经磋商未达成一致或者无法进行磋商的,由其作为原告提起的诉讼。

## 二、生态环境损害赔偿诉讼的基本特征

我国生态环境损害赔偿诉讼还在逐步探索过程中,法律规定也在逐步完善,从其制度定位、目标以及已有实践来看,对比域外生态环境损害的救济模式,我国的生态环境损害赔偿诉讼具有多个特征。

### (一)诉讼主体的特定性

《生态赔偿改革方案》明确生态环境损害的赔偿权利人系国务院授权的省级、地市级政府,对违反法律法规,造成生态环境损害的单位和个人,有权提起生态环境损害赔偿诉讼,追究其应承担的生态环境损害赔偿责任。同时,《生态赔偿案件若干规定》第 1 条进一步明确了起诉的主体范围,包括省级、市地级人民政府及其指定的相关部门、机构或者受国务院委托行使全民所有自然资源资产所有权的部门。

在美国,州、联邦政府和印第安部落作为受托人可以提起自然资源损害索赔诉讼。但是与我国生态环境损害赔偿诉讼不同的是,其系基于自然资源的公共信托理论而提起。依据我国《信托法》对信托的界定,信托是指委托人基于对受托人的信任,将其财产权委托给受托人,由受托人按委托人的意愿以自己的名义,为受益人的利益或者特定目的,进行管理或者处分的行为。有美国

学者认为,“公共信托”由三个主要要素构成,分别是受托人、信托标的物以及受益人。国家或州政府作为委托人为当代人和后代人管理自然资源,其中当代人和后代人是受益人,而自然资源则是信托标的物。[1] 美国学者萨克斯发展了公共信托理论,将其扩大到环境领域。萨克斯的环境公共信托理论建立在三个相关原则的基础上:第一,某些如空气与海等利益,对全体国民具有重大的意义,以至于将这些利益作为私人所有权的客体是很不明智的;第二,这些利益不是某个企业的恩惠,而是蒙受自然的恩惠,故而不论国民的经济地位如何,这些利益都应该平等地提供给全体国民使用;第三,政府的主要目的不是按照私人收益用途分配公共物品,而应是用于增进一般公众的福利。[2] 因此,受托人与自然资源发生法律关系并进而提起自然资源损害索赔诉讼系基于委托人的委托,其对受托的自然资源并不直接享有物权法意义上的所有权。比如《美国油污法》规定,“总统或者任何州、印第安部落或者外国政府的经授权代表,应代表公众、印第安部落或者外国政府,以自然资源受托人身份提出对自然资源损害的索赔并取得其赔偿”[3]。此外,虽然美国法律将自然资源的索赔权利赋予了政府,但是并不排除公民个人针对因自然资源损害引起的人身、财产损害提出赔偿请求。

### (二)适用范围的限定性

《生态赔偿改革方案》中规定,对有下列情形之一的,可以依法追究生态环境损害赔偿责任:(1)发生较大及以上突发环境事件的;(2)在国家和省级主体功能区规划中划定的重点生态功能区、禁止开发区发生环境污染、生态破坏事件的;(3)发生其他严重影响生态环境后果的。《生态赔偿案件若干规定》对此与《生态赔偿改革方案》的规定相同,由此确定了“两区域一突发一后果”的生态环境损害赔偿诉讼适用范围。与《生态赔偿试点方案》相比,《生态赔偿案件若干规定》在兜底条款有了变化。将《生态赔偿试点方案》中发生其他严重影

---

〔1〕 See Alexandra B. Klass, Ling - yee Huang, *Restoring the Trust: Water Resources and the Public Trust Doctrine*, A Manual for Advocates, Center for Progressive Reform, 09, 2009.

〔2〕 参见[美]约瑟夫·L. 萨克斯:《保卫环境:公民诉讼战略》,王小钢译,中国政法大学出版社 2011 年版,第 139 – 140 页。

〔3〕 朱丽:《美国环境公共利益司法保护制度与实践及对我国的启示》,载《环境保护》2017 年第 21 期。

响生态环境事件的“事件标准”改为其他严重影响生态环境后果的“后果标准”。此外,对涉及人身伤害、个人和集体财产损失要求赔偿的,以及涉及海洋生态环境损害赔偿的,依据《生态赔偿案件若干规定》的规定,均不适用生态环境损害赔偿诉讼,而分别适用侵权责任相关的法律规定或《海洋环境保护法》等法律及相关规定。

1.“两区域”指的是国家和省级主体功能区规划中划定的重点生态功能区、禁止开发区。第一,重点生态功能区域是以提供生态产品为主体功能的地区。国家重点生态功能区域的功能定位是保障国家生态安全的重要区域,人与自然和谐相处的示范区。第二,禁止开发区域是依法设立的各级各类自然文化资源保护区域,以及其他禁止进行工业化城镇化开发、需要特殊保护的重点生态功能区。划定禁止开发区域主要是为了发挥生态屏障和生态效益的功能。国家禁止开发区域的功能定位主要是我国保护自然文化资源的重要区域,珍稀动植物基因资源保护地,主要指有代表性的自然生态系统、珍稀濒危野生动植物物种的天然集中分布地、有特殊价值的自然遗迹所在地和文化遗址等,需要在国土空间开发中禁止进行工业化城镇化开发的重点生态功能区。国家层面禁止开发区域包括国家级自然保护区、世界文化自然遗产、国家级风景名胜区、国家森林公园和国家地质公园。省级层面的禁止开发区域包括省级及以下各级各类自然文化资源保护区域、重要水源地以及其他省级人民政府根据需要确定的禁止开发区域。

2.“一突发”指的是“突发环境事件”。依据《突发环境事件应急管理办法》的规定,突发环境事件是指由于污染物排放或者自然灾害、生产安全事故等因素,导致污染物或者放射性物质等有毒有害物质进入大气、水体、土壤等环境介质,突然造成或者可能造成环境质量下降,危及公众身体健康和财产安全,或者造成生态环境破坏,或者造成重大社会影响,需要采取紧急措施予以应对的事件。突发环境事件按照事件严重程度,分为特别重大、重大、较大和一般四级。《国家突发环境事件应急预案》划分了突发环境事件分级标准,对前述等级的情形进行了明确。其中发生较大[1]、重大[2]、特别重大[3]突发环境事件的属于生态环境损害赔偿诉讼的适用范围。

3.“一后果”作为兜底条款,主要适用于发生了其他严重影响生态环境的后果,为生态环境损害赔偿诉讼的探索留足了弹性空间。各地可结合本地区的实际和司法实践,对生态环境损害赔偿的适用范围进行细化。

在欧盟,从《欧盟环境责任指令》的适用范围来看,并非适用于所有的自然资源。对下列资源可以适用《欧盟环境责任指令》追究环境损害责任:一是受到《欧盟野生鸟类和栖息地指令》保护的物种和自然栖息地。如某些物种或自然栖息地不在《欧盟野生鸟类和栖息地指令》保护的范围内,但是该物种或自然栖息地属于欧盟成员国国内法的保护范围,此时也可以纳入《欧盟环境责任指令》的保护范围内。应当注意的是,根据《欧盟环境责任指令》第 2 条第 1 款的规定,当对相关栖息地或物种“达到或维持良好的保护状态造成了重大不利

---

〔1〕 凡符合下列情形之一的,为较大突发环境事件:(1)因环境污染直接导致 3 人以上 10 人以下死亡或 10 人以上 50 人以下中毒或重伤的。(2)因环境污染疏散、转移人员 5000 人以上 1 万人以下的。(3)因环境污染造成直接经济损失 500 万元以上 2000 万元以下的。(4)因环境污染造成国家重点保护的动植物物种受到破坏的。(5)因环境污染造成乡镇集中式饮用水水源地取水中断的。(6)Ⅲ类放射源丢失、被盗的;放射性同位素和射线装置失控导致 10 人以下急性重度放射病、局部器官残疾的;放射性物质泄漏,造成小范围辐射污染后果的。(7)造成跨设区的市级行政区域影响的突发环境事件。

〔2〕 凡符合下列情形之一的,为重大突发环境事件:(1)因环境污染直接导致 10 人以上 30 人以下死亡或 50 人以上 100 人以下中毒或重伤的。(2)因环境污染疏散、转移人员 1 万人以上 5 万人以下的。(3)因环境污染造成直接经济损失 2000 万元以上 1 亿元以下的。(4)因环境污染造成区域生态功能部分丧失或该区域国家重点保护野生动植物种群大批死亡的。(5)因环境污染造成县级城市集中式饮用水水源地取水中断的。(6)Ⅰ、Ⅱ类放射源丢失、被盗的;放射性同位素和射线装置失控导致 3 人以下急性死亡或者 10 人以上急性重度放射病、局部器官残疾的;放射性物质泄漏,造成较大范围辐射污染后果的。(7)造成跨省级行政区域影响的突发环境事件。

〔3〕 凡符合下列情形之一的,为特别重大突发环境事件:(1)因环境污染直接导致 30 人以上死亡或 100 人以上中毒或重伤的。(2)因环境污染疏散、转移人员 5 万人以上的。(3)因环境污染造成直接经济损失 1 亿元以上的。(4)因环境污染造成区域生态功能丧失或该区域国家重点保护物种灭绝的。(5)因环境污染造成设区的市级以上城市集中式饮用水水源地取水中断的。(6)Ⅰ、Ⅱ类放射源丢失、被盗、失控并造成大范围严重辐射污染后果的;放射性同位素和射线装置失控导致 3 人以上急性死亡的;放射性物质泄漏,造成大范围辐射污染后果的。(7)造成重大跨国境影响的境内突发环境事件。

影响"[1]时,上述自然资源的损害才是可以获得环境损害赔偿的。二是对《欧盟水体制指令》(Water Framework Directive)[2]所调整的水体蒙受的损害。根据《欧盟环境责任指令》,欧盟成员国被要求在河流流域处制定保护区来保护地表水和地下水,以及保存那些直接依赖这些水体生存的栖息地和物种。但是只有对上述地区和水体的损害性质达到了"对这些水体的生存状态、生存潜力和(或)化学状况造成不利影响"的程度才是可能得到赔偿的。[3] 三是对土壤污染的损害。在对土壤损害而造成了"使人类健康正蒙受重大不利影响的风险"[4]且该损害是由《欧盟环境责任指令》所列明的潜在危险活动所导致时,对该类损害可以获得赔偿。[5]

### (三)责任内容的修复性

与传统民事诉讼针对人身、财产的赔偿不同,《生态赔偿案件若干规定》中规定的赔偿范围主要包括:(1)应急处置费用。突发环境事件应急处置期间,为减轻或消除对公众健康、公私财产和生态环境造成的危害,各级政府与相关单位针对可能或已经发生的突发环境事件而采取的行动和措施所发生的费用规定被称为应急处置费用。应急处置费用主要是针对污染清理、污染控制、应急监测、人员转移安置等产生的费用数额。(2)生态环境修复费用。2021 年 1 月,生态环境部和国家市场监督管理总局联合印发《生态环境损害鉴定评估技术指南 总纲和关键环节 第 1 部分:总纲》,规定了生态环境损害鉴定评估的一般原则、程序、内容和方法。该文件对生态环境恢复进行了界定,系指采取必要、合理的措施将受损生态环境及其服务功能恢复至基线并补偿期间损害

---

〔1〕 *Directive* 2004/35/*CE of the European Parliament and of the Council of* 21 *April* 2004 *on environmental liability with regard to the prevention and remedying of environmental damage*, https://eur - lex. europa. eu/legal - content/EN/TXT/? qid = 1551146972444&uri = CELEX:32004L0035.

〔2〕 *Directive* 2000/60/*EC of the European Parliament and of the Council of* 23 *October* 2000 *establishing a framework for Community action in the field of water policy*, https://eur - lex. europa. eu/search. html? qid = 1560666343678&text = Directive% 202000/60/EC&scope = EURLEX&type = quick&lang = en.

〔3〕 《欧盟环境责任指令》第 2 条第 18 款。

〔4〕 《欧盟环境责任指令》第 2 条第 1 款 C 项。

〔5〕 参见[荷]爱德华·H. P. 布兰斯:《2004 年〈欧盟环境责任指令〉下损害公共自然资源的责任——起诉权和损害赔偿的估算》,戴萍译,载沈四宝等主编:《国际商法论丛》第 9 卷,法律出版社 2008 年版。

的过程,包括环境修复和生态服务功能的恢复。生态环境修复费用则主要指开展上述行动或措施所需费用。《生态赔偿案件若干规定》第 12 条规定,生态环境修复费用主要包括制定、实施修复方案的费用,修复期间的监测、监管费用以及修复完成后的验收费用、修复效果后评估费用等。(3)生态环境修复期间服务功能的损失。生态系统服务是生态系统直接或间接为人类提供的惠益。生态环境损害开始发生至生态环境恢复到基线的期间,生态系统向公众或其他生态系统提供服务的丧失或减少被称为期间损失,亦即生态环境修复期间服务功能的损失。(4)生态环境功能永久性损害造成的损失。所谓永久性损害是指受损生态环境及其功能难以恢复,其向公众或其他生态系统提供服务的能力完全丧失。一般情况下,在生态环境损害发生后,通过采取各项恢复措施,可以使受损的生态环境及其生态系统服务恢复至基线水平,亦即恢复至污染环境或破坏生态行为未发生时,受影响区域内人体健康、财产和生态环境及其生态系统服务的状态。但是在生态环境功能永久性损害的情况下,既无法将受损的环境恢复至基线,也没有可行的补偿性恢复方案弥补期间损害,或只能恢复部分受损的环境,此时,在进行生态环境损害评估时,一般采用环境价值评估方法对受损环境或未得以恢复的环境进行价值评估并进而计算所造成的损失。(5)生态环境损害赔偿调查、鉴定评估等合理费用,一般也被称为事务性费用,主要指污染环境或破坏生态环境行为发生后,各级政府与相关单位为保护公众健康、公私财产和生态环境,减轻或消除危害,开展环境监测、信息公开、现场调查、执行监督等相关工作所支出的费用。事务性费用鉴定评估内容包括环境监测、信息公开、现场调查、执行监督等费用合理性的判别与数额的计算。

在美国法律中,自然资源损害赔偿的范围主要包括资源本身的损害以及所造成的服务功能损失,强调自然资源所蕴含的可为人类精神享受、美学享受等非使用价值的损失救济。因此,资源损害赔偿金主要由修复费用、过渡期损失和评估费用三部分构成。《欧盟环境责任指令》以污染者付费为原则,其主要目标是使遭受损害的自然资源得到修复。因此,《欧盟环境责任指令》强调对自然资源进行修复,并将修复成本作为首要的和有限考虑的计算损害赔偿的方式。因为将自然资源修复至基线标准需要一段时间,故而对在修复期间自然资源的服务功能损失也属于应予赔偿的范围。除此之外,责任人还将承担损害评估费用、行政和执行费用、资料收集费用以及监控和监督的费用。[1]

通过分析可见,无论是我国还是欧美,对生态环境损害赔偿的范围都主要包括生态环境修复费用、服务功能损失(期间损失)以及其他必要合理费用。生态环境损害赔偿金主要体现环境资源生态功能价值,主要目的是促使赔偿义务人对受损的生态环境进行修复。

### (四)磋商程序的前置性

《生态赔偿试点方案》规定,经调查发现生态环境损害需要修复或赔偿的,赔偿权利人与赔偿义务人就损害事实与程度、修复启动时间与期限、赔偿的责任承担方式等具体问题与赔偿义务人进行磋商未达成一致的,赔偿权利人应当及时提起生态环境损害赔偿诉讼。赔偿权利人也可以直接提起诉讼。因此,在生态环境损害赔偿改革试点阶段,是否进行磋商并非提起生态环境损害赔偿诉讼的前置程序。2017 年,《生态赔偿改革方案》中明确提出,生态环境损害发生后,赔偿权利人与赔偿义务人磋商未达成一致,赔偿权利人可依法提起诉讼。《生态赔偿案件若干规定》第 5 条规定,原告提起生态环境损害赔偿诉讼时应提交与被告进行磋商但未达成一致或者因客观原因无法与被告进行磋商的说明。由此,我国生态环境损害赔偿诉讼确定诉前磋商的前置程序。磋商程序的前置对生态环境损害赔偿制度来说,主要考虑在于以下几点:

一是可以充分发挥磋商在平衡公共利益和私人利益间的积极作用。按照哈贝马斯的法律哲学观点,古希腊时期的公共领域与私人领域存在缓冲区域,在该区域内人们可以就关心的事项发表意见、提出建议,对于经讨论达成一致意见的事项形成法律规则,亦即社会关系中的公权力与私权利通过协商的方式相互对话和理性探讨,在契约自由、平等互利的基础上,实现公共领域与私人领域利益的最大化。可以说,生态环境损害赔偿的磋商就是公共利益的公权力代表与私人利益的赔偿义务私主体之间的博弈,并通过这种博弈达到维护公共利益的目的。[2]

---

〔1〕《欧盟环境责任指令》第 8 条第 2 款和第 2 条第 16 款。

〔2〕参见张林鸿、葛曹宏阳:《生态环境损害赔偿磋商的法律困境与制度跟进——以全国首例生态环境损害赔偿磋商案展开》,载《华侨大学学报(哲学社会科学版)》2018 年第 1 期。

二是可以有效降低诉讼成本,提高修复效率。众所周知,与非诉讼方式相比,囿于诉讼程序所限,诉讼具有审理周期长、诉讼成本高等问题,加之生态环境损害赔偿案件往往涉及较为专业的问题,无疑增加了审理的难度。反之,生态环境监督管理机关则最为熟悉生态环境法律法规、掌握最专业环境科学知识,其在与赔偿权利人磋商时不仅具有天然的优势,而且方式更为灵活,能有效解决前述诉讼弊端。鉴于采取单独的生态环境损害赔偿诉讼救济途径无法完全满足生态环境修复的要求,因此,有必要将生态环境损害赔偿磋商程序与诉讼程序有效衔接,发挥两制度各自的优势,为生态环境损害案件的解决提供多样化选择方案。此外,依据《生态赔偿案件若干规定》的规定,对磋商达成一致的生态环境损害赔偿协议,可以向人民法院申请司法确认,赋予赔偿协议强制执行效力,对拒绝履行、未全部履行经司法确认的生态环境损害赔偿协议,当事人可以向人民法院申请强制执行,充分调动生态环境监督管理机关在环境修复治理中的积极作用,保障了赔偿协议的有效履行和生态环境修复工作的切实开展。

三是在各地生态环境损害赔偿磋商的实践探索积累了大量有益的经验。贵州省和绍兴市是试点期较早开展生态环境损害赔偿磋商探索的省市,试点地方先后印发了绍兴市人民政府办公室《关于印发绍兴市生态环境损害赔偿磋商办法(试行)的通知》(已失效)、贵州省人民政府办公厅《关于印发贵州省生态环境损害赔偿磋商办法(试行)的通知》等文件,对磋商的主体、范围、程序等进行了规定,规范了磋商的开展。贵州省人民政府与息烽诚诚劳务有限公司、贵阳开磷化肥有限公司生态环境损害赔偿磋商案,在第三方组织贵州省律师协会指定律师的主持下,就大鹰田废渣倾倒造成生态环境损害事宜,与赔偿义务人进行磋商并达成《生态环境损害赔偿协议》。绍兴市环境保护局、浙江上峰建材有限公司、诸暨市次坞镇人民政府生态环境损害赔偿磋商协议案,在磋商达成的赔偿协议中,浙江上峰建材有限公司在承担造成的生态环境损害数额110.4143万元的基础上,自愿追加资金投入175.5857万元用于生态工程修复,取得较好的社会效果。这些实践经验被《生态赔偿改革方案》和《生态赔偿案件若干规定》所吸收和采纳,成为磋商前置最有力的实践样本。

美国也同样采取磋商的方式就自然资源的损害与损害责任者达成和解。以墨西哥湾"深水地平线"原油泄漏案为例,在污染事件发生后,美国联邦政府和佛罗里达州、得克萨斯州、密西西比州、亚拉巴马州等州政府，与英国石油公司就造成的自然资源损害及修复进行磋商，最终达成了赔偿额高达81亿美元的和解协议，赔偿数额超过了2015年度美国联邦环境保护署全年的财政预算。[1] 除了就赔偿额进行磋商外，促进损害责任者和索赔人进行合作评估亦是美国磋商的重要内容。目的在于提高评估的时效和磋商的效率，避免责任人和受托人分别进行评估致评估内容差异而进入诉讼。盖因如果大多数自然资源损害的评估都通过诉讼解决，不仅极其浪费时间和费用，而且，在诉讼过程中分别开展评估，也将影响评估的质量。因此，1990年《美国油污法》取代以诉讼为导向的评估模式，鼓励采用合作评估模式，以促使责任人和索赔人尽快达成和解、缩短修复时间以及减少诉讼的概率。[2] 当然，这一方法也要归因于《美国超级基金法》和1990年《美国油污法》这两部法律中的程序规定鼓励当事人采用和解的方式了结案件。1990年《美国油污法》中规定了具体何时邀请责任方合作评估、如何确定参与的标准、评估的资金提供、在评估过程中的公众的参与等。但是与美国不同的是，《欧盟环境责任指令》未对合作评估作任何规定，即没有明确规定在何种情况下或要满足何种要求，责任方可以参与损害的评估。[3]

## 第二节 生态环境损害赔偿诉讼的功能定位

### 一、生态环境损害赔偿诉讼的价值理念

#### （一）生态安全

生态安全的概念分为狭义和广义。狭义的生态安全指自然和半自然生态系统自身的安全，反映的是生态系统的完整程度和健康水平；广义的生态安全

---

〔1〕 参见程雨燕：《美国生态损害赔偿：磋商和解是核心》，载《环境经济》2017年第3期。

〔2〕 参见［荷］爱德华·H. P. 布兰斯：《2004年〈欧盟环境责任指令〉下损害公共自然资源的责任——起诉权和损害赔偿的估算》，戴萍译，载沈四宝等主编：《国际商法论丛》第9卷，法律出版社2008年版。

〔3〕 参见［荷］爱德华·H. P. 布兰斯：《2004年〈欧盟环境责任指令〉下损害公共自然资源的责任——起诉权和损害赔偿的估算》，戴萍译，载沈四宝等主编：《国际商法论丛》第9卷，法律出版社2008年版。

指人类的生活、健康、安乐、基本权利、生活保障来源、必要资源、社会秩序以及环境变化适应能力等方面不受威胁的状态,包括自然生态安全、经济生态安全和社会生态安全三个方面。[1] 具体说来,生态安全具有以下特征:(1)复合性。生态安全不仅包括生态这一个方面,还涉及经济、社会等多个方面。此外,在生态系统内部又涵盖山水林田湖草等多个环境要素。生态安全作为复合概念,决定了维护生态安全需要统筹考虑与经济、社会等多重关系,同时兼顾各环境要素的开发与保护等复杂关系。(2)异质性。由于自然条件、发展程度等因素的差异,不同地区的生态安全面临不同的风险因素,如内蒙古高原受到土地沙化的影响,京津冀地区则受到大气污染的干扰。此外,生态安全也表现为复杂的动态过程。生态安全风险可能因人类活动和自然灾害而升高,也可能因生态恢复而降低。(3)需求性。生态安全是基于人类需求所提出的概念。因此,保障生态安全是以生态系统满足人类生存发展的基本资源需求为前提,而不是以社会经济发展的停滞为代价。[2]

生态安全是国家安全的重要基石。生态安全关系人民群众福祉、经济社会可持续发展和社会长久稳定。2000 年国务院印发《全国生态环境保护纲要》首次将维护国家生态环境安全明确列为全国生态环境保护的目标。[3] 党的十九大报告提出把我国建成富强民主文明和谐美丽的社会主义现代化强国的战略部署,其中包含了构建生态安全型社会的重大任务。近年来,我国经济发展迅猛,中国经济运行保持着高速增长,中国 GDP 年均增速在世界主要经济体中排名靠前。但是随之而来的是环境资源约束趋紧、环境污染严重、生态系统退化的严峻形势。现阶段我国生态安全仍面临着诸多挑战,环境风险形势严峻。我国目前处于工业化、城镇化快速发展时期,人为活动和自然灾害带来的环境风险问题短时期内难以得到根本解决。1995 年至 2014 年,我国突发生态

---

[1] 参见肖笃宁、陈文波、郭福良:《论生态安全的基本概念和研究内容》,载《应用生态学报》2002 年第 3 期。

[2] 参见张琨、林乃峰等:《中国生态安全研究进展:评估模型与管理措施》,载《生态与农村环境学报》2018 年第 12 期。

[3] 《全国生态环境保护纲要》规定,"全国生态环境保护目标是通过生态环境保护,遏制生态环境破坏,减轻自然灾害的危害;促进自然资源的合理、科学利用,实现自然生态系统良性循环;维护国家生态环境安全,确保国民经济和社会的可持续发展"。

环境风险事故总数已达24,187起。[1] 这些突发环境风险事故的影响范围广、持续时间长、处置难度大。由生产安全、交通运输事故引发的次生、衍生突发环境事件呈加剧趋势。与此同时,公众生态环境安全诉求呈"暴涨"态势,一些涉及公众安全和健康的环境问题极易引发群体性事件。

"在现今的风险社会中,对安全的追求比以往任何一个时代都更加迫切,安全应当在法律理念的三个基本价值序列里被给予较之以往更多的关注。"[2]2015年7月1日,十二届全国人民代表大会常务委员会第十五次会议通过了《国家安全法》,其中第30条明确规定,国家完善生态环境保护制度体系,加大生态建设和环境保护力度,划定生态保护红线,强化生态风险的预警和防控,妥善处置突发环境事件,保障人民赖以生存发展的大气、水、土壤等自然环境和条件不受威胁和破坏,促进人与自然和谐发展。因此,生态安全必须摒弃人类破坏自然、征服自然、主宰自然的理念和行为方式,强调人类生存发展对清新的空气、干净的水、健康的食品、优美的生态环境等的需求。[3]

### (二)环境正义

环境正义随着蓬勃兴起的绿色环保运动而产生和发展,旨在解决环境事务中出现的非正义问题。"正义"的哲学概念最早可以追溯到古希腊时期,其内涵被学者们予以了多样化的诠释。柏拉图在《理想国》中就设想和论述了在等级划分基础上的国家正义和个人对理性、欲望把握与平衡的个人正义。亚里士多德则提出"一个对正义概念没有实际一致看法的共同体,必将缺乏作为政治共同体的必要基础。这种基础的缺乏也将危及我们自己的社会"。[4] 因此,在他看来,正义是城邦政治生活中的"首要德性"。此外,亚里士多德将正义分为分配正义和矫正正义。分配正义是依据美德,按比例进行荣誉、政治职务或金钱的分配。美德是进行分配的基准,如果每个人能根据自己的美德得到相应比例的财富,那么这种分配就是公平且正义的。反之,在美德上不平等

---

〔1〕 参见刘苗苗、李若琦等:《我国生态环境风险分担与利益分配机制:问题与对策》,载《环境保护》2019年第8期。

〔2〕 郝艳兵:《风险社会下的刑法价值观念及其立法实践》,载《中国刑事法杂志》2009年第7期。

〔3〕 参见陆军:《强化国家生态安全是我国实现可持续发展的需要》,载《环境保护》2019年第8期。

〔4〕 [美]A. 麦金泰尔:《德性之后》,龚群等译,中国社会科学出版社1995年版,第308页。

的人被平等分配或者在美德上平等的人被差别分配都不是正义的分配模式。矫正正义则是指伤害者应当按照造成的伤害程度，对受到伤害的人给予赔偿。因此，不同于分配正义，矫正正义所给予受害者的补偿与受害者本人的美德无关，只要受害者能得到补偿就是正义的。罗尔斯的《正义论》突破了亚里士多德以美德为标准的分配正义范式，将美德从分配正义中剥离。人性作为社会的产物，人性特别是个人的性格特征深受社会的影响，因此人们很少能对其进行控制，那么在考虑财富公平分配的原则时，就须将美德等个人因素剔除出分配的考量范围。罗尔斯的分配正义更强调需求的概念而非道德的价值。可以说，罗尔斯的正义观标志着现代意义上的分配正义开始出现，关于社会商品能否得到公平分配的问题逐渐成为界定正义的通用范式。

正义的前述分配范式也影响和渗透到了环境正义领域的研究中，正如环境伦理学家彼得·S. 温茨指出："与环境正义相关的首要议题涉及分配正义。环境正义不是聚焦于惩罚和其他替代性选择上，它的焦点在于，在所有那些因与环境有关的政策与行为而被影响者之间，利益与负担是如何分配的。"[1]基于环境正义分配范式的影响，学者们在对环境正义进行研究时，往往关注于强势群体对弱势群体的环境剥削和掠夺，环境资源的不公平分配，环境负担的不公平承担，以及立法、执法和司法机关对弱势群体的环境权利的忽视、漠视和歧视等。[2] 当然，从分配维度对环境正义的内涵进行阐述具有一定的合理性。盖因环境作为社会的公共产物，其能否得到公平分配最易感知而更易作为评价环境正义的尺度和标准。但是，仅将分配尺度作为环境正义的唯一内涵却未免失之偏颇，环境正义的内涵是丰富而多元的。环境正义从时空意义上的纵深角度来看，它应当具有包含全人类的、代际的正义的意义；从现实意义上的横亘领域来看，它应当包含分配的、程序的、矫正的、社会的等方面的正义维度。[3] 具体说来，环境正义的基本内涵包括以下方面：一是注重生态环境保护，环境资源的开发和利用应遵循自然规律，使每个人享有在优美健康的生态环境中生存和发展的权利；二是注重环境决策中的公众参与，通过正当程序和平等原则实现对弱势群体环境权益的保护；三是注重对环境损害的矫正，按照

---

〔1〕［美］彼得·S. 温茨：《环境正义论》，朱丹琼、宋玉波译，上海人民出版社2007年版，第4页。

〔2〕参见权睿学、范小玲：《评析"环境衡平正义"》，载《环境保护》2004年第10期。

〔3〕参见熊晓青：《守成与创新：中国环境正义的理论及其实现》，法律出版社2015年版，第99页。

损害担责原则的要求，确保环境侵权受害者及受损生态环境能够得到及时救济、修复和充分赔偿；四是注重代内正义与代际正义、种际正义与区际正义，保障当代人和后代人都有权享有健康环境的权利，保障人类和其他生物享有生活在可持续发展星球上的权利。

## 二、生态环境损害赔偿诉讼的基本原则

### （一）损害担责原则

有学者指出，从我国环境保护的政策和法律发展来看，“损害担责原则”是对“污染者付费原则”的发展，“损害担责”是对“污染者担责”的“缩略”。该原则最早源于1979年《环境保护法（试行）》中关于“谁污染谁治理”的表述。该法第6条第2款规定，“已经对环境造成污染和其他公害的单位，应当按照谁污染谁治理的原则，制定规划，积极治理，或者报请主管部门批准转产、搬迁”，明确污染者有责任对造成的污染进行治理。1989年施行的《环境保护法》删除了“谁污染谁治理”的表述，只是在第41条第1款规定“造成环境污染危害的，有责任排除危害，并对直接受到损害的单位或者个人赔偿损失”。随着环境保护实践的深入和环境法学理论的发展，“污染者付费原则”（the Polluter－Pays Principle）的局限性愈加明显：一是责任主体限于污染者，并未将资源破坏者纳入责任范围；二是责任形式仅限于排放污染物，并未涵盖生态破坏；三是承担责任方式限于支付排污费，未能体现多元化的责任承担方式，难以符合环境资源的生态属性。基于此，我国的环境保护政策中逐渐体现了扩大“污染者付费原则”的倾向和尝试。1990年12月5日国务院《关于进一步加强环境保护工作的决定》针对资源开发利用提出了“谁开发谁保护，谁破坏谁恢复，谁利用谁补偿”的方针，拓展了“谁污染谁治理”的内涵。1996年8月3日在国务院《关于环境保护若干问题的决定》（国发〔1996〕31号）中明确规定了要按照“污染者付费、利用者补偿、开发者保护、破坏者恢复”的原则“制订、完善促进环境保护、防止环境污染和生态破坏的经济政策和措施”。2000年12月21日国务院印发了《全国生态环境保护纲要》，提出在生态环境保护的基本原则上要“坚持谁开发谁保护，谁破坏谁恢复，谁使用谁付费制度。要明确生态环境保护的权、责、利，充分运用法律、经济、行政和技术手段保护生态环境”。在2015年《环境保护法》修正草案二次审议稿、三次审议稿中曾均采用了“污染者担责”

的表述，在四审时才将“污染者担责原则”修改为“损害担责原则”，并在审议通过后作为施行的《环境保护法》五大基本原则之一。

纵观环境法学研究，“损害担责原则”历经演变。1972 年“经济合作与发展组织”（OECD）理事会颁布的《关于环境政策国际层面指导原则的建议》中最早提出了“污染者付费原则”，其源于庇古的外部性经济理论，旨在通过由污染者承担污染预防和控制措施的费用以内部化环境成本，解决环境污染的外部性问题，促进经济一体化进程，消解国际贸易中的不正当竞争。欧盟 1973 年的第一个环境行动计划最早采纳了“经济合作与发展组织”所提出的“污染者付费原则”，并确立在 1975 年环境事务欧盟理事会建议中。1992 年在巴西里约热内卢召开的联合国环境与发展大会（UNCED）通过的《环境与发展里约宣言》（Rio Declaration）第 16 条重申了“污染者付费原则”，认为“各国政府应该努力促进环境成本的内部化和经济手段的使用，同时考虑到污染者应该采取的方法，原则上承担污染成本，适当考虑公众利益，以防止影响国际贸易和投资”。由此可见，“污染者付费原则”设立的出发点并非基于环境保护，亦并非环境法领域内的原则，更多的是经济领域的概念。

随着“污染者付费原则”的发展，其所显现的预防和恢复的特征越发受到环境法领域的关注，人们逐渐将目光由促进经济贸易转向激励环境改善。其中欧盟 2004 年《欧盟环境责任指令》基于“污染者付费原则”建立环境责任体制而被视为环境领域适用“污染者付费原则”的最佳代表。《欧盟环境责任指令》明确将“污染者付费原则”作为环境损害的基本原则，要求对环境损害的预防和补救应基于“污染者付费原则”并符合可持续发展原则，并将“污染者付费原则”界定为“当经营者的活动已经造成环境损害或具有环境损害的威胁时，该经营者应承担经济责任，以此敦促经营者采取措施和发展惯例减少环境损害的风险，促使经营者减少承担经济责任”[1]。

美国并没有明确阐述“污染者付费原则”的规定，而是散见于相关的法律条款。以联邦法律《美国超级基金法》为例，其提供了四种清理机制对污染场

---

[1] “Directive 2004/35/CE of the European Parliament and of the Council of 21 April 2004 on environmental liability with regard to the prevention and remedying of environmental damage”, https://eur-lex.europa.eu/legal-content/EN/TXT/?qid=1551146972444&uri=CELEX:32004L0035.

所进行清理恢复,主要包括:(1)由政府实施清理。此时联邦或州政府机构可以使用“超级基金”或者其他来源的政府资金对污染场所进行清理,并通过起诉责任主体来追偿清理费用。(2)由政府命令的清理。在某些情况下,例如,当总统发现“来自设施的危险物质释放或具有释放威胁”可能会对公众的健康或环境造成“紧急的重大危害”时,政府(美国环保署)可通过在地区法院申请的禁止令或发布行政命令的方式强制负有责任的人来清理受污染场所。[1] (3)协商清理。政府机构亦可以与责任者通过达成协议的方式由责任者依据协议筹措清理资金或者开展清理。(4)由私人主体自愿实施的清理。[2] 这种情况一般出现在多个责任者对一个污染场所同时负有清理责任,其中当某一个责任者实施了清理,如执行了政府的清理命令或者遵守了与政府的协议、补偿了由政府实施清理的清理费用、自愿清理了某些或者全部污染场所,那么该责任者可以起诉对其他责任人进行追偿。

从对损害担责原则起源的探究可以看出,其内含着经济学的基因,虽然其纯粹的经济色彩已经褪色,取而代之的是环境法色彩。纵观欧盟和美国,其在适用损害担责原则时,均以修复和清理为导向,并将成本和费用作为必不可少的考量因素。即使在责任者已经特定的情况下,亦将责任者与修复者区分,以使清理和恢复成本最低、效率最高。[3]

### (二)风险预防原则

《生态赔偿改革方案》规定,发生较大及以上突发环境事件的、在国家和省级主体功能区规划中划定的重点生态功能区、禁止开发区发生环境污染、生态破坏事件的、发生其他严重影响生态环境后果的,要依法追究生态环境损害赔偿责任。此时,赔偿义务人针对已经造成的生态环境损害承担赔偿责任,采取的是后果补救的导向。但是,值得注意的是,《生态赔偿改革方案》同时提出,国家卫生健康委员会、原环境保护部应对各地区环境健康问题开展调查研究

---

〔1〕 参见[美]约翰·斯普兰克林、[美]格雷戈里·韦伯:《危险废物和有毒物质法精要》,凌欣译,南开大学出版社2016年版,第301页。

〔2〕 参见[美]约翰·斯普兰克林、[美]格雷戈里·韦伯:《危险废物和有毒物质法精要》,凌欣译,南开大学出版社2016年版,第214-215页。

〔3〕 参见吴一冉:《损害担责原则在土壤污染中的司法适用——以常外“毒地”案为分析样本》,载《甘肃政法学院学报》2020年第2期。

或指导地方开展调查研究，加强环境与健康综合监测与风险评估，确立了对生态环境损害环境健康的风险预防原则。

1992年联合国环境与发展大会上通过的《环境与发展里约宣言》第15条提出，“为了保护环境，各国政府应该根据各自的能力广泛采用预防措施。当出现有严重或不可逆转的损害的威胁时，不能把缺乏科学确定性作为推迟采取防止环境退化措施的理由”。欧盟对风险预防原则的规定最早见于《欧洲联盟条约》（亦称《马斯特里赫特条约》）。修订前的《马斯特里赫特条约》第130R条规定：“（1）共同体的环境政策应该致力于如下目标：保持、保护和改善环境质量；保护人类健康；节约和合理利用自然资源；在国际一级上促进采用处理区域性的或世界性的环境问题的措施。（2）共同体的环境政策应该瞄准高水平的环境保护，考虑共同体内各种不同区域的情况。该政策应该建立在风险预防原则以及采取预防行动、环境损害应优先从源头上整顿原则和污染者付费等原则的基础上，环境保护要求必须纳入其他共同体政策的制定和实施之中。”[1]由此，奠定了风险预防原则在欧盟环境保护基本原则的地位。修订后的《马斯特里赫特条约》第174条第2款没有改变风险预防原则基本原则的法律地位，仅将表述修改为“共同体的环境政策应着眼于高水平保护，同时考虑共同体不同区域情况的差异性。这种保护应当以风险防范原则，采取预防原则、环境损害应优先从源头上整顿原则以及污染者付费原则为基础……”。[2] 2000年1月，欧盟委员会公布了《关于风险预防原则的公报》，其中规定了适用风险预防原则的前提是“科学信息不充分、没有定论或者不确定，对环境、人类、动植物健康的可能影响被表明构成潜在危险，且与共同体选择的高的水平保护不一致”[3]。在公报中，欧盟委员会列举了符合风险预防原则的措施应当符合以下五个方面：（1）相称性。采取的措施应该与预计达到的保护水平相符，而不是以零风险为目标的过分保护。（2）非歧视。相似的情况不应该被区别对待，除非有客观的理由，不同的情况下不应该以同样的方式对待，根据风险预防原则所采取的措施应旨在实现同等的保护水平，而不因为

---

〔1〕 常纪文、蔡守秋主编：《国际环境法学》，法律出版社2004年版，第272页。

〔2〕 [法]亚历山大·基斯：《国际环境法》，张若思编译，法律出版社2000年版，第70页。

〔3〕 “On the communication from the Commission on application of the precautionary principle and multiannual arrangements for setting TACs”, https://eur - lex. europa. eu/legal - content/EN/TXT/? qid = 1560672454063&uri = CELEX:52000DC0803.

生产过程中的地理位置或性质不同而区别对待。(3)一致性。预计采用的风险防范措施应该与已经采用过的同样情况下的措施一致。(4)是对行动与不行动的成本—效益进行审查,应该比较采取行动后最有可能发生的有利或不利的结果,以及如果不采取行动的情况下可能产生的整体成本,包括长期的和短期的。(5)以科学发展进行审查,以期获得更先进或更完整的科学评估。同时,对这些措施应进行定期的科学监测,以便它们可以在新的科学信息的基础上被重新评估。

基于风险所可能造成的损害对象不同,可将风险分为生态风险和环境健康风险。其中,前者是生态系统受损的风险,后者是人群健康或者生命安全受损的风险。生态环境损害赔偿中要确立环境健康风险预防的理念和原则,主要原因在于环境健康风险具有以下特征:一是环境健康风险发生的复杂性。从环境污染到对人体健康造成危害,经历了从污染源经由人群暴露最终致害的复杂过程,在每一个环节又同时存在多排放源、多介质污染、多途径暴露以及多风险受体的复杂特性。二是因果关系不确定性。在前述环节中,各个污染源、污染介质以及人群暴露途径交集、累积,可能发生复杂的协同效应和积聚后果。因此,对污染致病的因果关系判断困难。三是环境健康风险的泛在性。基于环境污染发生通过环境介质扩散的范围较广,其所导致的环境健康损害往往具有对象不特定性和受损人群的广泛性。四是损害后果不可逆转性。囿于科学的不确定性和科学发展的有限性,有些污染造成的环境健康损害即使现有科学和医疗技术手段也无法恢复,比如环境污染导致的畸形儿、癌症、基因突变等都是不可逆转的损害。环境健康风险所具有的前述特性与传统的环境法中环境污染问题和自然资源消耗问题的特性是不同的。因此,有必要针对环境健康风险确立风险预防原则,在生态环境损害赔偿中作出妥帖的制度安排。

### (三)公众参与原则

环境正义在早期多被限定在分配正义的研究范畴内。分配正义虽事关环境权益的合理分配,是评判环境正义实现与否的最重要和最基本的尺度,但是分配正义并非环境正义之全部,难以完全涵盖环境正义之内涵。实际上,人们对环境正义的追求往往并不拘泥于分配正义,还包含了希望获得承认、进行民主参与和提高生活能力等多种诉求。正是基于此,学者们开始突破仅从分配正义阐释环境正义的路径,环境正义应是多层次、多样化的,并由此衍生出了对“承认正义”、“参与正义”和“能力正义”的探讨。“参与正义”是指可能被未来决策影响到的人拥有“知情同意权”,有权对与自身利益相关的决策发表意见,并进行表决。弗雷泽主张必须将参与维度引入到正义内涵中,正义必须保证所有人能够机会平等地参与到社会生活中,是以“与其他人平等的身份,并且是作为完全的伙伴,而去参与社会交往”[1]。

《环境保护法》明确将公众参与作为环境保护的五大基本原则之一,中共中央《关于全面推进依法治国若干重大问题的决定》也提出“保障人民群众参与司法”。司法的公众参与主要指通过信息交流、发表意见、参与司法决策等影响司法决策或结果。司法的公众参与应是制度化参与,换言之,司法的公众参与必须采用程序化、法治化的方式。[2] 在生态环境损害赔偿诉讼中,受损生态环境能否修复以及如何修复,无疑影响资源环境的服务功能,决定着社会公众能否在良好生态环境中生存和发展,社会公众有权参与到生态环境损害赔偿诉讼中。

具体说来,公众在生态环境损害赔偿诉讼案件中的主要参与方式包括:

一是生态环境损害赔偿案件司法信息知情权,主要表现为案件信息的司法公开。所谓案件信息的司法公开,是指依据法律规定将司法流程中形成的信息和其他相关信息及时、充分、有效地向公众告知。[3] 如果司法信息没有及时全面地向公众告知,那么公众极易产生对法院的误解,而误解的产生实质在于双方在信息不对称条件下的认知误判。而减少误解的关键就在于人民法院通过充分且有效的司法信息公开解决双方信息不对称的问题。司法信息公开的程度和质量不仅影响公众对司法公信力的信心,也直接影响公众参与司法的效果。因此,高质量的司法信息公开不仅能够最大限度降低司法机关和公众的信息沟通成本,还对推动公众参与司法大有裨益。所谓高质量的司法信息公开不仅要求法院及时公开相关司法信息,而且公开的司法信息还必须全

---

〔1〕［美］南茜·弗雷泽:《正义的尺度:全球化世界中政治空间的再认识》,欧阳英译,上海人民出版社2009年版,第69页。

〔2〕参见尹振国:《论司法公众参与范围的决定性因素》,载《武汉理工大学学报(社会科学版)》2018年第6期。

〔3〕参见王群:《论司法信息公开与公众参与司法的关系》,载《山西师大学报(社会科学版)》2019年第1期。

面、准确,否则难以保证公众参与司法的有效性。《生态赔偿案件若干规定》要求,经磋商达成生态环境损害赔偿协议,当事人向人民法院申请司法确认的,人民法院受理申请后,应当公告协议内容,且公告期不少于30日。在人民法院对申请确认的磋商协议作出确认协议有效的裁定后,应当将裁定书向社会公开。

二是生态环境损害赔偿案件的司法表达权。公众的环境司法表达权是公众通过一定途径和形式表达自己对环境司法或具体案件看法的权利,以体现自己对环境公共事务进行参与的机制。公众环境司法表达涉及的内容是多方面的,但主要以环境公益诉讼和生态环境损害赔偿诉讼为主。一般来说,以是否参与案件为区分可将公众的环境司法表达权分为具体的环境司法表达和抽象的环境司法表达。前者强调公众直接参与具体环境司法事务,比如专家听证会、咨询委员会咨询意见、公民对公告的赔偿协议或修复方案的意见、建议和异议等。在环境司法审判中,公众具体的环境司法表达权实际上是一种程序性保障权利,通过公众直接参与形式,确保案件审理结果的公正性和生态环境修复效果的有效性,因此,必须以程序保障公众表达渠道的畅通。

三是生态环境损害赔偿案件的公众司法救济权。所谓生态环境损害赔偿案件的公众司法救济权主要是指对受损生态环境,符合法定条件的机关和社会组织提起诉讼,以恢复生态系统的功能或要求侵权人进行赔偿的权利。是否建立完善的公众司法救济机制,关系到受损生态环境能否得到修复,公众的环境利益能否得到真正的维护。所谓"无救济即无权利",只有通过保障对相关环境权益的救济,才能真正实现相关权利,否则规定这种权利就没有意义。从司法实践来看,对权利救济的机制既包括诉讼机制,也包括非诉机制,其主要通过赋予环境利益救济权利以及建立环境权益救济机制程序保障制度来实现。对生态环境的侵害可能同时涉及不同的利益类型,因此应当重视对相关利益间的权利分配和调整。《生态赔偿改革方案》提出,鼓励法定的机关和符合条件的社会组织依法开展生态环境损害赔偿诉讼。实际上是扩大了生态环境损害赔偿案件的公众司法救济权的主体范围,从而彰显权利的救济性。

### 三、生态环境损害赔偿诉讼的模式

一般来说,诉讼模式是立基于诉讼内部结构和各程序要素所形成的相互关系的理论概括，涵盖了诉讼程序的启动、进行和终结全过程。民事诉讼模式则是“民事诉讼法律关系主体在诉讼中所处地位、作用以及它们相互关系的外在表象在理论上的高度概括”[1]。在我国诉讼法领域，民事诉讼模式的模式分析方法旨在揭示民事诉讼制度的程序构造。目前，世界范围内主要分为两大类传统的民事诉讼模式，即当事人主义诉讼模式和职权主义诉讼模式。对前述诉讼模式的划分并非一成不变。此前，学术界主要以两大法系作为划分诉讼模式的标准，后逐渐转向为将大陆法系与英美法系民事诉讼划分为当事人主义诉讼模式，将苏联和东欧国家民事诉讼划分为职权主义诉讼模式。[2]其划分的依据在于是否奉行处分原则和辩论原则，核心问题在于诉权和审判权的关系问题。前者是以诉权为中心，由当事人主导诉讼，后者是以审判权为中心，由法官来掌握诉讼的主动权。

### （一）民事诉讼的基本模式

#### 1. 当事人主义诉讼模式

当事人主义诉讼模式，也称为当事人主导型模式，是以对当事人诉讼程序的保障为核心，以将当事人置于诉讼程序的中心为基本特征。当事人主义诉讼模式在大陆法系国家体现为当事人主义，在英美法系国家则体现为具有对抗色彩的诉讼制度。传统民事诉讼的当事人双方是平等的，诉讼的争议在于当事人之间的私益，因此，在配置法官与当事人之间的程序权限时，往往表现为尊重和保障当事人的处分权，法官对当事人处分权限范围内的事项不得随意干预等。因此，在诉讼过程中以及对纠纷的实际解决时，当事人主导整个诉讼程序，并支配其处分权限。相对于当事人在诉讼中的主体地位，法官则处于被动中立的地位，旨在制约法官滥用审判职权，保障当事人的各项诉讼权利，促进诉讼程序的有效进行。

当然，当事人主义诉讼模式并不是完美的，在诉讼过程中，往往会存在以下问题：(1)强调当事人的绝对平等，忽视对当事人诉讼力量的均衡。传统民事诉讼中虽然各方当事人是平等的，但这仅是法律地位的平等，并不意味着当

---

〔1〕 田平安主编：《民事诉讼法学》（第4版），法律出版社2015年版，第45页。

〔2〕 参见冯珂：《从权利保障到权力制约：论我国民事诉讼模式转换的趋向》，载《当代法学》2016年第3期。

事人的诉讼能力、诉讼力量的平等。当事人主义诉讼模式虚构了当事人平等的诉讼机会,而并没有关注这种平等能否真正实现。法官在当事人主义诉讼模式中的消极被动,无疑加剧了当事人之间诉讼力量的对比悬殊,法官仅是根据绝对的诉讼规则而非公平和正义进行裁判。(2)强调当事人的绝对主动,可能导致客观真实难以发现。当事人主义诉讼模式下的诉讼主动权掌握在当事人手中,案件事实的查明完全取决于当事人所提供的证据材料。囿于当事人不会“自证其罪”的利己心理影响,在诉讼中提供的往往是对自己有利的证据。加之法官在诉讼过程中的消极被动性,不能对当事人的举证进行干预亦不能积极主动地调取相关证据,其只能基于当事人提供的证据材料对案件事实进行认定并进而作出裁判。因此,当事人主义诉讼模式下的案件事实有可能并不能反映客观真实的情况,导致不公正的裁判。(3)强调当事人的绝对主导,极易造成诉讼拖延。当事人主义诉讼模式下的诉讼程序是由当事人来主导的,一方面,当事人对诉讼的程序内容和规则并不完全熟知,致使诉讼进程推进困难,容易造成诉讼效率低下和诉讼资源的浪费;另一方面,当事人诉讼程序的绝对主导也产生了对程序权利滥用的问题,不仅导致诉讼迟延问题的出现,也不利于司法权威的维护。

2. 职权主义诉讼模式

与当事人主义诉讼模式强调当事人的中心地位相比,职权主义诉讼模式则更侧重发挥法官在审判中的主动作用,以审判权作为诉讼程序的中心,概言之,“法院在民事诉讼程序中拥有主导权,民事诉讼中程序的进行、诉讼资料的收集等权能主要由法院为之的诉讼模式”[1]。法院的职权行为源于法院在诉讼程序的自身定位,诉讼程序作为国家行使审判权的法定程序,在此基础上衍生出了职权主义诉讼模式中法院在诉讼中的职权,主要包括:程序控制权、程序事项裁决权、调查取证权、释明权、事实认定权等。[2] 职权主义诉讼模式的基本内容主要包括:(1)程序的推进由法院依职权进行;(2)诉讼资料包括审理对象的确定、事实主张等,法官不受当事人的约束,可以在当事人主张之外认

[1] 白洁、殷季峰:《当事人主义与职权主义结合的诉讼模式——试评我国的民事审判方式改革》,载《新疆大学学报(哲学社会科学版)》2003年第3期。

[2] 参见张卫平:《论人民法院在民事诉讼中的职权》,载《法学论坛》2004年第5期。

定案件事实;(3)在证据收集方面拥有主动权。[1] 因整个诉讼程序的推进均依赖法官的职权,无论是在证据材料的收集还是事实的查明中都拥有更为主动的权力,受客观真实理念的支配,查明案件的真实情况不仅是法院的权力,更是法院的责任,故职权主义诉讼模式中,可以平衡当事人间诉讼能力的悬殊,进一步查清案件事实。此外,法官在诉讼程序上处于支配地位,可以有效地组织庭审、安排诉讼程序的秩序,诉讼效率较高,在某种程度上也会缩短诉讼时间,形成司法的威慑力,巩固司法权威。

职权主义诉讼模式最为被诟病的就是对当事人处分原则的违反。职权主义诉讼模式无论是司法理念上,还是具体制度的设计和程序的建构上,都将法院的职权置于中心,"纯粹的职权主义是以追求案件客观真实的理念为理论支撑,认为法院有责任查明案件的真实情况,而当事人在诉讼中没有主张的事实、没有提出的证据,法院也不受此约束,可以在当事人主张之外调查其认为应当调查的事实和收集相关证据。同样,在职权主义制度下,为追求案件客观真实,除允许法院可以在当事人的事实主张之外调查案件其他事实外,与此相协调,在证据收集方面也必然给予法院主导的权利,以期符合制度设计以及理论上的逻辑周密性"[2]。在这种情况下,极易出现对当事人诉讼权利的挤压,无法保障当事人的诉讼地位,当事人的积极主动性难以得到有效发挥。法官通过职权主义所探查的案件事实建立在法官的职业素养和法律运用能力基础上,可以说,当事人的命运完全被掌握在法官的职权行为中。

3. 协同型主义诉讼模式

在对当事人主义诉讼模式和职权主义诉讼模式分析后发现,无论是两者中的哪一种诉讼模式都存在不可避免的弊端。基于对两种诉讼模式的反思,大陆法系和英美法系都在对传统的当事人主义诉讼模式和职权主义诉讼模式予以修正,积极采取措施消解两大诉讼模式间的对立。所谓协同型民事诉讼模式是指"在民事诉讼中应最大值地充分发挥法官与当事人的主观能动性及其作用,法官与当事人协同推进民事诉讼程序"[3]的一种诉讼模式。它主要具有以下特征:(1)以充分尊重当事人的处分权和辩论权为前提。协同型主义

[1] 参见张卫平:《诉讼构架与程式:民事诉讼的法理分析》,清华大学出版社 2000 年版,第 15 页。

[2] 胡亚球编著:《民事诉讼制度的理论基础》,厦门大学出版社 2008 年版,第 33 页。

[3] 田平安、刘春梅:《试论协同型民事诉讼模式的建立》,载《现代法学》2003 年第 1 期。

诉讼模式虽然是对传统两大诉讼模式的平衡，但其仍是建立在民事诉讼的基础之上。基于民事诉讼解决私权纠纷的属性，当事人对其所享有的民事权益和民事诉权当然具有处分权，法院对当事人享有处分权限范围内的诉讼权利不得予以干预。因此，不管协同型主义诉讼模式采取何种方式加强法官的诉讼指挥权，都必须以当事人的处分权和辩论权为基础并采取措施予以保障，这既体现了民事诉讼的本质特征，也是民事诉讼的基本要求。(2)以加强法院的诉讼指挥权为核心。当事人在诉讼能力上的不对等、当事人基于诉讼利益的利己倾向等，增加了以客观事实真实裁判的难度，导致诉讼迟延和较高的诉讼成本，难以实现社会正义和司法权威。这就需要通过加强法院的诉讼指挥权，由法官对诉讼程序予以管理和指挥，对当事人的利己行为和滥用的诉讼权利予以约束。(3)以明确各方的诉讼义务为保障。过分地强调当事人的意思自治乃是当事人主义诉讼模式，过分强调法院的职权将陷入职权主义诉讼模式的"窠臼"。因此，需要在尊重当事人自由意志之外，明确其程序义务，防止其主体地位的强势而带来诉讼权利和诉讼自由的滥用。同样，法官诉讼指挥权的行使亦应把握其边界和范围。

尽管协同型主义诉讼模式对促进案件事实的发现，节约有限的司法资源进行了积极的尝试，但同样有学者认为协同主义诉讼模式尚不具有独立的诉讼模式地位，盖因其并未撼动当事人处分原则和辩论原则在民事诉讼中的基础地位，乃是在当事人主义诉讼模式的框架下加强法官的诉讼指挥权以对辩论主义予以补充和修正，没有改变当事人主导的趋势和倾向。因此，协同主义诉讼模式难以成为除职权主义诉讼模式和当事人主义诉讼模式之外的第三种独立的诉讼模式。

### (二)生态环境损害赔偿诉讼的诉讼模式

在生态环境损害赔偿诉讼中，存在诉权的私益性和诉讼目的的公益性复合的情形，因此，纯粹的当事人主义诉讼模式抑或纯粹的职权主义诉讼模式均难以消解生态环境损害赔偿诉讼本身的复合特性，这决定了生态环境损害赔偿诉讼在诉讼模式选择上的特殊性。相反，具有问题意识的协同型主义诉讼模式为生态环境损害赔偿诉讼模式的选择提供了更为实用的解决路径。"从各国民事诉讼体制来看，既没有完全由法官或法院来推动的民事诉讼，也不存在绝对由当事人来控制的民事诉讼，任何民事诉讼体制都是当事人和法官或者法院两方面相互作用的结果,只是这两方面在民事诉讼过程中其作用力大小强弱有所不同而已。"[1]我国的生态环境损害赔偿诉讼的诉讼模式主要表现为以下几方面。

1. 对当事人意思自治的部分限缩

从当事人和法官在整个诉讼过程中的作用和地位上来看,因传统民事诉讼的当事人双方是平等的,诉讼的争议在于当事人间的私益,故在配置法官与当事人之间的程序权限时,往往表现为尊重和保障当事人的处分权,法官对当事人处分权限范围内的事项不得随意干预等。因此,在诉讼过程中以及对纠纷的实际解决时,当事人主导整个诉讼程序,有权就案件的具体事实提出主张并提供证据,支配其处分权限。相对于当事人在诉讼中的主体地位,法官则处于被动中立地位,旨在制约法官滥用审判职权,保障当事人的各项诉讼权利,促进诉讼程序的有效进行。而生态环境损害赔偿诉讼的目的公益性,恰恰需要对当事人主导诉讼程序予以矫正,这种矫正不可避免地需对当事人意思自治予以部分限缩。

(1)对处分原则的限缩。第一,在诉讼标的方面。一般来说,传统当事人主义诉讼模式的当事人可以自由处分其诉讼权利,在诉讼过程中能够基于自己意愿增加、变更和放弃诉讼请求。而在生态环境损害赔偿诉讼中,原告是省级、市地级人民政府及其指定的相关部门、机构,或者受国务院委托行使全民所有自然资源资产所有权的部门,其起诉资格来自国务院的授权。此外,生态环境损害赔偿诉讼目的的公益性同样要求原告必须"尽职"诉讼,不得任意放弃和变更诉讼请求以致环境公益有受损之虞。第二,在程序终结方面。通常情况下,传统当事人主义诉讼模式中民事诉讼的开始、进行和终结均由当事人发动,并基于当事人的意愿而运行。而在生态环境损害赔偿诉讼中,原告起诉的目的在于修复受损生态环境以维护环境公益,因此,在这一诉讼启动后诉讼目的的实现之前,原告不得随意撤诉,亦不得在未经审查的情况下以和解或调解为由终结诉讼。

(2)对辩论原则的限缩。当事人在民事诉讼中通过行使辩论权提出自己的主张,反驳对方的主张,从辩论的效果上来说,分为辩论权的积极行使和辩

---

[1] 张卫平:《大陆法系民事诉讼与英美法系民事诉讼——两种诉讼体制的比较分析(上)》,载《法学评论》1996 年第 4 期。

论权的消极默认,其中自认是辩论权的消极默认方式。一般来说,民事诉讼中的利己主义倾向推导出当事人不会做于己不利的陈述和诉讼行为,但是基于当事人的意思自治,即使当事人对于己不利的有关诉讼请求、证据或者案件的事实、理由表示认可和接受,在传统当事人主义诉讼模式中,该自认的事实对法院仍具有拘束力。当事人的自认会产生免去举证责任的法律效果,因此,在生态环境损害赔偿诉讼中,对自认应严格予以限制,采取相应的审查原则。

2. 适度强化法院的职权探知

在生态环境损害赔偿诉讼案件中,为了实现诉讼目的的公益性,平衡诉讼公正与诉讼效率,在某些方面不但不能减弱法院的职权反而还要加强。与辩论原则中通过当事人提出主张以查明案件事实不同,职权探知主义将这种职责交于法院,由法院基于职权对当事人提出的事实予以调查和收集证据。通常意义上,在当事人间的诉讼能力较为悬殊时,法官通过职权干预来平衡当事人间的诉讼能力,在一定程度上能够避免案件事实被当事人及其律师所左右,有利于案件客观真实的查明。主要体现在:案件审理过程中,人民法院认为必要的、与查明案件事实有关的证据,应当依法调查收集,特别是生态环境损害赔偿案件中,往往涉及对生态环境的破坏和修复,法官应尽可能的进行实地调查,全面了解生态环境的损害情况、现状等,为查明案件事实,审查修复方案等提供依据。对生态环境损害赔偿诉讼中为维护社会公共利益所涉的专业事实的查明,可参照环境民事公益诉讼司法解释的规定,由人民法院委托具备资格的鉴定人进行鉴定或准许有专门知识的人出庭。

3. 注重法官释明权的行使

在职权主义诉讼模式中,因整个诉讼程序的推进均依赖法官的职权,无论是在证据材料的收集还是事实的查明中法院都拥有更为主动的权力,受客观真实理念的支配,查明案件的真实情况不仅是法院的权力,更是法院的责任。然生态环境损害赔偿诉讼基于自然资源国家所有权而提起,当事人的意思自治虽有限缩但并未被职权主义取代,因此,在生态环境损害赔偿诉讼中需注重发挥释明权的作用,尊重原告实现诉讼目的而不直接代替当事人的诉讼决定。

所谓释明权是指在听取当事人辩论时法院从法律和事实的角度向当事人发问并指出其陈述自相矛盾、不完全和不明确的地方,并给予当事人订正和补充的机会,还包括对所证事实促使当事人提供证据。释明作为法官行使诉讼指挥权的方式之一,主要目的在于确保整个诉讼围绕实现诉讼目的的方向行进以实现公平正义。生态环境损害赔偿诉讼中,法院的释明权主要体现在:一是法官就法律上的重要事实应对所有诉讼参与者予以释明,向当事人说明其诉讼态度所能阐述的法律效果,指导当事人判断自己所提供的证据充足与否,有利于发掘事实真相,也有利于节约诉讼资源。二是法官对当事人举证的权利义务进行释明,告知当事人举证要求,促使当事人在合理期限内积极、全面、正确、诚实地完成举证。三是法官对当事人的诉讼请求进行释明,包括不明确的诉讼请求、不充分的诉讼请求以及不正确的诉讼请求,尤其是当原告的诉讼请求不足以修复受损生态环境时,法官可参照环境民事公益诉讼的规定通过行使释明权,告知原告追加或变更诉讼请求。对释明权的行使可借助审前程序,通过召开庭前会议明确原告的诉讼请求和被告的答辩意见,对不明确、不充分的诉讼请求及时予以释明增加或变更诉讼请求。根据庭前会议组织交换证据,对当事人的调查收集证据、委托鉴定,进行勘验、证据保全申请不当的应予以释明,特别是就专门问题,当事人基于鉴定成本和周期而未申请鉴定的,法院针对实践需要,可向当事人释明申请具有专门知识的人出庭等。当然,虽然法官释明权的行使能够在一定程度上促使诉讼程序顺利进行,但是基于当事人的处分原则,法官的释明对当事人诉讼权利的行使仅起到引导的作用,不得强迫当事人接受。同时,法官在行使释明权时应保持中立,不得偏颇。对经释明而原告未予接受和采纳而致未达到环境公益目的的,法院可待审理程序结束后通过司法建议的方式予以督促。

## 第三节　生态环境损害赔偿诉讼的体系定位

### 一、生态环境损害赔偿诉讼的独立性

依据《环境保护法》第2条的规定,环境乃是指影响人类生存和发展的各种天然的和经过人工改造的自然因素的总体,包括大气、水、海洋、土地、矿藏、森林、草原、湿地、野生生物、自然遗迹、人文遗迹、自然保护区、风景名胜区、城市和乡村等。以对环境的保护侧重点不同,可将其分为三个阶段:第一阶段是对土壤、森林、草原等形式上表现为“物”的各种环境要素的救济与保护。第二

阶段是各种环境要素所形成的环境法中的“环境”，即影响人的生存和发展的物质条件和空间，包含各种生命和非生命物质因物质循环、能量流动、信息传递而形成的生态服务等功能，这些“功能”虽与传统法理上的“物”有联系，但并不是传统法理上的“物”。第三阶段是从“生态”这一更广阔的范围、更系统的视角来界分，不仅是在环境管理角度强调质量，更是从“生态—经济—社会”复合系统来认识生态安全问题。其所注重的是生态系统自我维持、自我演替、自我调控、自我发展的生命演替过程和规律，尤其是通过生态系统动态管理，防止生态系统退化；通过增进生态资源资产，增强对可持续发展的支撑能力，并进而加强生态风险管理，防止由于生态危机引发灾害。〔1〕故而这一阶段的生态安全更注重效应，特别是包括风险在内的可能带来的对生态环境长远的影响。此外，环境作为“人”生存和发展的物质条件和空间，不仅保障当代人的生存与发展，还保障未来世代人的生存与发展，因此，它还是一个“代际”关系如何处理的时间概念。传统法理上的“物”的概念，是为了处理“人际关系”，通过解决所有权问题确立人对“物”的占有、使用、处分等权利，更多地考虑“当下”的人和他（她）的现实利益，是“对人权”。而环境法中的“环境”概念，是为了解决“人—自然—人”之间的关系，通过环境权确立人与自然、当代人与后代人等“种际关系”“代际关系”，更多地考虑“未来”的人和他们的长远利益，是“对世权”。〔2〕这三个阶段对应的诉讼制度分别为环境民事私益诉讼、环境民事公益诉讼、生态环境损害赔偿诉讼。具体来说，生态环境损害赔偿诉讼与环境民事私益诉讼和环境民事公益诉讼都存在差别。

### （一）与环境民事私益诉讼的区别

1. 救济对象

一般来说，损害即为所受之不利益。传统意义上，不管是“环境”、“自然资源”抑或“生态”均是生产活动的“介质”而被物化为的财产权益。因此，在传统民事侵权上，环境侵权虽然直接损害的形式是环境污染或生态破坏，系直接对“环境”的损害，但是民法上的侵权所救济的是环境侵害后而由于环境的生

---

〔1〕参见吴柏海、余琦殷、林浩然：《生态安全的基本概念和理论体系》，载《林业经济》2016 年第 7 期。

〔2〕参见何跃军、陈淋淋：《人与自然是生命共同体——“环境法中的法理”学术研讨会暨“法理研究行动计划”第十三次例会述评》，载《法制与社会发展》2020 年第 2 期。

态作用所导致的人的权利的侵害，具体表现为财产权益和人身伤害。[1] 从损害的角度看，民法上的侵权行为属于对人责任，不管是财产损失还是人身损害都是以环境污染受害人为中心的救济，体现的是"人—环境—人"的环境侵权模式。[2] 在这种模式下，因人类的生产经营活动排放的污染或者生态的破坏而导致对自然生态环境、自然资源与生态功能的损害，比如环境容量的下降、自然资源质与量的减损、生态系统自我恢复与自我循环功能的退化等纯粹的环境损害，难以纳入传统环境侵权的救济范围。从环境法的角度而言，环境侵权行为污染环境所造成的损害不仅包括对人身权利、财产权利的损害，还应该包括对生态环境的损害；环境污染损害责任不仅包含人身、财产损害赔偿责任，还应该包括受到损害的生态环境的清理、修复和恢复的责任或费用的承担。对环境本身法律救济的缺位和不足，意味着要么放任生态环境损害的发生及其蔓延，要么由社会承受巨额的生态环境修复、补救、治理和恢复费用。[3]《生态赔偿改革方案》中规定，赔偿权利人可向赔偿义务人主张所造成的生态环境损害，并将生态环境损害界定为因污染环境、破坏生态造成大气、地下水、土壤、森林等环境要素和植物、动物、微生物等生物要素的不利改变以及上述要素构成的生态系统功能退化。也就是说，从损害救济的角度，生态环境损害赔偿诉讼所救济的是不同于传统民事侵权中的财产损害和人身伤害的纯粹环境损害，是"人—环境"的救济模式。

2. 责任承担方式

不同于传统民事责任承担的方式，生态环境损害赔偿诉讼主要以修复生态环境为责任承担方式。《生态赔偿案件若干规定》第 11 条规定，对违反法律法规造成生态环境损害的，被告应承担修复生态环境、赔偿损失、停止侵害、排除妨碍、消除危险、赔礼道歉等民事责任，明确将修复生态环境作为承担生态环境损害赔偿的责任方式之一。

从环境法的角度看，"修复生态环境"更多适用于对生态环境公共利益的救济，其最早见于最高人民法院《关于审理环境民事公益诉讼案件适用法律若

---

〔1〕 参见吕忠梅：《环境法新视野》，中国政法大学出版社 2007 年版，第 151 页。

〔2〕 参见吕忠梅：《论环境侵权的二元性》，载《人民法院报》2014 年 10 月 29 日，第 8 版。

〔3〕 参见柯坚：《建立我国生态环境损害多元化法律救济机制——以康菲溢油污染事件为背景》，载《甘肃政法学院学报》2012 年第 1 期。

干问题的解释》(以下简称《环境民事公益诉讼解释》)第20条第1款,原告请求恢复原状的,人民法院可以依法判决被告将生态环境修复到损害发生之前的状态和功能。无法完全修复的,可以准许采用替代性修复方式。虽然现在仍然规定了恢复原状的责任方式,但是采用对恢复原状进行扩大解释的方法,将生态环境修复到损害发生之前的状态和功能作为恢复原状的内涵。而2020年颁布的《民法典》第1234条则明确规定了违反国家规定造成生态环境损害的生态环境修复责任。

"修复生态环境"与"恢复原状"从形式上看虽然具有一定的相似性,都是要求对受损客体予以恢复,但两者之间却具有本质的差别:一是救济的对象不同。不同于多数大陆法系国家民法的恢复原状包括"返还财产""修理、重作、更换"等形式,我国是将"返还财产""修理、重作、更换"作为与"恢复原状"并列的单独的民事责任承担方式,致使我国民法中恢复原状仅指"当所有权人的财产被非法侵害而损坏时,能够修理的,所有权人有权要求加害人通过修理,恢复财产原有的状态"。[1] 因此,我国民法中规定的恢复原状是对"所有权人的财产"进行的救济,其客体对象是包括人身权、财产权等在内的民事权利,私权性特征鲜明。反之,修复生态环境所救济的客体是受损的生态环境,具有公共性,是对环境公共利益的救济,并不属于传统民事权利所确认和保护的权益,无法纳入民事权利的范畴。二是修复的标准不同。传统民法中的物可以通过"恢复"的方式恢复到原来的状态,而作为生态环境损害赔偿诉讼中所要修复的生态环境本身是由各环境要素组成的生态系统,不仅各环境要素相互作用和影响,而且整个生态系统就处于不断的物质循环、能量流动、信息传递过程中,这与传统民法意义上所界定的"物"是不同的,也就不存在民法意义上的"恢复原状"。基于此,在生态环境损害发生后,为了使受损生态环境得以恢复,必须采取各项必要的、合理的措施将生态环境及其生态系统服务恢复至基线水平,同时补偿期间损害。按照恢复目标和阶段不同,生态环境恢复主要包括基本恢复、补偿性恢复和补充性恢复。其中基本恢复是指采取自然恢复或人工恢复措施,使受损的生态环境及其生态系统服务恢复至基线水平。补偿性恢复是指采取各项恢复措施,补偿生态环境期间损害。补充性恢复是指基

---

〔1〕 参见王利明:《民法总则研究》,中国人民大学出版社2012年版,第508页。

本恢复或补偿性恢复不能完全恢复受损的生态环境及生态服务时，采取各项弥补性的恢复措施，使生态环境及生态服务恢复到基线水平。[1] 三是救济的方式不同。因恢复原状所救济的是传统民法上的财产，一般通过修理等一般方式即可，因此通常情况下侵权责任人自己即可进行恢复；而对生态环境的修复具有专业技术性，责任人自己往往无法独自开展，况且生态环境的修复还涉及公共利益，故而对生态环境的修复还需要公众的参与和监督以及公权主体、公共机构的介入，责任人不得仅凭自己的意愿决定生态环境的修复。

3. 诉讼模式

在传统民事诉讼案件中，主要适用当事人主义诉讼模式。在此种诉讼模式下，根据当事人处分主义，原告有权通过诉讼标的和诉请请求来决定请求法院保护的范围，法院只能在此范围内作出判决；根据辩论主义，法院不得代替当事人承担主张责任和证明责任。法院应当在当事人执行请求范围内采取执行措施，当事人有权以执行和解的方式处分自己的民事债权。[2] 而在生态环境损害赔偿诉讼中，前已述及，所采取的诉讼模式是综合当事人主义和职权主义诉讼模式的能动职权主义诉讼模式。相较于传统民事诉讼的当事人主义模式，法官在生态环境损害赔偿诉讼中更具能动性。

### （二）与环境民事公益诉讼的区别

1. 诉权来源

从环境民事公益诉讼的诉讼原理上来说，其系基于法律的授权而具有的诉讼主体资格，属于法定的诉讼担当方式。因生态环境所具有的公益、私益复合性，故同一环境侵害行为可同时引发环境民事公益、私益的损害纠纷。此时，不仅涉及的当事人人数众多，而且还涉及诉的合并问题。在诉讼资源和诉讼成本的考量下，让前述纠纷主体全部进入诉讼成为原告显然不切实际。为了破解这一问题，学界提出通过诉讼实施权赋权的方式实现公益诉讼与私益诉讼主体的融合，建立维护诉讼利益的有效路径。所谓诉讼实施权赋权，在民事诉讼理论上又称为诉讼担当，系指利益归属主体以外之人（担当人）以自己

---

〔1〕 参见生态环境部、国家市场监督管理总局发布《生态环境损害鉴定评估技术指南总纲和关键环节　第1部分：总纲》，2021年1月。

〔2〕 参见邵明：《民事诉讼法学》，中国人民大学出版社2016年版，第22页。

名义实施诉讼,该诉讼判决效力及利益归属主体(被担当人)。[1] 依担当人诉讼实施权的赋权方式不同,诉讼担当又分为法定诉讼担当和任意诉讼担当。其中法定的诉讼担当是基于法律规定的授权,而任意的诉讼担当则是基于权利义务归属主体的授权。在以德国、日本、法国为代表的大陆法系国家,对于因公害所致纠纷,虽然受害者人数众多,但是受限于受害者的诉讼能力、财力以及纠纷的专业复杂性,如果仅仅依据传统共同诉讼制度与选定当事人制度,难以有效解决此类新型诉讼难题。因此,对于无论是基于集团性(扩散性)利益的侵害,还是众多受害人个体利益的损害,大都将诉讼实施权赋予具有较强的专业性、技术性知识和诉讼能力的行业性社会团体。[2] 因此,一般情况下,对公益的保护多采用法定诉讼担当的方式。[3] 2012 年《民事诉讼法》第 55 条首次规定了民事公益诉讼制度,对污染环境、侵害众多消费者合法权益等损害社会公共利益的行为,法律规定的机关和有关组织可以向人民法院提起诉讼。这打破了传统民事诉讼中,原告必须与案件有法律上的直接利害关系的限制。

在生态环境损害赔偿诉讼中,原告与受损的生态环境具有直接的利害关系。正如以克里斯蒂安·冯·巴尔为代表的一些德国学者提出,在对环境利益损害的救济上,赋予国家一个公法性质上、私法操作上的请求权,即在公法上为地方机关设定责任,地方机关有权(更多体现的是一种义务)起诉要求侵权行为人承担环境修复或损害赔偿。[4]

2. 规制对象

《环境民事公益诉讼解释》第 1 条明确规定,对已经损害社会公共利益或者具有损害社会公共利益重大风险的污染环境、破坏生态的行为,法定的机关和组织可以依法提起诉讼。也就是说,环境民事公益诉讼不仅可以针对已经发生的损害社会公共利益的行为起诉,同时,针对具有损害社会公共利益重大风险的行为亦属于环境民事公益诉讼的受案范围。与之对应,生态环境损害赔偿诉讼中,《生态赔偿案件若干规定》将发生较大、重大、特别重大突发环境

---

〔1〕 参见姜世明:《民事诉讼法(上册)》,台北,新学林出版股份有限公司 2016 年版,第 177 - 178 页。

〔2〕 参见张旭东:《环境民事公私益诉讼并行审理的困境与出路》,载《中国法学》2018 年第 5 期。

〔3〕 参见许士宦:《民事诉讼法(上)》,台北,新学林出版股份有限公司 2016 年版,第 329 - 343 页。

〔4〕 参见[德]克里斯蒂安·冯·巴尔:《大规模侵权损害责任法的改革》,贺栩栩译,中国法制出版社 2010 年版,第 83 页。

事件以及在国家和省级主体功能区规划中划定的重点生态功能区、禁止开发区发生的环境污染、生态破坏事件纳入了受案范围。二者相比，环境民事公益诉讼的规制对象多指"行为"，生态环境损害赔偿诉讼的规制对象可包括"事件"。值得注意的是，环境风险通常表现为各种影响公共利益的"事件"。在社会学者看来，风险与危险是不同的。"风险指的是在与将来可能性关系中被评价的危险程度，它只是在将来的社会中被广泛使用。"[1] 风险，强调的是损害发生的不确定性，即对于某一行为是否会引发某一损害，在科学上亦缺乏定论。[2] 危险则是被科学所证实的，对能够造成损害具有较大可能性。针对这两种损害发生的不同，环境法上分别提出了危险预防原则和风险预防原则。风险预防原则，旨在通过公共机关的管制行为来干预危险源，进而影响人们的行为，最终使损害得以避免。[3] 与传统的损害预防相较，环境法意义上的风险预防所规制的主要是基于由具有科学不确定性的相关人的行为所可能引发的环境风险。

环境风险可能带来两种对公共利益的严重影响，一种是生态系统受损的风险，另一种是人群健康或者生命安全受损的风险。[4] 依据环境风险所可能产生的风险影响对象不同，可将环境风险分为环境与健康风险和生态风险。在美国，风险评估有三种形式，包括影响健康的短期风险（如食物中毒）、影响健康的长期风险（如癌症）以及生态风险（如全球变暖）。[5] 其中，环境与健康风险主要指环境污染（包括生物、化学和物理的方式）引起对公众健康不利影响的可能性。对这种可能性的定性和定量评估称为环境健康影响评估。[6] 环境与健康风险的因果关联表现为"人类/自然活动—环境介质—人体健康"，因此，环境与健康风险危害的对象是人体健康，产生的主要风险也是对人体生

---

〔1〕 薛晓源、周战超主编：《全球化与风险社会》，社会科学文献出版社2005年版，第47页。

〔2〕 参见张宝、潘鸣航：《环境公益诉讼中"公益"的识别与认定——一种反向排除的视角》，载《中南大学学报（社会科学版）》2018年第2期。

〔3〕 参见［德］乌尔里希·K.普罗伊斯：《风险预防作为国家任务——安全的认知前提》，载刘刚编译：《风险规制：德国的理论与实践》，法律出版社2012年版。

〔4〕 参见吕忠梅：《"生态环境损害赔偿"的法律辨析》，载《法学论坛》2017年第3期。

〔5〕 参见［美］丹尼尔·A.法伯、［美］罗杰·W.芬德利：《环境法精要》，田其云、黄彪译，南开大学出版社2016年版，第135页。

〔6〕 参见周小光：《环境健康风险评估法律制度研究（英文）》，载 *China Legal Science* 2018年第3期。

命、健康的威胁和危害。[1] 生态风险则是指在一定区域内,具有不确定性的人类事故或自然灾害对生态系统及其组成部分可能产生的作用,其结果可能导致生态系统结构和功能的损伤,从而危及生态系统的安全和健康。其因果关联表现为"人类/自然活动—生态系统"。[2] 因此,从环境损害风险防御的角度来看,生态环境损害赔偿诉讼的"事件"标准较之环境民事公益诉讼的"行为"标准更加注重对风险的防御。我国2014年修订的《环境保护法》第39条建立了环境与健康调查、监测与风险评估制度,但尚未形成配套。因此,《生态赔偿改革方案》希望通过生态环境损害赔偿改革,探索环境与健康损害的法律责任承担方式。

## 二、生态环境损害赔偿诉讼与相关诉讼的衔接

### (一)生态环境损害赔偿诉讼与环境民事公益诉讼的衔接

1. 处理方式

在因同一致害行为由不同诉讼主体提起生态环境损害赔偿诉讼与环境民事公益诉讼时,各个诉讼应如何衔接以及相应的顺位问题,在生态环境损害赔偿诉讼试点时即进行了相关探索,主要处理方式包括诉的合并和中止诉讼两种:

一是诉的合并。试点期间,江苏省南京市中级人民法院于2016年12月1日立案受理了原告江苏省环保联合会与被告德司达公司环境污染民事公益诉讼案,原告以被告德司达公司将生产过程中产生的属于危险废物的废酸液体交由无危险废物处置资质的他人,致使这些废酸液体未经合法处置即被直接排放至泰东河和新通扬运河,造成生态环境的损害为由诉至法院。法院受理后于2016年12月5日公告了案件受理情况。江苏省人民政府于2017年1月4日申请参加诉讼,受诉法院经审查后,将其与江苏省环保联合会列为共同原告参与诉讼。无独有偶,重庆藏金阁物业管理有限公司(以下简称藏金阁公司)作为负责处理重庆藏金阁电镀工业园园区入驻企业产生废水的公司,与重庆首旭环保科技有限公司(以下简称首旭公司)签订为期4年的《委托运行协议》,由首旭公司承接废水处理项目,使用藏金阁公司的废水处理设备处理废水。首旭公司在明知藏金阁公司将原废酸收集池改造为废水调节池时未封闭

[1] 参见吕忠梅:《"生态环境损害赔偿"的法律辨析》,载《法学论坛》2017年第3期。
[2] 参见吕忠梅:《"生态环境损害赔偿"的法律辨析》,载《法学论坛》2017年第3期。

池壁120毫米口径管网、可以连通外环境的情况下，利用该管网将未经处理的含重金属废水直接排放至外环境，造成对生态环境的损害。重庆两江志愿服务发展中心对此以藏金阁公司、首旭公司为被告向重庆市第一中级人民法院提起环境民事公益诉讼。同时，重庆市人民政府针对同一污染事实、以藏金阁公司、首旭公司为被告提起了生态环境损害赔偿诉讼案。受诉法院经审查认为，因重庆市人民政府和重庆两江志愿服务发展中心基于同一事实提起诉讼，经各方当事人同意，决定依法将两案进行合并审理。

二是中止诉讼。2015年8月，山东弘聚新能源有限公司（以下简称弘聚公司）委托无危险废物处理资质的人员将其生产的640吨废酸液倾倒至济南市章丘区普集街道办上皋村的一个废弃煤井内。2015年10月20日，山东金诚重油化工有限公司（以下简称金诚公司）采取相同手段将其生产的23.7吨废碱液倾倒至同一煤井内，4名涉嫌非法排放危险废物人员当场中毒身亡。经监测，废液对井壁、井底土壤及地下水造成污染。中国生物多样性保护与绿色发展基金会以金诚公司、山东万达有机硅新材料有限公司、弘聚公司、山东麟丰化工科技有限公司、山东利丰达生物科技有限公司为被告提起环境民事公益诉讼。同时，事件发生后，山东省人民政府确定山东省生态环境厅为具体工作部门，开展生态损害赔偿索赔工作。山东省生态环境厅与金诚公司、弘聚公司磋商未能达成一致，遂根据山东省环境保护科学研究设计院出具的环境损害评估报告向济南市中级人民法院提起诉讼，请求判令被告承担应急处置费用、服务功能损失费用、生态损害赔偿费用等各项费用共计2.3亿余元，两被告对上述各项费用承担连带责任，并请求判令两被告在省级以上媒体公开赔礼道歉。针对这两个诉讼，受诉法院认为两诉存在事实相同、被告部分重合、诉讼请求不完全一致的情况，采取了中止环境民事公益诉讼，先审理生态环境损害赔偿诉讼的方式处理两诉的衔接。

比较诉的合并和中止诉讼两种处理方式，前者一方面能够平等保护当事人双方的诉讼权利，节约诉讼成本；另一方面也可以避免同诉不同判，维护司法裁判的统一性。后者则以中止一案、先审另一案的方式，通过已决裁判固定证据和事实，提高诉讼效率。

2. 明确规定

基于司法实践的探索积累，《生态赔偿案件若干规定》对生态环境损害赔偿诉讼与环境民事公益诉讼的具体衔接规则进行了明确的规定：

一是明确受理阶段两类案件分别立案后由同一审判组织审理。为保障环境民事公益诉讼原告诉权，节约审判资源，避免裁判矛盾，《生态赔偿案件若干规定》第16条规定，在生态环境损害赔偿诉讼案件审理过程中，同一损害生态环境行为又被提起民事公益诉讼，符合起诉条件的，应当由受理生态环境损害赔偿诉讼案件的人民法院受理并由同一审判组织审理。

二是明确审理阶段两类案件的审理顺序。鉴于生态环境损害赔偿诉讼中的原告具有较强专业性和组织修复生态环境的能力，为促进受损生态环境的及时有效修复，全面保障受损环境公共利益，《生态赔偿案件若干规定》第17条明确，人民法院受理因同一损害生态环境行为提起的生态环境损害赔偿诉讼案件和民事公益诉讼案件，应先中止民事公益诉讼案件的审理，待生态环境损害赔偿诉讼案件审理完毕后，就民事公益诉讼案件未被涵盖的诉讼请求依法作出裁判。由此，《生态赔偿案件若干规定》就因同一致害行为由不同诉讼主体提起生态环境损害赔偿诉讼与环境民事公益诉讼时，各个诉讼应如何衔接以及相应的顺位问题，采取了中止诉讼的做法，即由生态环境损害赔偿诉讼优先审理。除了诉权来源的优先性之外，生态环境损害赔偿诉讼与环境民事公益诉讼相比，还具有以下的优势：第一，生态环境损害赔偿诉讼除了保护社会公共利益外，从保护国家利益的角度还具有维护国家自然资源所有者权益功能，且生态环境损害程度和范围较一般环境公益诉讼大，保障范围更广泛；第二，生态环境损害赔偿诉讼主要目的是尽快修复生态环境，省级、市地级人民政府具有本辖区生态环境保护职责，具备修复生态环境的资源和能力，先审理该类诉讼最有利于生态环境的及时有效修复；第三，省、市地级人民政府及其指定的部门或者机构具有行政执法权，手中掌握行政执法阶段形成的证据材料，又经过诉前磋商程序，举证能力明显优于其他诉讼主体，有利于诉讼程序的顺序开展。因此，《生态赔偿案件若干规定》第17条采纳了中止审理的做法，更有利于突出政府的行政监管责任，落实政府的环境保护义务，有利于督促义务人及时履行修复义务，贯彻应赔尽赔、损害担责的基本原则。同时，减少社会组织、人民检察院的诉讼成本，减少因诉讼程序的烦琐冗长导致诉讼不经济的情形出现。

三是明确裁判生效后的两类案件衔接规则。为避免相关民事主体因同一损害生态环境行为被重复追责，妥善协调发展经济与保护生态环境的关系，《生态赔偿案件若干规定》第18条第1款明确，生态环境损害赔偿诉讼案件的裁判生效后，有权提起民事公益诉讼的国家规定的机关或者法律规定的组织，就同一损害生态环境行为有证据证明存在前案审理时未发现的损害，并提起民事公益诉讼的，人民法院应予受理。从而明确对于同一损害生态环境行为，除非有证据证明存在前案审理时未发现的损害，原则上只能提起一次生态环境损害赔偿诉讼或者环境民事公益诉讼。当然，污染环境、破坏生态行为对于环境公共利益所造成的损害具有广域性、隐蔽性、长期性、反复性、累积性等特点，原告由于专业能力所限，往往在前诉中难以充分发现或者预见全部损害，如果固守传统的既判力理论，在前诉判决生效后一概禁止其他法定主体对于新发现的损害另行起诉，不仅不符合当前阶段保护环境公共利益的需要，也与正当程序保障的要求和对既判力传统理论进行适度修正的趋势相悖。因此，《生态赔偿案件若干规定》也采纳了这一观点，第18条第2款规定，有权提起生态环境损害赔偿诉讼的主体就同一损害生态环境行为有证据证明存在前案审理时未发现的损害，并提起生态环境损害赔偿诉讼的，人民法院应予受理。

但是，中止审理也会带来一个问题，即生态环境损害赔偿诉讼案件审结后如何处理环境公益诉讼案件。对此，可以以诉讼请求为区分，看看后案的诉讼请求与前案相比有什么异同。[1] 一是生态环境损害赔偿诉讼案件诉讼请求涵盖环境民事公益诉讼案件诉讼请求的，应裁定终结该案件。虽然根据《民事诉讼法》第154条的规定，此种情形不符合终结诉讼的情形，但继续审理诉讼请求完全一致的环境民事公益诉讼，不仅拖延双方当事人，不利于生态环境的修复，而且有浪费司法资源之嫌。因此，采取终结案件的做法更加符合实践需要。二是诉讼请求不能涵盖的，在审理完生态环境损害赔偿诉讼案件后应恢复环境民事公益诉讼案件的审理，就环境民事公益诉讼案件中不能被前案涵盖的部分继续审理。此外，生态环境损害赔偿诉讼审理过程中，法律规定的机关和有关组织也可以支持起诉的方式参与诉讼、提交书面意见、提供证据和其他辅助手段，发挥公众参与、社会监督功能，一样可以达到保护社会公共利益的目的。

---

〔1〕 参见刘慧慧：《生态环境损害赔偿诉讼衔接问题研究》，载《法律适用》2019年第21期。

3. 延伸探索

除了在案件审理中两类案件的具体衔接规则外，司法实践中还应探索构建有利于两类诉讼衔接的具体制度：(1)建立生态环境损害案件线索举报制度。生态环境损害的案件获取渠道并非唯一。基于生态环境损害赔偿诉讼的起诉顺位优先性，对检察机关或社会组织发现生态环境损害的，除了可以直接提起环境民事公益诉讼，也可以向相关赔偿权利人进行举报，要求其就案件线索进行调查，主动与赔偿义务人磋商或提起生态环境损害赔偿诉讼。(2)建立生态环境损害赔偿磋商公告制度。生态环境损害赔偿的目的在于修复受损生态环境，与每一个人的良好生活环境密切相关。在生态环境损害赔偿磋商阶段，特别是赔偿权利人拟与赔偿义务人磋商的达成赔偿协议的，应及时就磋商情况予以公告，并附上达成的磋商协议内容，允许社会组织和检察机关参与和监督，防止出现损害社会公益的情况。(3)建立生态修复情况后评估制度。不论是环境民事公益诉讼还是生态环境损害赔偿诉讼，都涉及能否实现生态环境修复目的的问题。因此，就此两类诉讼均应建立生态修复情况后评估制度，对未达到修复效果的，仍然可以提起生态环境损害赔偿诉讼或环境民事公益诉讼。

### (二)生态环境损害赔偿诉讼与环境民事私益诉讼的衔接

除了环境民事公益诉讼，生态环境损害赔偿诉讼可能出现与环境民事私益诉讼的衔接。地方人民政府作为本行政区域内生态环境损害赔偿权利人的权利是由国务院授权赋予的，其前提是国务院代表国家行使并享有自然资源和生态环境所有权及其利益。然而，对于法律规定属于集体所有的自然资源及其利益，国务院或者地方人民政府并不能代表。而生态环境损害主要表现为自然资源、环境要素及其生物要素的不利改变以及上述要素构成的生态系统功能退化，因此虽然生态环境的权利来源不同但其产生的利益却具有共益性(公益性)的特征。从生态环境损害的赔偿范围看，清除污染费用、生态环境修复费用、生态环境修复期间服务功能的损失、生态环境功能永久性损害造成的损失以及生态环境损害赔偿调查、鉴定评估等费用并非只是国家或者政府的损失，与之相关的环境人身健康损害则更是发生在具体的个人身上。因此，无论赔偿权利人与赔偿义务人如何磋商或者诉讼，并不排斥自然资源集体所有权益的主体、环境健康损害被害人提起民事私益诉讼。由此产生了生态环境损害赔偿诉讼与环境民事私益诉讼的衔接问题。

在传统环境民事私益诉讼中,虽然同样存在环境的损害,但是基于“人—环境—人”的三段式救济路径,环境损害仅是达到救济人身损害或财产损害的介质。生态环境损害赔偿诉讼则阻断了这种救济路径,其是基于“人—环境”的两段式救济路径,因此,从救济路径的可达性上,生态环境损害赔偿诉讼可以先于传统环境民事私益诉讼实现诉讼目的。加之在举证能力上,普通环境侵权诉讼中,原告一般处于弱势地位,取证较为困难。但是在生态环境损害赔偿诉讼中,省、市人民政府及其指定的部门或机构一般掌握行政执法阶段的证据,而且其作为生态环境监督管理机关部门,具有较强的专业性,更有利于案件专业事实的查明,其举证能力明显高于普通原告。综上,在同一侵权行为所致传统民事侵权诉讼和生态环境损害赔偿诉讼中,优先受理生态环境损害赔偿诉讼具有合理性。

《生态赔偿改革方案》规定,涉及人身伤害、个人和集体财产损失要求赔偿的,适用与侵权责任相关的法律规定,并不排斥一般民事侵权主体提起民事侵权诉讼。虽然生态环境损害赔偿诉讼优先受理,但是并不影响因同一污染环境、破坏生态行为受到人身、财产损害的公民、法人和其他组织依据《民事诉讼法》第 122 条的规定提起的民事侵权诉讼。在生态环境损害赔偿诉讼已经受理的情况下,应中止民事侵权诉讼的审理,待生态环境损害赔偿诉讼审理裁判后,再行恢复民事侵权诉讼的审理。最高人民法院《关于适用〈中华人民共和国民事诉讼法〉的解释》第 93 条规定,已为人民法院发生法律效力的裁判所确认的事实,当事人无须举证。基于生态环境损害赔偿诉讼中所适用的亦是“高度盖然性”的证明标准,因此,已为生态环境损害赔偿诉讼生效裁判认定的事实、就被告是否存在法律规定的不承担责任或者减轻责任的情形、行为与损害之间是否存在因果关系、被告承担责任的大小等所作的认定,在因同一污染环境、破坏生态行为依据《民事诉讼法》第 122 条规定提起的民事侵权诉讼中可以直接认定,当事人均无须举证证明,但当事人有相反证据足以推翻的除外。这种生态环境损害赔偿诉讼优先并对民事私益诉讼具有既判力的方式,可以节约私益诉讼当事人的诉讼成本,间接提高其诉讼能力,从而更大限度地维护了私益诉讼当事人的合法权益。

# 第三章　生态环境损害赔偿的诉权基础

## 第一节　生态环境损害赔偿诉权司法适用的实证分析

### 一、生态环境损害赔偿的典型案例

本章首先选取具有典型意义的生态环境损害赔偿诉权司法适用的案例，以分析诉权裁判规范的司法适用问题，并发现典型案例中存在的诉权裁判的司法适用失范问题。选取的案例以审结时间的前后顺序为排序标准，包括如下三个具有典型意义的案例。

[**案例1**]最高人民法院发布人民法院保障生态环境损害赔偿制度改革典型案例之二：重庆市人民政府、重庆两江志愿服务发展中心诉藏金阁公司、首旭公司生态环境损害赔偿诉讼案（以下简称藏金阁案）系重庆市首例、全国第二例生态环境损害赔偿诉讼案件，也是第三方治理模式下出现的生态环境损害赔偿案件。

基本案情：[1]被告藏金阁公司是承担其所在的藏金阁电镀工业园区废水处置责任的法人，亦是排污许可证的申领主体。被告首旭公司通过与藏金阁公司签订《委托运行协议》，成为负责前述废水处理站日常运行维护工作的主体。首旭公司自2014年9月起，在明知池中有管网可以连通外部环境的情况下，利用该管网将未经处理的含重金属废水直接排放至外部环境。据执法人员调查查明，二被告自2014年9月起，从2014年9月1日至2016年5月5日违法排放废水量共计145, 624吨。受重庆市人民政府委托，重庆市环境科学研究院以虚拟治理成本法对生态环境损害进行量化评估，二被告造成的生态环

〔1〕重庆市第一中级人民法院民事判决书，(2017)渝01民初773号。参见黄大芬、张辉：《论生态环境损害赔偿磋商与环境民事公益诉讼调解、和解的衔接》，载《环境保护》2018年第21期。

境污染损害量化数额为1441.6776万元。

2017年3月,重庆两江志愿服务发展中心作为原告向重庆市第一中级人民法院提起环境民事公益诉讼,要求藏金阁公司、首旭公司连带赔偿其超标排放废水造成的生态环境损害赔偿费用及案件诉讼费用,并要求两被告赔礼道歉,上述诉讼请求得到重庆市第一中级人民法院的立案受理。2017年6月,重庆市人民政府以赔偿权利人的身份就同一事由提起生态环境损害赔偿诉讼,要求两被告承担生态环境损害赔偿费用1441.6776万元、鉴定费用30万元等诉求。鉴于两案事由一致、诉讼目的相同等原因,经各方当事人同意,同年7月,重庆市第一中级人民法院依法决定将上述两案合并审理。

［**案例2**］最高人民法院发布人民法院保障生态环境损害赔偿制度改革典型案例之一:山东省生态环境厅诉金诚公司、弘聚公司生态环境损害赔偿诉讼案(以下简称章丘案)系因重大突发环境事件致生态环境损害,属于《生态赔偿改革方案》规定的较为典型的生态环境损害赔偿案件。

基本案情:[1]2015年10月,山东省章丘市普集镇上皋村3号废弃煤井被人为倾倒危险废物,当场造成4人死亡。该事件发生后,中国生物多样性保护与绿色发展基金会(以下简称绿发会)迅速组织工作人员及律师开展现场调研,并于2016年1月向山东省济南市中级人民法院递交环境民事公益诉讼案件相关材料,起诉山东万达有机硅新材料有限公司、山东麟丰化工科技有限公司等6家企业。2016年3月14日,山东省济南市中级人民法院受理此案,并于2016年3月16日公告了案件受理情况。与此同时,绿发会邀请济南市人民检察机关、济南市环境保护局同时支持起诉并获同意。2016年7月,山东省济南市中级人民法院以审理刑事案件为由,作出中止审理环境民事公益诉讼案件之裁定。

2017年10月,山东省生态环境厅("山东省环境保护厅"作为原告提起该案诉讼,诉讼中变更名称为"山东省生态环境厅")基于同一事由向山东省济南市中级人民法院提起生态环境损害赔偿诉讼,该案亦被人民法院立案受理。2017年11月,绿发会在得知刑事判决结果后,向山东省济南市中级人民法院

---

〔1〕山东省济南市中级人民法院民事判决书,(2016)鲁01民初780号;山东省济南市中级人民法院民事判决书,(2017)鲁01民初1467号。参见黄大芬、张辉:《论生态环境损害赔偿磋商与环境民事公益诉讼调解、和解的衔接》,载《环境保护》2018年第21期。

提交了恢复审理环境民事公益诉讼案的申请书，但该申请并未得到人民法院的明确答复。2017 年 12 月，山东省济南市中级人民法院在上述环境民事公益诉讼案件尚未审结之情形下，先行审理了由山东省生态环境厅所提起的生态环境损害赔偿诉讼案件。2018 年 12 月 26 日，待环境刑事诉讼、生态环境损害赔偿诉讼案件审结后，中止事由结束，山东省济南市中级人民法院公开开庭审理了环境民事公益诉讼。

[**案例 3**]2019 年度人民法院环境资源环境公益诉讼及生态环境损害赔偿典型案例之十：江西省九江市人民政府诉江西正鹏环保科技有限公司、杭州连新建材有限公司、李某等 7 人生态环境损害赔偿责任案（以下简称九江案）系《生态赔偿案件若干规定》出台后立案受理的、在长江经济带区域内跨省倾倒工业污泥导致生态环境严重污染引发的生态环境损害赔偿案件。

基本案情：[1]2017 年至 2018 年，江西正鹏环保科技有限公司（以下简称正鹏公司）与杭州塘栖热电有限公司等签署合同，运输、处置多家公司生产过程中产生的污泥，收取相应的污泥处理费用。正鹏公司实际负责人李某将从多处收购来的污泥直接倾倒、与丰城市志合新材料有限公司（以下简称志合公司）合作倾倒或者交由不具有处置资质的张某良、舒某峰等人倾倒至九江市区多处地块，杭州连新建材有限公司（以下简称连新公司）明知张某良从事非法转运污泥，仍放任其持有加盖公司公章的空白合同处置污泥。经鉴定，上述被倾倒的污泥共计 1.48 万吨，造成土壤、水及空气污染，所需修复费用 1446.29 万元。案发后，江西省九江市浔阳区人民检察机关依法对被告人舒某峰等 6 人提起刑事诉讼，江西省九江市中级人民法院二审判处被告人舒某峰等 6 人犯污染环境罪，有期徒刑 2 年 2 个月至有期徒刑 10 个月不等，并处罚金 5 万元至 10 万元不等。江西省九江市人民政府依据相关规定开展磋商，并与杭州塘栖热电有限公司达成赔偿协议。因未与正鹏公司、连新公司、李某等 7 人达成赔偿协议，江西省九江市人民政府提起该案诉讼，要求各被告履行修复生态环境义务，支付生态环境修复费用、公开赔礼道歉并承担律师费和诉讼费用。

## 二、诉权裁判规范的司法适用失范

关于诉权理论，学界通说的观点是二元诉权说，其中包括实体意义的诉权

[1] 江西省九江市中级人民法院民事判决书，(2019)赣 04 民初 201 号。

和程序意义的诉权。基于生态环境损害赔偿典型案例讨论的主要是程序意义上的诉权，即生态环境损害赔偿诉讼原告提起诉讼的适格条件，或可表述为启动诉讼程序的权利。关于实体意义上的诉权，将会在本章后两节中展开论述，本节将以选取的生态环境损害赔偿典型案例为蓝本，呈现诉权裁判规范的司法适用现状，并基于已有的司法现状提出诉权裁判规范司法适用的失范问题。

关于原告提起诉讼的适格条件，从《生态赔偿试点方案》、《生态赔偿改革方案》到《生态赔偿案件若干规定》，都主要体现生态环境损害"赔偿权利人"的范围界定。其间虽经历了较大的变动，但也在理论和实践的不断发展中逐步得到细化和完善。本章选取的典型案例亦是基于不同的政策实施背景而提起的生态环境损害赔偿诉讼，因而，在剖析生态环境损害赔偿典型案例之前，确有必要明晰各个典型案例所依托的政策背景条件，以期更准确地提出诉权裁判规范司法适用的失范问题。

《生态赔偿试点方案》中明确了由试点地方省级政府经国务院授权后作为本行政区域内生态环境损害赔偿权利人，亦可指定相关部门或机构负责生态环境损害赔偿具体工作。与此同时，《生态赔偿试点方案》中并未禁止"符合条件的社会组织"依法开展生态环境损害赔偿诉讼。《生态赔偿改革方案》中虽明确了生态环境损害赔偿诉讼的赔偿权利人系省级、市地级政府（包括直辖市所辖的区县级政府），但同样并未禁止法定的机关和符合条件的环保社会组织依法开展生态环境损害赔偿诉讼。

在此政策背景下，司法实践中涌现了大量先由环保社会组织提起环境民事公益诉讼，后政府作为赔偿权利人提起生态环境损害赔偿诉讼的案件。虽然所提起的诉讼名称存在差异，但实际上此两类案件在生态环境损害赔偿诉讼的范围是完全重合的。因此，对于原告提起诉讼的适格条件，仍有待在司法实践的背景下展开探讨。

藏金阁案系重庆市首例、全国第二例生态环境损害赔偿诉讼案件。该案先由重庆两江志愿服务发展中心于 2017 年 3 月向重庆市第一中级人民法院提起环境民事公益诉讼，后重庆市人民政府以赔偿权利人的身份于 2017 年 6 月就同一事由向法院提起生态环境损害赔偿诉讼，于 2017 年 12 月 22 日审结。章丘案的审理法院山东省济南市中级人民法院于 2016 年 3 月 14 日受理绿发会提起的环境民事公益诉讼，该院于 2016 年 7 月以审理刑事案件为由，作出中止审理环境民事公益诉讼案件之裁定。后山东省生态环境厅于 2017 年 10 月基于同一事由向山东省济南市中级人民法院提起生态环境损害赔偿诉讼,亦被该院立案受理,并于 2018 年 12 月 21 日审结。

据案件的时间跨度来看,藏金阁案的时间背景为生态环境损害赔偿制度改革试点期,该案系依托最初的《生态赔偿试点方案》所提起的生态环境损害赔偿诉讼案件,但由于仍处于试点探索阶段,提起生态环境损害赔偿诉讼的经验仍不成熟,相较于现有的司法解释《生态赔偿案件若干规定》后的案件仍存有一定差距。但也正因如此,藏金阁案具有生态环境损害赔偿制度改革试点期案件的典型特征,具有典型的借鉴和比较意义。结合章丘案的时间背景可知,该案横跨生态环境损害赔偿改革试点期[1]和生态环境损害赔偿制度试行期[2]两个重要阶段,既反映了生态环境损害赔偿相关政策的新旧交替的变化,也吸收了《生态赔偿改革方案》中所涉及的对于原告的诉讼主体范围的扩张部分。相较于藏金阁案,章丘案开展的时间背景靠后,相关的政策文件依据更为成熟。本书选取此两个典型案例,正是基于其特殊、典型的政策时代背景,以期较为准确地比较和分析其中关于原告诉讼主体资格的变化和革新之处。

藏金阁案在环保社会组织与政府主体作为原告基于同一事由分别提起环境民事公益诉讼和生态环境损害赔偿诉讼时,采取了将两案合并审理的方式,解决了诉与诉之间原告的诉权竞合问题。该案的审理法院重庆市第一中级人民法院将两案合并审理的理由为:[3]"重庆市人民政府依据《中共中央办公厅国务院办公厅关于印发〈生态环境损害赔偿制度改革试点方案〉的通知》(中办发〔2015〕57 号)的规定,有权提起生态环境损害赔偿诉讼,重庆两江志愿服务

---

〔1〕《生态赔偿试点方案》第 1 条第 2 款中明确:"2015 年至 2017 年,选择部分省份开展生态环境损害赔偿制度改革试点。从 2018 年开始,在全国试行生态环境损害赔偿制度。到 2020 年,力争在全国范围内初步构建责任明确、途径畅通、技术规范、保障有力、赔偿到位、修复有效的生态环境损害赔偿制度。"《生态赔偿试点方案》出台后,明确了 2015 ~ 2017 年系生态环境损害赔偿制度的改革试点期。

〔2〕《生态赔偿改革方案》第 1 条第 2 款中明确:"自 2018 年 1 月 1 日起,在全国试行生态环境损害赔偿制度。到 2020 年,力争在全国范围内初步构建责任明确、途径畅通、技术规范、保障有力、赔偿到位、修复有效的生态环境损害赔偿制度。"《生态赔偿改革方案》出台后,明确了自 2018 年开始开启生态环境损害赔偿制度的试行期。

〔3〕重庆市第一中级人民法院民事判决书,(2017)渝 01 民初 773 号。

发展中心具备合法的环境公益诉讼主体资格。二原告基于不同的规定而享有各自的诉权,对两案分别立案受理并无不当。鉴于两案案件事实相同、诉讼目的一致、被告相同、诉讼请求基本相同,故将两案合并审理更为适宜。”

章丘案也系环保社会组织先提起环境民事公益诉讼并被立案受理的案件,但因环境刑事诉讼的介入,山东省济南市中级人民法院裁定中止环境民事公益诉讼。环境刑事诉讼审结后,人民法院先行审理了山东省生态环境厅提起的生态环境损害赔偿诉讼。2018 年 12 月 26 日,待环境刑事诉讼、生态环境损害赔偿诉讼案件审结后,山东省济南市中级人民法院才公开开庭审理了环境民事公益诉讼。在该案生态环境损害赔偿诉讼的裁判文书〔1〕中人民法院仅认可了山东省生态环境厅具有诉讼主体资格,并未提及环境民事公益诉讼和生态环境损害赔偿诉讼之间的差别。然而,在与该案密切相关的环境民事公益诉讼裁判文书中〔2〕交代了中止审理的依据:“因本案须以另一案件的审理结果为依据,而另一案尚未审结,本院于 2016 年 7 月 28 日裁定本案中止诉讼。”

通过对上述两个典型案例的比较和分析可知,藏金阁案合并审理所依据的是《民事诉讼法》关于诉的合并〔3〕的相关规定,而章丘案所适用的中止审理所依据的是《民事诉讼法》中关于中止诉讼〔4〕之规定。虽然两案均属于先由环保社会组织提起诉讼,后政府提起生态环境损害赔偿诉讼的案件,但对于诉权竞合部分的处理方式却大相径庭,足以体现司法实践中对于诉权裁判的司法适用存在明显失范的现象:即便法律法规已明确环境民事公益诉讼的诉权主体系环保社会组织,而生态环境损害赔偿诉讼的诉权主体系政府。

---

〔1〕 山东省济南市中级人民法院民事判决书,(2017)鲁 01 民初 1467 号。

〔2〕 山东省济南市中级人民法院民事判决书,(2016)鲁 01 民初 780 号。

〔3〕 诉的合并是指法院将两个或两个以上彼此之间有牵连的诉合并到一个诉讼程序中审理和裁判。诉的合并,有狭义和广义之分,狭义的诉的合并,专指诉的客体的合并。《民事诉讼法》第 55 条第 1 款规定:“当事人一方或者双方为二人以上,其诉讼标的是共同的,或者诉讼标的是同一种类,人民法院认为可以合并审理并经当事人同意的,为共同诉讼。”

〔4〕 《民事诉讼法》第 153 条规定:“有下列情形之一的,中止诉讼:(一)一方当事人死亡,需要等待继承人表明是否参加诉讼的;(二)一方当事人丧失诉讼行为能力,尚未确定法定代理人的;(三)作为一方当事人的法人或者其他组织终止,尚未确定权利义务承受人的;(四)一方当事人因不可抗拒的事由,不能参加诉讼的;(五)本案必须以另一案的审理结果为依据,而另一案尚未审结的;(六)其他应当中止诉讼的情形。中止诉讼的原因消除后,恢复诉讼。”

但在司法实践中，法官在审查原告主体资格、受理案件时所依据的法律规范并不统一，甚至难以找到诉权的司法适用裁判规范的依据。虽然在政策文件中并未正面承认环保社会组织具有提起生态环境损害赔偿诉讼的诉权主体资格，但依据现实情况，大多数情形下此两诉的受案范围会存在大面积的重合。因而，能够提起生态环境损害赔偿诉讼的案件几乎也都能够提起环境民事公益诉讼，从而直接导致了实务中两诉的频繁交叉和重合。此种情形下，法官通常会运用自由裁量规则进行裁判。然而，自由裁量本质上属于法官自由决定范围，对于法律规范上无具体且明确规定的事项，法官的自由裁量极易导致实务中诉权的裁判规范的司法适用的失范现象，出现"同案不同判"的不公正现象，不利于维护社会公平。但是，如果均采取合并审理的处理方式，相当于给予了环保社会组织参与生态环境损害赔偿诉讼的诉权主体资格，从而使得生态环境损害赔偿诉讼与环境民事公益诉讼出现功能上的混同，有悖制度的安排和初衷。

因此，有必要统一诉权裁判规范的司法适用，破解诉权裁判规范司法适用的失范难题。2019 年 6 月 5 日施行的《生态赔偿案件若干规定》第 1 条[1]中直接以默示的方式承认了"省级、市地级人民政府及其指定的相关部门、机构，或者受国务院委托行使全民所有自然资源资产所有权的部门"的诉权主体地位，而不再提及《生态赔偿改革方案》工作内容中的"鼓励法定的机关和符合条件的社会组织依法开展生态环境损害赔偿诉讼"。2022 年 4 月 26 日实施的《生态环境损害赔偿管理规定》第 6 条重申"国务院授权的省级、市地级政府（包括直辖市所辖的区县级政府）作为本行政区域内生态环境损害赔偿权利人"，这些规定从侧面区分了两诉的性质和功能，弱化了环保社会组织参与生态环境损害赔偿诉讼的诉权主体资格。与此同时，《生态赔偿案件若干规定》

---

[1] 《生态赔偿案件若干规定》第 1 条规定："具有下列情形之一，省级、市地级人民政府及其指定的相关部门、机构，或者受国务院委托行使全民所有自然资源资产所有权的部门，因与造成生态环境损害的自然人、法人或者其他组织经磋商未达成一致或者无法进行磋商的，可以作为原告提起生态环境损害赔偿诉讼：（一）发生较大、重大、特别重大突发环境事件的；（二）在国家和省级主体功能区规划中划定的重点生态功能区、禁止开发区发生环境污染、生态破坏事件的；（三）发生其他严重影响生态环境后果的。前款规定的市地级人民政府包括设区的市，自治州、盟、地区，不设区的地级市，直辖市的区、县人民政府。"

第 17 条[1]中亦明确了两诉交叉的衔接规则，破解了现存的失范难题。

## 三、享有诉权的主体范围逐步扩张

关于生态环境损害赔偿诉权主体的范围，最初在《生态赔偿试点方案》中明确规定“试点地方省级政府经国务院授权后，作为本行政区域内生态环境损害赔偿权利人，可指定相关部门或机构负责生态环境损害赔偿具体工作”。可见，省级政府享有生态环境损害赔偿诉讼的诉权已然明确；后续出台的《生态赔偿改革方案》之规定在《生态赔偿试点方案》的基础上又扩张了生态环境损害赔偿诉权主体的范围：自仅限省级政府扩张至“省级、市地级政府（包括直辖市所辖的区县级政府）”。

诉权主体的范围扩张后，《生态赔偿改革方案》中进一步划分了省级、市级政府的管辖范围，本质上是将不同类型的生态环境损害赔偿案件分配给不同层级的起诉主体进行管辖。具体的安排为：“省域内跨市地的生态环境损害，由省级政府管辖；其他工作范围划分由省级政府根据本地区实际情况确定。省级、市地级政府可指定相关部门或机构负责生态环境损害赔偿具体工作。省级、市地级政府及其指定的部门或机构均有权提起诉讼。跨省域的生态环境损害，由生态环境损害地的相关省级政府协商开展生态环境损害赔偿工作。”相较于《生态赔偿试点方案》之规定，《生态赔偿改革方案》中对诉权主体的扩张和职权划分更为细致。然而，《生态赔偿改革方案》是基于何种目的对提起生态环境损害赔偿诉讼的诉权主体范围进行扩张，以及此种扩张是否具有合理性和科学性仍有待进一步探讨。

对比藏金阁案和九江案可以发现，将市级政府扩张为诉权主体相较于以省级政府单独作为诉权主体更具合理性和科学性的实践依据。九江案于 2019 年 11 月 4 日审结，属于《生态赔偿案件若干规定》施行后比较具有典型代表意义的案件，起诉主体为“江西省九江市人民政府”，属于市级人民政府；藏金阁案的起诉主体为“重庆市人民政府”，是省级人民政府。《生态赔偿试点方案》中虽然仅明确了“省级人民政府及其部门”可作为赔偿权利人提起生态环境损

---

[1] 《生态赔偿案件若干规定》第 17 条规定：“人民法院受理因同一损害生态环境行为提起的生态环境损害赔偿诉讼案件和民事公益诉讼案件，应先中止民事公益诉讼案件的审理，待生态环境损害赔偿诉讼案件审理完毕后，就民事公益诉讼案件未被涵盖的诉讼请求依法作出裁判。”

害赔偿诉讼，但依托于当时制度萌芽的背景，此乃顺应试点期的政策时代背景的发展所采取的保守措施，也是在新制度萌芽阶段中所采取的较为合理的举措。正因如此，试点期结束后，在总结试点期间生态环境损害赔偿制度的发展进程、经验及缺陷的前提下，推进了《生态赔偿改革方案》中起诉主体范畴的完善和发展。

省级政府作为赔偿权利人需管辖全省所有的生态环境损害案件，管辖范围面广，相应地需要关注的案件数量也较为庞大。因此，在生态环境损害赔偿案件数量逐年增加的情形下，若仅依靠省级政府及其部门或机构有限的人力、物力资源，将会导致实践中大量新出现的生态环境损害难以及时被发现并得到有效的处理。因而，《生态赔偿改革方案》基于两点理由对起诉主体进行了扩张：其一，市级政府的辖区范围远小于省级政府，市级政府的加入能够扩大赔偿权利人的范围，减少省级政府承担的生态环境损害赔偿案件数量，使上下级的行政资源能够及时、均匀地分配并得到合理利用，进而有效地缓解省级政府办理生态环境损害赔偿案件的压力；其二，针对某市辖区内突发的生态环境损害赔偿案件，相较于统管全省的省级政府而言，市级政府对其辖区范围内的生态环境保护日常工作的进展、生态环境损害赔偿相关的地方性规定以及环保社会组织和污染企业的设置等情况有着较为深入的了解，也决定了其对细节性信息的接收效率更高、速度更快，因而能够更敏锐地捕捉到现有的生态环境损害并及时开展生态环境损害赔偿的相关工作。

因此，相较于省级政府单独作为诉权主体的"统揽统包"试点时期，现行的《生态赔偿改革方案》《生态赔偿案件若干规定》《生态环境损害赔偿管理规定》中对于生态损害赔偿诉权主体的扩张具有一定的合理性和科学性。但是，这并不意味着现有的对于生态环境损害赔偿诉权主体的相关政策及法律规定是完美无缺、无懈可击的，随着生态环境损害赔偿制度的不断完善，现有的制度体系也会存在不合理之处。法律具有滞后性，切忌脱离现有的时代背景和社会条件凭空谈论政策及法律文件的科学性和合理性，对于生态环境损害赔偿诉权主体的变化，应持以包容、发展的心态。

## 四、赋予省市两级政府诉权的必要性

生态环境损害赔偿诉讼的案件范围实际上与环境民事公益诉讼的诉权主

体存在较为广泛的竞合,也即导致了能够提起环境民事公益诉讼的诉权主体以另一种形式参与了生态环境损害赔偿诉讼,特别是在《生态赔偿试点方案》施行后、《生态赔偿案件若干规定》施行前的较长一段时间内,法院运用自由裁量权将环境民事公益诉讼和生态环境损害赔偿诉讼合并审理的案件屡见不鲜,进而导致了生态环境损害赔偿诉权裁判规范司法适用的失范问题,是由于已有的法律政策规范对生态环境损害赔偿诉权主体的规定还不够明晰,如《生态赔偿试点方案》中提及的"鼓励符合条件的社会组织依法开展生态环境损害赔偿诉讼"与《生态赔偿改革方案》中所提到的"鼓励法定的机关和符合条件的社会组织依法开展生态环境损害赔偿诉讼"之表述,极易让人误解为"法定的机关"和"环保社会组织"均享有生态环境损害赔偿的诉权主体地位。

但是,从环保社会组织本身的性质和特征来看,其作为生态环境损害赔偿诉权主体的不适性在于:其一,环保社会组织主体资格存疑。前文中提到生态环境损害赔偿的权利来源包含国家所有权,而环保社会组织即使有专业的领域,国家机构的认证,但对于生态环境损害赔偿的诉讼请求,其自身并非权利人,亦无法全权代表该受损生态环境上的利益主体,故当环保社会组织作为生态环境损害赔偿诉讼的诉权主体时,对于赔偿的内容、范围等都难以在其责任范围内尽数主张。其二,环保社会组织提起诉讼的相关请求力弱。由于环保社会组织作为生态环境损害赔偿的主体资格存疑,其诉讼请求自然而然会受到被请求人的对抗,故环保社会组织能提出的赔偿请求范围十分有限,也基于此,生态环境损害赔偿中涉及自然资源损失和生态效益流失亦无法得到全面的维护。其三,环保社会组织提起此类诉讼实践中采证困难、执行力弱且具有滞后性。环保社会组织提起生态环境损害赔偿诉讼依托于专业的鉴定机构,并需要前期大量的证据采集工作。而对于现实中的生态环境损害,在环保社会组织完成采集并提起诉讼再到审判和判决,损害基本无法得到及时有效的救济,且环保社会组织作为此类诉讼请求主体时,难以要求义务人先予执行,也不具有自行先予治理的人力与财力,故而由环保社会组织作为生态环境损害赔偿诉讼请求主体时,难以及时有效的保障环境利益的实现。

对于前述文件中"法定的机关"是否应当享有生态环境损害赔偿诉权的问题,首先需明确在《生态赔偿改革方案》中所提及的"法定的机关"的具体对象即同样具有环境民事诉讼诉权主体资格的检察机关,其不宜作为诉权主体的原因在于:其一,检察机关是司法机关,在程序上应当属于最后一道防线,就生态环境损害赔偿制度而言,主张赔偿可通过磋商或诉讼的方式,但直接由检察机关提起诉讼违背了一般权益维护的程序性原则,也增加了司法工作的压力。其二,生态环境损害赔偿的权利基础来自自然资源国家所有权,我国的国家所有即为全民所有,它类似于是一种国家对自然资源的管理权,通过民事权利义务关系来实现对《宪法》中自然资源国家所有的落地。生态环境损害赔偿磋商的权利基础亦是国务院委托省市两级政府行使自然资源国家所有权,若检察机关作为赔偿权利人提起赔偿请求,在前置磋商程序中,检察机关无恰当的法律依据支撑其磋商主体的法律资格。如果仅仅基于检察机关为维护公共利益而作为生态环境损害赔偿的资格主体,那么就违背了生态环境损害赔偿制度设计的初衷。因此,检察机关的直接介入不具有合理性。其三,由检察机关作为生态环境损害赔偿的诉讼主体在实际司法的过程中相关的程序复杂,如需证明相关损害时,检察机关要通过专门鉴定机构或组织采证证明。若通过向政府相关职能部门获取生态环境损害的鉴定等证据,关于证据的交接、解释等需要专业的检察人员随时跟进以便适用,故而,针对同一事件浪费了双倍的国家资源;若委托环保社会组织进行相关鉴定等证据采集工作,在司法实践中对于证据公信力又需另行证明。总之,相对而言,检察机关作为起诉机关在一定程度上也违反了效率的原则。

从政府本身的性质和特征来看,省市两级政府享有诉权的合理性和必要性在于:其一,政府具有较强的证据搜集能力。政府作为拥有行政权力的行政机关参与生态环境损害赔偿诉讼,相较于环保社会组织,不论是在诉前的证据搜集阶段,抑或诉中的证据补充阶段,其强大的权力背景决定了其能够更便利地获取被告企业损害生态环境的证据,如藏金阁案中环保社会组织和政府共提交了30项证据,其中“调查询问笔录”“环境行政执法人员现场执法过程影视资料”以及相关的行政处罚文书等,系行政机关内部行使行政权力过程中产生的证据,对于大部分的环保社会组织而言获取难度较大。其二,国家财政作为政府资金来源的坚实后盾。一些较大型、突发性的生态环境损害事故发生后,政府需要率先开展事故应急处置工作和生态环境损害的司法鉴定工作,并产生大量的预付费用,章丘案中判决内容中包含了应急处置费用1455.566万元、各项鉴定费23万余元,合计上千万元的费用,均需要在诉讼过程中预先承担。大部分环保社会组织本身的资金情况难以负担如此巨大的开销和费用，而政府作为公共利益的代表，拥有坚实的资金支持，能够保障生态环境损害赔偿诉讼的顺利开展。其三，政府能够更有效地监督生态环境损害赔偿案件的执行和落实。政府作为拥有行政权力的机关，能够灵活地参与生态环境损害赔偿的全过程，并通过强大的行政权力监督和保障被告及时履行义务。既能缓解法院的执行压力，改善"执行难"的现状，亦能及时监督生态环境的修复工作等。

简言之，虽然在《生态赔偿试点方案》《生态赔偿改革方案》中并未明确禁止甚至是鼓励"符合条件的社会组织"和"法定的机关"开展生态环境损害赔偿工作，然而，不论是环保组织抑或检察机关，在现有的社会背景下，均存在不适宜作为生态环境损害赔偿诉权主体的原因，以及相较于省市级政府作为诉权主体的明显劣势。因而，从正反两视角出发，基于现有的法律政策文件和社会背景，确有必要坚持省市两级政府生态环境损害赔偿的诉权主体地位，并且肯定仅以省市级政府作为诉权主体这一发展趋势的合理性和科学性。

## 第二节　生态环境损害赔偿诉权的法理基础与实践功能

### 一、诉权理论的基本阐释

#### （一）私法诉权说和公法诉权说

诉权理论是大陆法系传统民事诉讼法学的基础理论之一，对诉权问题的解读是理解民事诉讼诸多基本理论的基础。从理论上来说，要解决生态损害赔偿的诉权来源，首先需要对一般意义上的诉权理论本身进行明定与梳理，为进一步明确生态损害赔偿诉权基础提供指引。基于诉权问题的讨论产生了诸多的理论流派，大致可以分为两大阵营：私法诉权说和公法诉权说。

1. 私法诉权说

大陆法系首先出现的理论是私法诉权说，盛行于公法学说还不太发达的德国普通法时代，代表人物是萨维尼和温德夏特。这一学说主张在私法上寻找诉权的根源,将诉权视为私法权利的"影子",认为诉权源于私法权利,[1]民事诉讼实际上是民事实体法上的权利在审判上行使的过程或方法,诉权是实体法上的权利,即程序法是实体法的组成部分,是实体上请求权的变形物,没有实体权利就没有诉权。该学说忽视了诉讼法的独立价值,扭曲了实体法和诉讼法之间的关系,认为诉权只能向对方当事人行使,忽略了诉权的指向应当为审判机关,不能解决诉权理论诸多现实问题,因而最终被多数学者抛弃。

2. 公法诉权说

公法学说的盛行致使人们重新审视民事诉权,公法诉权说认为,国家的权力来自国民,因此,国民也就拥有要求国家给予利用诉讼制度的公权。公法诉权说持有理念为,诉权实为公法性质之权利,[2]它并不需依附于民事实体性权益并且就有自身特殊意义和价值。[3] 具体来说,从"抽象诉权说"到"具体诉权说"再到"本案判决请求权说"的演变体现了公法诉权说的变迁。

抽象诉权理论产生于公法理论发达时期,它不对任何私法实体性权利具有依赖性,可与之完全脱离,是个人对国家的一种自由权,和诉讼中争议的私法上的权利或诉讼标的没有关系。[4] 这就使诉权成为毫无内容的空洞之物,失去了存在的价值。具体诉权说否认抽象诉权说将诉权与私法权利完全割裂的观点,基于私权保障的目的,又名权利保护请求权说,主张诉权应当立足实体权之上,是当事人就具体、特定的私权纠纷向法院提起诉讼,请求有利自己的判决的权利。[5] 诉权要件除包含当事人私法权利主张(诉讼标的)外,还包括当事人适格和诉之利益,这是一种公法与私法相调和的二元论的观点。主要代表人物有:拉邦德、赫尔维格、斯太因等,该学说一度是大陆法系各国学术界的通说。本案判决请求说是以对权利保护请求说进行批判为契机而产生的,该学说认为,诉权是当事人请求法院对自己的诉求是否正当予以裁判的权

---

[1] 参见关涛:《诉权私权说刍议》,载《烟台大学学报(哲学社会科学版)》2003 年第 3 期。

[2] 参见段厚省、郭宗才:《民法请求权与民事诉权之关系考察》,载《河北法学》2009 年第 10 期。

[3] 参见张家慧:《诉权意义的回复——诉讼法与实体法关系的理论基点》,载《法学评论》2000 年第 2 期。

[4] 参见严仁群:《回到抽象的诉权说》,载《法学研究》2011 年第 1 期。

[5] 参见刘敏:《诉权保障研究:宪法与民事诉讼法视角的考察》,中国人民公安大学出版社 2014 年版,第 10 页。

利，[1]解决民事纠纷才是民事诉讼的目的，所以，诉权要件仅包括当事人适格和诉之利益，法院依法裁判即可，该学说最初是由德国学者布莱提倡，后在日本成为通说。

3. 我国的诉权学说

关于诉权理论，我国比较流行的学说是二元诉权说：诉权具有程序意义和实体意义两重含义。程序意义上的诉权，是指原告向法院提起诉讼的权利和被告进行答辩的权利；实体意义上的诉权，指原告要求法院获得胜诉判决的权利和被告享有的通过法院驳回原告诉讼请求的权利。二元诉权说，从其内容上观察，可以说程序意义上的诉权与抽象的诉权差别不大，而实体意义上的诉权则与具体诉权说相差无几。因此，二元诉权说是抽象诉权说和具体诉权说的结合体，其本质上仍属于公法诉权说范畴。[2] 这种学说继承了抽象诉权说和具体诉权说的优势，摒弃了不足，在逻辑上能够实现自洽，有很强的说服力，获得了大多数学者的认同。

我们通常在民事类别下讨论诉权，诉权指的是当实体权利受到侵害或者与他人产生民事权益纠纷时，民事主体可以请求法院作出正确裁判的权利。我国《宪法》规定了国家保护社会主义的公共财产，保护公民的私有财产权和继承权。[3] 而各部门法中会对诉权的范围作出具体的规定。通过行使诉权，方能向有管辖权的法院提起诉讼，也即从发生民事权益纠纷时起，民事主体向法院起诉、法院受理之前便享有了诉权，且该权利贯穿于诉讼的整个过程。[4] 有别于在法院受理后产生的作为民事诉讼法律关系内容的诉讼权利，如申请回避的权利、进行辩论的权利、提出上诉的权利等。诉权是国家给予公民公力救济的重要渠道，是当事人之间解决纠纷的主要方式。

---

〔1〕 参见黄忠顺：《再论诉讼实施权的基本界定》，载《法学家》2018 年第 1 期。

〔2〕 参见刘文哲、刘东：《民事诉权新探——以民事诉讼法修正案为背景》，载《东方法学》2012 年第 5 期。

〔3〕 《宪法》第 12 条规定："社会主义的公共财产神圣不可侵犯。国家保护社会主义的公共财产。禁止任何组织或者个人用任何手段侵占或者破坏国家的和集体的财产。"第 13 条第 1、2 款规定："公民的合法的私有财产不受侵犯。国家依照法律规定保护公民的私有财产权和继承权。"

〔4〕 参见王国征：《诉权和诉讼权利的区别》，载《法学杂志》1992 年第 2 期。

## 二、生态环境损害赔偿诉权的权利基础

### (一)生态环境损害赔偿诉权的基本内涵

《生态赔偿改革方案》将“生态环境损害”界定为因污染环境、破坏生态造成大气、地表水、地下水、土壤等环境要素和植物、动物、微生物等生物要素的不利改变,及上述要素构成的生态系统功能的退化。在法律适用上,《生态赔偿改革方案》明确将人身、财产损害以及海洋生态环境损害排除在外,[1]尽管后者在理论上可以归属为生态环境损害。[2] 因何如此?必须追根溯源,从损害说起。损害字面含义包括损失(loss)和伤害(injury),损害“系指权利或利益受侵害时所产生之不利益。易言之,损害发生前之状态,与损害发生后之情形,而相比较,被害人所受之不利益,即为损害之所在”。[3] 广义的损害包括财产的和精神的,现实的和未来的,也即涵盖了损失、伤害、危险、妨碍等多个概念。[4] 但并非所有的损害都能获得法律上的救济,只有那些具有可赔偿性的损害,才属于法律上的损害,且需要满足两个要件:一是可补偿的损害必须能够通过侵权人承担赔偿责任得到补偿而非通过其他方式;二是基于法律上的考量,该损害应由侵权人承担。[5] 由此看来,损害概念自私法中来,所以在私法理论框架中予以解释,但对于晚近出现的如生态损害、集体损害、纯粹经济损失等几组概念,[6]其解释力却不够。

就生态环境损害而言,其原因行为和损害形式上皆具二元性:环境污染和生态破坏都可以作为其原因行为;损害形式上包括了传统的人身、财产、精神等损害,而且包括了生态损害。[7] 人身、财产、精神等损害可以为传统的侵权责任法所救济,而生态损害作为一个相对纯粹的环境损害,是生态服务功能损减后所带来的一系列、整体性、系统性的损害;虽然与侵权责任法所救济的损

---

[1] 《生态赔偿改革方案》中明确规定:“以下情形不适用本方案:1. 涉及人身伤害、个人和集体财产损失要求赔偿的,适用侵权责任法等法律规定;2. 涉及海洋生态环境损害赔偿的,适用海洋环境保护法等法律及相关规定。”

[2] 参见吕忠梅:《“生态环境损害赔偿”的法律辨析》,载《法学论坛》2017 年第 3 期。

[3] 参见王泽鉴:《不当得利》,中国政法大学出版社 2002 年版,第 334 页。

[4] 参见王利明:《侵权责任法研究》(上),中国人民大学出版社 2011 年版,第 285 - 286 页。

[5] 参见程啸:《侵权责任法》,法律出版社 2015 年版,第 216 页。

[6] 参见王利明:《侵权责任法研究》(上),中国人民大学出版社 2011 年版,第 284 - 285 页。

[7] 参见吕忠梅:《“生态环境损害赔偿”的法律辨析》,载《法学论坛》2017 年第 3 期。

害经常伴生,可能出现公益性的私益纠纷或私益性的公益纠纷,[1]但本质上仍是纯粹的公益纠纷,故其救济模式不能等同于私法的救济。

《生态赔偿改革方案》明确国务院授权的省级、市地级政府以及省级、市地级政府指定的相关部门或机构均有权提起诉讼,[2]《生态赔偿案件若干规定》进一步明确省级、市地级人民政府及其指定的相关部门、机构,或者受国务院委托行使全民所有自然资源资产所有权的部门可以作为原告提起生态环境损害赔偿诉讼,[3]也即当生态环境受到损害时,国务院授权的省级、市地级政府及其指定的部门或机构、国务院委托行使全民所有自然资源资产所有权的部门可以享有生态环境损害赔偿诉权。结合上述关于诉权与生态环境损害的论述,生态环境损害赔偿诉权指国务院授权的省市两级政府及其指定的部门或机构以及国务院委托的行使全民所有自然资源资产所有权的部门,就生态环境损害行为向法院提起诉讼、请求法院依法裁判的权利。但与行使普通诉权不同的是,当发生生态环境损害时,并不意味着适格主体能直接行使生态环境损害赔偿诉权,生态环境损害赔偿权利人应当先与造成生态环境损害的自然人、法人或其他组织进行磋商,当磋商未达成一致或无法进行磋商时,才可行使生态环境损害赔偿诉权。需要指出的是,无论是《生态赔偿改革方案》[4]还是《生态赔偿案件若干规定》[5],磋商协议的司法确认都不是强制程序,若当事人申请了司法确认,而赔偿义务人不履行或不完全履行磋商协议,赔偿权利人可以申请人民法院强制执行,但如果达成磋商协议后没有经过司法确认,赔

[1] 参见吕忠梅:《论环境侵权纠纷的复合性》,载《人民法院报》2014年11月12日,第8版。

[2] 《生态赔偿改革方案》第4条第3项规定:“国务院授权省级、市地级政府(包括直辖市所辖的区县级政府,下同)作为本行政区域内生态环境损害赔偿权利人。省域内跨市地的生态环境损害,由省级政府管辖;其他工作范围划分由省级政府根据本地区实际情况确定。省级、市地级政府可指定相关部门或机构负责生态环境损害赔偿具体工作。省级、市地级政府及其指定的部门或机构均有权提起诉讼。跨省域的生态环境损害,由生态环境损害地的相关省级政府协商开展生态环境损害赔偿工作。”

[3] 《生态赔偿案件若干规定》第1条规定:“具有下列情形之一,省级、市地级人民政府及其指定的相关部门、机构,或者受国务院委托行使全民所有自然资源资产所有权的部门,因与造成生态环境损害的自然人、法人或者其他组织经磋商未达成一致或者无法进行磋商时,可以作为原告提起生态环境损害赔偿诉讼……”

[4] 《生态赔偿改革方案》第4条第4项明确规定:“对经磋商达成的赔偿协议,可以依照民事诉讼法向人民法院申请司法确认。”

[5] 《生态赔偿案件若干规定》第20条第1款规定:“经磋商达成生态环境损害赔偿协议的,当事人可以向人民法院申请司法确认。”

偿义务人不履行或不完全履行磋商协议，磋商协议的性质又尚存争议，此时应视为磋商未达成一致，生态环境损害赔偿权利人仍可行使生态环境损害赔偿诉权。

（二）生态环境损害赔偿诉权的基础

自然资源国家所有权和公民环境权的二元结构论以及环境公共信托理论，共同支撑起政府作为生态环境损害赔偿权利人的实质合法性基础，在生态环境损害赔偿请求权部分会基于这几种理论就生态环境损害赔偿请求权的权利合法性问题展开讨论，此处不做赘述。就普通诉权而言，当主体的权益受到侵犯或者发生纠纷时，此时一方主体享有请求另一方行为或不行为的权利，且实现请求权的方式之一便是向法院提起诉讼，寻求公力救济。生态环境损害赔偿诉权并非一般性的民事诉权，这主要在于生态环境的公益性和该类纠纷的生态性特征，基于自然资源国家所有权说以及公民环境权与环境公共信托理论做支撑，国务院及其授权的省市两级政府、国务院委托行使自然资源资产所有权的部门在生态环境遭受损害时，享有请求损害行为人修复生态环境、赔偿损失、停止侵害、排除妨碍、消除危险、赔礼道歉等的权利，为实现生态环境损害赔偿请求权，权利人可以通过不同的渠道寻求救济，《生态赔偿改革方案》和《生态赔偿案件若干规定》明确了磋商与起诉两种方式，当然并不排除调解等其他方式的适用，但考虑到损害鉴定的技术性、环保机关执法的连续性、损害方的修复能力等多种因素，同时将生态环境损害赔偿磋商作为诉讼的前置程序，当柔性协商机制失灵，方才寻求法院救济，更能保障效率、公平目标的实现。可见生态环境损害赔偿请求权是诉权的权利基础，磋商是诉权行使的前提。

生态环境损害赔偿请求权不仅是生态环境损害赔偿诉权的基础，也是生态环境损害赔偿磋商的基础。一方面，生态环境损害赔偿请求权中实体性权利的面向，使得政府作为权利人，有权启动磋商程序，并要求义务人停止侵害等。但磋商本身并非纯粹意义的民事平等主体间的磋商，政府作为磋商的一方，本身具有行政色彩，但这并不影响磋商的法理基础寻找。所以，从权利派生关系来看，生态环境损害赔偿请求权赋予权利人启动磋商的资格，也即磋商是权利人单方面启动，而无须义务人同意。另一方面，生态环境损害赔偿请求权还有程序性权利的面向，具体表现为，当私力救济失灵时，有权请求公力救济的介入。在生态环境损害赔偿诉讼中，诉权的基础便是请求权。综上，生态环境损害赔偿请求权是诉权与磋商请求权的权利基础。

## 三、生态环境损害赔偿诉权的程序性功能

诉权是进行诉讼的前提，是审判权行使的条件，审判权是诉权行使的结果。无诉权即无当事人，无诉权即无诉，无诉即无判。[1] 虽然根据我国的通说诉权理论"二元诉权说"，诉权包含程序和实体两层意义，诉权的实体意义表现为，提请法院运用审判的手段实现其合法权益的请求，本质上属于请求给予司法救济的权利。从权利属性划分的角度，其本质上属于程序法范畴。生态环境损害赔偿诉权的二元结构，使之既有程序功能又有实体功能，且在程序上能够启动生态环境损害赔偿诉讼程序，获取相应的诉讼权利，让诉讼权利人和对方当事人平等对抗，运用公力救济的方式保障自身诉求的实现。实体层面诉权也是实现实体救济、维护公众的生态环境利益、修复受损的生态环境的程序保障，实体正义的实现离不开程序正义。但相较于请求权偏重实体功能而言，诉权的实践功能更加偏向程序层面。

### （一）保护功能

诉权的保护功能，即为利益受损的主体维护自身的实体权利提供程序保障。调解、和解、诉讼以及磋商体现了多元化的救济渠道，同时也利于化解矛盾纠纷，更充分地保障实体权利的实现。环境污染与生态破坏行为会直接造成生态环境自身的损害，同时也会间接危害人体健康、造成财产损失，生态环境损害往往会危及不特定多数主体的环境公益，在运用传统的民事诉讼手段救济受损的人身和财产损失时，赋予代表不特定多数主体维护环境利益的政府部门启动生态环境损害赔偿诉讼程序的资格，不仅是政府，符合一定条件的社会组织、检察机关亦能通过启动环境民事公益诉讼程序，救济受损的公众环境利益。关于生态环境损害赔偿诉讼与环境公益诉讼的衔接在衔接部分会展开讨论，但需要指出的是《生态赔偿改革方案》中规定的"鼓励法定的机关和符合条件的社会组织依法开展生态环境损害赔偿诉讼"让本就尚待进一步明确的生态环境损害赔偿诉讼与环境民事公益诉讼的衔接显得更加扑

---

〔1〕 参见李龙：《民事诉权论纲》，载《现代法学》2003 年第 2 期。

朔迷离。

### (二)对抗功能

自生态环境遭受《生态赔偿案件若干规定》明确的损害情形[1]之时符合条件的主体便享有生态环境损害赔偿诉权,磋商未果或不能磋商的方可向国家司法机关请求作出正确裁判,启动诉讼程序。在法院受理案件之后双方当事人会享有程序法规定的诉讼权利,诉讼权利在法院受理案件后产生诉讼法律关系,生态环境损害赔偿诉讼权利人与义务人可以基于平等原则[2]享有相同或相对应的诉讼权利义务,以保证双方当事人的平等对抗,改变因对方的损害行为造成己方利益受损的不公平状态。一方面,当事人的诉讼权利义务相同,如在诉讼中,原被告均有权委托诉讼代理人,均有权申请回避;另一方面,由于双方的诉讼地位不同诉讼权利与义务不可能完全相同,但应相对应,如原告一方享有起诉权,被告相对应地便享有应诉答辩的权利。就生态环境损害赔偿诉讼而言,一方是政府及其指定的部门或机构,另一方是自然人、法人或其他组织,看似不平等的主体之间,在具体到民事性质的诉讼行为时,双方是平等的,相同或相对应的诉讼权利便是双方平等对抗的武器。

诉权弱化难以保证程序正义的实现,相应地,法官的裁判结果如果没有合法正当的程序保驾护航,很难说不会导致裁判结果的不公正。通过与对方的均衡对抗,最终由法院居中裁判,使损害行为人承担应当由其承担的生态修复等责任,在肯定程序正义的独立存在价值的基础上,以程序正义推动实体正义的实现。

---

〔1〕《生态赔偿案件若干规定》第1条规定:"具有下列情形之一,省级、市地级人民政府及其指定的相关部门、机构,或者受国务院委托行使全民所有自然资源资产所有权的部门,因与造成生态环境损害的自然人、法人或者其他组织经磋商未达成一致或者无法进行磋商的,可以作为原告提起生态环境损害赔偿诉讼:(一)发生较大、重大、特别重大突发环境事件的;(二)在国家和省级主体功能区规划中划定的重点生态功能区、禁止开发区发生环境污染、生态破坏事件的;(三)发生其他严重影响生态环境后果的。前款规定的市地级人民政府包括设区的市,自治州、盟、地区,不设区的地级市,直辖市的区、县人民政府。"

〔2〕《民事诉讼法》第8条规定:"民事诉讼当事人有平等的诉讼权利。人民法院审理民事案件,应当保障和便利当事人行使诉讼权利,对当事人在适用法律上一律平等。"

# 第三节　生态环境损害赔偿请求权的学理辩证与现实意义

## 一、生态环境损害赔偿请求权的内涵和作用

请求权被称为权利作用的枢纽,[1]指“谁得向谁,依据何种法律规范,有所主张”,也即请求权是当事人实体权利和程序权利得以实现的介质。根据请求权理论,民事权利主体在遭受侵害甚至仅仅具有侵害之虞的情况下,就可以直接向相对人主张各种要求,也就是说,权利人可以基于请求权向相对人主张其作出必要的行为。[2]

关于请求权的基本作用,学界观点不一。我国民法学界的主流观点是以诉权为坐标系,通过阐明诉权与请求权的区别与联系,来阐明请求权的内涵与功能。有些学者是通过分辨债权与债权请求权的不同、侵权请求权与物权请求权的不同、合同请求权与其他债权请求权的不同等来明晰请求权的内涵与外延,以便更好地认识和了解请求权。有些学者将请求权分为民事权利和权利保护请求权,又从法理上将请求权分为原权请求权和次生请求权。[3] 在我国现有民法体系中,请求权的内容主要包括以下几个部分:物上请求权(如排除妨害、消除危险请求权,返还原物请求权,恢复原状请求权);基于债权的请求权(如赔偿损失请求权,基于合同约定、无因管理、不当得利的请求权);基于知识产权的请求权;人格权请求权;身份权请求权等。

在私法领域中,以作用和功能为标准,可以将权利分为支配权、请求权、形成权和抗辩权,而这些权利类型均是由基础权利派生而来。在基础法律关系中,权利的种类包括物权、债权、人格权和身份权等,请求权则是实现或保障实现某些基础权利的权利。因此,从理论上讲,每一个请求权都对应具体的基础

---

〔1〕 参见王泽鉴:《法律思维与民法实例:请求权基础理论体系》,中国政法大学出版社 2001 年版,第 64 页。

〔2〕 参见王利明:《论债权请求权的若干问题》,载《法律适用》2008 年第 9 期。

〔3〕 参见杨立新、曹艳春:《论民事权利保护的请求权体系及其内部关系》,载《河南省政法管理干部学院学报》2005 年第 4 期。

权利，譬如，债权与债权请求权，物权与物上请求权，人格权与人格权请求权等。换言之，基础权利与请求权是两个层次的概念，基础权利在先，请求权在后，二者之间有明确的界线。但在其中，债权与请求权的边界不甚明了，主要原因是债权人实现债权必须请求债务人为特定的行为，比如履行债务、交付标的物或提供劳务等。在权利实现方式上，债权与请求权具有相同的特征。但债权的范畴显然小于请求权，债权的核心权能与请求权相同，但并不因此可以理解为债权等同于请求权，准确地说，债权应该是请求权的一种。

## 二、生态环境损害赔偿请求权的基础与依据

### （一）权利基础

请求权是由实体法中基础权利派生而来，要求他人为或不为一定行为的权利。生态环境损害赔偿请求权的基础权利探讨，也即论证请求权本身的实质合法性问题。关于生态环境损害赔偿请求权的法理基础，学界观点不一，可大致分为三类：其一，部分学者认为生态环境损害赔偿诉权的基础是实体请求权，也即生态环境损害赔偿请求权，并且认为生态环境损害赔偿请求权是自然资源国家所有权延伸出来的。其二，还有部分学者认为政府作为生态环境损害赔偿的权利人，非基于诉权，而是因为政府负有环境保护的义务，“行政机关进行生态环境损害赔偿可以视为行政机关为更好地实现宪法目标而积极履行义务”。其三，也有不少学者借鉴自然环境的公共信托理论，认为生态环境损害赔偿请求权的基础权利是公民的环境请求权。公众作为环境请求权的主体，将环境资源管理权信托给政府，政府因此取得了生态环境损害赔偿权利人的地位。简要分析前述三类观点，虽然各有法理基础，但仍旧难以逻辑自恰地证立生态环境损害赔偿请求权的实质合法性问题。针对第一种观点，自然资源国家所有权的论证逻辑路径，虽可以证实基础权利的存在，但却并不周延。比如说，自然资源归国家所有，那么是否就能当然地认为生态功能和环境也归国家所有？结论显然是否定的。第二种观点，虽然确认了国家的环境保护义务，但却没有正面论证政府为何不通过行政治理手段而选择诉讼途径履行环境保护义务的合理性问题，难道是因为政府行政职能失灵？还是我国政府的行政权力不及司法权力有效？所以，这一种观点虽然为我们解释生态环境损害赔偿诉讼的法理构造提供了一条可供参考的思路，但这一论证逻辑还是值

得商榷的。至于第三种观点，自然环境的公共信托理论和公民环境权的理论，概念本身比较超前，但却不失为一种可靠的理论解释路径。但不能完全依托该理论，还需要做更精致化的问题分析，将生态环境损害赔偿请求权的权利内容做类型化划分，涉及自然资源部分可借鉴自然资源国家所有权理论解释，而涉及生态环境的部分，则需要抓住公益性的特征，借鉴公民环境权理论和自然环境的公共信托理论，以寻求合理的论证逻辑。

（二）法律依据

请求权使环境权在实质上成为可通过司法程序来获得救济的权利，使环境利益成为法律权利的立据。[1] 因此，需要探明生态环境损害赔偿请求权的法律基础，在实务中，法律基础主要由宪法和法律规范所规定，以政策性文件为补充，构成了完整的生态环境损害赔偿请求权的法律基础。

我国《宪法》第26条第1款规定：国家保护和改善生活环境和生态环境，防治污染和其他公害。《民法典》侵权责任编增加如下关于生态环境损害赔偿的规定，其第1234条规定："违反国家规定造成生态环境损害，生态环境能够修复的，国家规定的机关或者法律规定的组织有权请求侵权人在合理期限内承担修复责任。侵权人在期限内未修复的，国家规定的机关或者法律规定的组织可以自行或者委托他人进行修复，所需费用由侵权人负担。"其第1235条规定："违反国家规定造成生态环境损害的，国家规定的机关或者法律规定的组织有权请求侵权人赔偿下列损失和费用：（一）生态环境受到损害至修复完成期间服务功能丧失导致的损失；（二）生态环境功能永久性损害造成的损失；（三）生态环境损害调查、鉴定评估等费用；（四）清除污染、修复生态环境费用；（五）防止损害的发生和扩大所支出的合理费用。"《环境保护法》第6条规定了损害担责原则。此外，一些环境保护单行法中也为生态环境损害赔偿请求权提供了法律依据，如《海洋环境保护法》第89条规定，造成海洋环境污染损害的责任者，应当排除危害，并赔偿损失；完全由于第三者的故意或者过失，造成海洋环境污染损害的，由第三者排除危害，并承担赔偿责任。对破坏海洋生态、海洋水产资源、海洋保护区，给国家造成重大损失的，由依照本法规定行使海洋环境监督管理权的部门代表国家对责任者提出损害赔偿要求。2020年修

---

〔1〕 参见吕忠梅：《环境法新视野》，中国政法大学出版社2000年版，第131页。

订的《固体废物污染环境防治法》第 122 条第 1 款也规定："固体废物污染环境、破坏生态给国家造成重大损失的，由设区的市级以上地方人民政府或者其指定的部门、机构组织与造成环境污染和生态破坏的单位和其他生产经营者进行磋商，要求其承担损害赔偿责任；磋商未达成一致的，可以向人民法院提起诉讼。"

在实践过程中，相关部门也出台一些政策性文件，司法解释和工作文件来保障生态环境损害赔偿制度的顺利进行，政策性文件如中共中央办公厅、国务院办公厅印发的《生态赔偿改革方案》，司法解释如最高人民法院《关于审理海洋自然资源与生态环境损害赔偿纠纷案件若干问题的规定》《生态赔偿案件若干规定》，部门规范性文件如生态环境部、最高人民法院、最高人民检察院等出台的《生态环境损害赔偿管理规定》，工作文件如最高人民法院办公厅《关于印发江必新副院长在全国法院环境公益诉讼、生态环境损害赔偿诉讼审判工作推进会上讲话的通知》。各省市纷纷响应，出台了地方性文件来保障生态环境损害赔偿制度的落实，如北京市出台《关于印发〈北京市生态环境损害赔偿制度改革工作实施方案〉的通知》，〔1〕福建省出台《生态环境损害赔偿制度改革实施方案》，〔2〕河北省生态环境厅印发《关于推进落实生态环境损害赔偿制度的指导意见》，〔3〕安徽省生态环境厅出台《安徽省生态环境损害赔偿实施办法（试行）》，〔4〕新疆维吾尔自治区 13 个部门会签《自治区生态环境损害赔偿监督办法（试行）》，〔5〕三亚市人民政府印发《三亚市生态环境损害赔偿制度改革实施意见》。

〔1〕 参见中共北京市委办公厅、北京市人民政府办公厅《关于印发〈北京市生态环境损害赔偿制度改革工作实施方案〉的通知》，载北京市人民政府网，http://www.beijing.gov.cn/zhengce/zhengcefagui/201905/t20190522_61340.html，最后访问日期：2022 年 6 月 20 日。

〔2〕 参见《福建省印发〈生态环境损害赔偿制度改革实施方案〉》，载搜狐网，https://www.sohu.com/a/258426835_99921118，最后访问日期：2022 年 6 月 20 日。

〔3〕 参见《河北加快推进生态环境损害赔偿工作》，载中国绿色碳汇基金会网，http://www.thjj.org/sf_241AD155BF324F0F911F87259CEA000D_227_bjmmgj.html，最后访问日期：2022 年 6 月 20 日。

〔4〕 参见安徽省生态环境损害赔偿制度改革工作领导小组办公室《关于印发〈安徽省生态环境损害赔偿实施办法（试行）〉和〈安徽省生态环境损害赔偿资金管理办法（试行）〉的通知》，载安徽省生态环境厅网，https://sthjt.ah.gov.cn/public/21691/120575011.html，最后访问日期：2022 年 6 月 20 日。

〔5〕 参见杨舒涵：《我区检察机关加强对生态环境损害赔偿的监督》，载法治新疆网，http://sft.xinjiang.gov.cn/xjsft/bmfz/202005/4271fcbd9e214214bdba3a65a39d99c6.shtml，最后访问日期：2022 年 6 月 20 日。

## 三、生态环境损害赔偿请求权的内部结构

生态环境损害赔偿请求权的基本结构主要涉及主体、对象和内容三个面向。主体回答的是谁是权利人的问题、对象回答的是权利指向谁的问题、内容回答的是权利的效能以及如何运作的问题。

### （一）主体

生态环境损害赔偿请求权主体结构的探讨，主要从形式合法性和实质合法性两个方向展开。形式合法性是对实定法规范的准确寻找，而实质合法性则是更深层次的法理探析。首先，从实定法规范的角度，目前我国对生态环境损害赔偿请求权主体的规定主要体现在《生态赔偿改革方案》[1]和《生态赔偿案件若干规定》[2]中，依据《生态赔偿改革方案》和《生态赔偿案件若干规定》，由国务院授权的省级、地市级政府对造成生态环境损害的单位或个人提起生态环境损害赔偿诉讼。因此，国务院授权的省级、地市级政府作为生态环境损害赔偿诉讼的法定适格原告，当然的享有生态环境损害赔偿请求权。所以，生态环境损害赔偿请求权的主体是政府。

### （二）对象

生态环境损害赔偿请求权的对象，也即权利指向的范围。根据《生态赔偿改革方案》与《生态赔偿案件若干规定》的相关规范，造成生态环境损害的自然人、法人或者其他组织均可以成为生态环境损害赔偿诉讼程序中的磋商对象

---

〔1〕《生态赔偿改革方案》第4条“工作内容”第3项确定了赔偿权利人：国务院授权省级、市地级政府（包括直辖市所辖的区县级政府，下同）作为本行政区域内生态环境损害赔偿权利人。省域内跨市地的生态环境损害，由省级政府管辖；其他工作范围划分由省级政府根据本地区实际情况确定。省级、市地级政府可指定相关部门或机构负责生态环境损害赔偿具体工作。省级、市地级政府及其指定的部门或机构均有权提起诉讼。跨省域的生态环境损害，由生态环境损害地的相关省级政府协商开展生态环境损害赔偿工作。

〔2〕《生态赔偿案件若干规定》第1条规定，具有下列情形之一，省级、市地级人民政府及其指定的相关部门、机构，或者受国务院委托行使全民所有自然资源资产所有权的部门，因与造成生态环境损害的自然人、法人或者其他组织经磋商未达成一致或者无法进行磋商的，可以作为原告提起生态环境损害赔偿诉讼：（1）发生较大、重大、特别重大突发环境事件的；（2）在国家和省级主体功能区规划中划定的重点生态功能区、禁止开发区发生环境污染、生态破坏事件的；（3）发生其他严重影响生态环境后果的。前款规定的市地级人民政府包括设区的市，自治州、盟、地区，不设区的地级市，直辖市的区、县人民政府。

或被告。生态环境损害赔偿请求权虽然作为一种实体权利,但同时兼具实体和程序的双重功能,具有可诉性。依据其实体性权能,生态环境损害赔偿请求权是磋商程序得以启动的法理基础;而依据其纯粹诉讼法意义上的程序性权能,生态环境损害赔偿请求权具有可诉性,可以作为生态环境损害赔偿诉权的法理基础。综上,生态环境损害赔偿磋商与生态环境损害赔偿诉讼的对象均是造成生态环境损害的自然人、法人或者其他组织,因此,生态环境损害赔偿请求权的对象是造成生态环境损害的自然人、法人或者其他组织。

（三）内容

请求权指"谁得向谁,依据何种法律规范,有所主张"。所以,若欲厘清请求权的内容,则必须准确找寻请求权的规范基础。生态环境损害赔偿请求权的实现,有磋商和诉讼两条路径,磋商是两方主体基于平等的民事法律地位,进行权利救济的方式,而诉讼是权利人基于诉权,借助公力救济的渠道保障合法权益的权利救济方式。两种途径的主要规范基础是《生态赔偿改革方案》和《生态赔偿案件若干规定》,当然也参照适用民事诉讼法和侵权责任法等相关内容。其中《生态赔偿案件若干规定》第 11 条明确了被告的民事责任承担方式有修复生态环境、赔偿损失、停止侵害、排除妨害、消除危险、赔礼道歉等。在我国的民法理论中,请求权主要内容包括债权请求权、物上请求权和人身权请求权。而《生态赔偿案件若干规定》所确认的民事责任既包含修复生态环境、停止侵害等物上请求权能,也包括因侵权行为而触发的赔偿损失等债权请求权能。那么生态环境损害赔偿请求权的内容是债权请求权,还是物上请求权,抑或两者兼而有之?本书的观点是生态环境损害赔偿请求权是债权请求权与物上请求权的聚合。原因有二,一是物上请求权的基础权利是物权,在生态环境损害赔偿中表现为自然资源国家所有权。《宪法》虽然赋予国家对自然资源的所有权,但生态环境的权利归属却不甚明晰。换言之,以国家所有权为基础的物上请求权的解释路径,无法完全涵盖生态环境损害赔偿的范畴。二是依据公民环境权的相关理论,公民享有在清洁、健康和舒适的环境中生活的权利。自然人、法人或其他组织因对生态环境造成损害,侵犯了公民环境权。基于此侵权行为而产生的侵权行为损害赔偿请求权,属于债权请求权的组成部分。结合以上两点,生态环境损害赔偿请求权的内容是债权请求权与物上请求权的聚合。

综上，生态环境损害赔偿的民事责任承担方式有修复生态环境、赔偿损失、停止侵害、排除妨害、消除危险、赔礼道歉等，生态环境损害赔偿请求权的内容表现为物上请求权与债权请求权的聚合。

## 四、生态环境损害赔偿请求权的性质与功能

### （一）性质定位

要厘清生态环境损害赔偿的请求权，首先应界定生态环境损害赔偿请求权主体的性质。虽然《生态赔偿改革方案》和《生态赔偿试点方案》规定了政府作为生态环境损害赔偿权利人，但是也出现了法律规定无法完全支撑生态环境损害请求权人主体资格的情况。上文提出宪法规定了国家是自然资源的所有者，但是并未规定国家是生态环境的所有权人，因此出现了偏差。其次要界定生态环境损害赔偿的适用范围。《环境保护法》规定环境是指“影响人类生存和发展的各种天然的和经过人工改造的自然因素的总体，包括大气、水、海洋、土地、矿藏、森林、草原、湿地、野生生物、自然遗迹、人文遗迹、自然保护区、风景名胜区、城市和乡村等”。根据《生态赔偿改革方案》，生态环境损害是指“因污染环境、破坏生态造成大气、地表水、地下水、土壤、森林等环境要素和植物、动物、微生物等生物要素的不利改变，以及上述要素构成的生态系统功能退化。（一）有下列情形之一的，按本方案要求依法追究生态环境损害赔偿责任：1. 发生较大及以上突发环境事件的；2. 在国家和省级主体功能区规划中划定的重点生态功能区、禁止开发区发生环境污染、生态破坏事件的；3. 发生其他严重影响生态环境后果的。各地区应根据实际情况，综合考虑造成的环境污染、生态破坏程度以及社会影响等因素，明确具体情形”。《环境保护法》规定的“环境”与《生态赔偿改革方案》中规定的“生态环境”并不能完全对应，这也对界定生态环境损害赔偿的适用范围提出了挑战。此外，大气和水等环境要素具有流动性强，扩散范围大，产权界定不明晰等特点，如何界定领域或流域内造成了生态环境损害进而提出生态环境损害请求权也成为实务中一大难点。

另外，生态环境损害赔偿诉讼与环境公益诉讼边界的模糊也令生态环境损害赔偿诉讼请求权在实务中难以实现。《生态赔偿改革方案》鼓励法定的机关和符合条件的社会组织依法开展生态环境损害赔偿诉讼。这一主体又与环

境公益诉讼的适格主体相重合,二者的边界难以区分。生态环境诉讼与环境公益诉讼也一直是困扰理论界和实务界的难题。因此最高人民法院发布《人民法院保障生态环境损害赔偿制度改革典型案例》,其中的藏金阁案实现了生态环境损害赔偿诉讼与环境公益诉讼的有效衔接。重庆市第一中级人民法院将其合并审理,既支持了政府提起生态环境损害赔偿诉讼,又鼓励了社会组织提起环境民事公益诉讼,表达了人民法院对环境公共利益保护的决心,实现了法律效果和社会效果的统一。[1]

生态环境赔偿诉讼与民事公益诉讼的衔接在《生态赔偿案件若干规定》中进行了明确,第16条规定:"在生态环境损害赔偿诉讼案件审理过程中,同一损害生态环境行为又被提起民事公益诉讼,符合起诉条件的,应当由受理生态环境损害赔偿诉讼案件的人民法院受理并由同一审判组织审理。"第17条规定:"人民法院受理因同一损害生态环境行为提起的生态环境损害赔偿诉讼案件和民事公益诉讼案件,应先中止民事公益诉讼案件的审理,待生态环境损害赔偿诉讼案件审理完毕后,就民事公益诉讼案件未被涵盖的诉讼请求依法作出裁判。"章丘案中,法院在诉讼程序上也进行了有益探索。生态环境损害事件发生后,社会组织和该案原告先后提起环境民事公益诉讼和生态环境损害赔偿诉讼,法院分别立案受理并中止环境民事公益诉讼案件的审理,待该案审理裁判后再就环境民事公益诉讼案件依法作出裁判,是衔接两类诉讼程序和规则的一种新探索。

### (二)功能辨析

我国民法学界主流观点认为,请求权是诉权的基础,只有存在请求权,才能存在诉权。[2] 生态环境损害赔偿请求权是实体性权利,生态环境损害赔偿诉权是程序性权利,关于二者的关系,上文已经详细阐述,这里不再赘述。生态环境损害赔偿请求权是生态环境损害赔偿制度的基础,权利人基于请求权

---

〔1〕 参见《最高人民法院发布人民法院保障生态环境损害赔偿制度改革典型案例》,载北大法宝网,http://www.pkulaw.cn/fulltext_form.aspx? Db=chl&Gid=eae3a7978488a3f5bdfb&keyword=%e7%94%9f%e6%80%81%e7%8e%af%e5%a2%83%e6%8d%9f%e5%ae%b3%e8%b5%94%e5%81%bf&EncodingName=&Search_Mode=accurate&Search_IsTitle=0,最后访问日期:2020年5月20日。

〔2〕 参见王利明:《论债权请求权的若干问题》,载《法律适用》2008年第9期。

进入生态环境损害赔偿程序之中，开展赔偿工作。生态环境损害赔偿请求权也使得环境救济请求权在司法实践中得以细化。生态环境损害赔偿请求权的功能在于当生态环境遭受污染和破坏时，权利人有权行使环境救济请求权，向实施损害行为的人提出停止侵害、恢复原状或赔偿损失的请求。只有将救济请求权真正落实到环境损害的实践中，才能促进公众环境权益得到保障。[1]

---

〔1〕 参见王蔚中：《生态环境损害赔偿请求权研究》，江西理工大学2019年硕士学位论文，第9页。

# 第四章　生态环境损害赔偿诉讼与磋商程序的衔接

## 第一节　生态环境损害赔偿磋商的制度框架

### 一、生态环境损害赔偿磋商的概念和特征

《生态赔偿改革方案》第 4 条对生态环境损害赔偿磋商制度作了顶层设计，从启动时间、主体、对象、内容、客体等多方面规定了生态环境损害赔偿磋商的制度框架。生态环境损害赔偿磋商是指生态环境污染事故发生后，有关部门向法院提起生态环境赔偿诉讼之前，赔偿权利人与赔偿义务人自由、充分地就损害事实和程度、修复启动时间和期限、赔偿的责任承担方式和期限等涉及生态环境损害赔偿问题，统筹考虑修复方案技术可行性、成本效益最优化、赔偿义务人赔偿能力、第三方治理可行性等责任承担情况，进行磋商，最终双方意思表示一致，达成赔偿协议。

生态环境损害赔偿磋商制度具有平等性、灵活性、效率性与经济性和强制性的特点，既蕴含自由协商的私法自治内涵，又体现公益维护的行政主导特征。[1] 赔偿磋商遵循自愿平等、意思自治原则，作为替代性纠纷解决方式，与可能要经历漫长的司法程序相比，赔偿磋商方式更加灵活，也更加经济便捷，可以快速有效履行赔偿协议。同时《生态赔偿改革方案》也增加了对赔偿协议申请司法确认和强制执行的内容，从程序上规定了磋商与诉讼的衔接，从实体上规定了磋商协议的强制执行力。

〔1〕 参见于文轩、孙昭宇：《生态环境损害赔偿磋商的属性界定与制度展开——以双阶理论为视角》，载《中国地质大学学报（社会科学版）》2021 年第 2 期。

## 二、生态环境损害赔偿磋商的制度构造

### （一）主体

磋商的主体分为赔偿权利人和赔偿义务人。根据《生态赔偿改革方案》的规定，生态环境损害赔偿磋商权利人为国务院授权的省级、市地级政府（包括直辖市所辖的区县级政府），以及省级、市地级政府及其指定的部门或机构；磋商义务人则是违反法律法规，造成生态环境损害的单位或个人。与其他解决环境问题的行政手段相较而言，磋商制度的权利人具有特殊性。首先，权利主体有限，只能是由有权机关授权的政府或部门机构提起，范围上不包括私主体、社会组织和检察院，这点上迥异于环境公益诉讼；其次，相比于环境公益诉讼的双向性，也即权利人既可以针对民事主体提起环境民事公益诉讼又可以针对行政主体提起行政公益诉讼，磋商制度是单向的，只能由行政主体针对民事主体来启动，即只能是政府或政府授权的机构作为赔偿权利人向企业或个人提起；最后，磋商的权利人与其环境监督管理职责并非全然对应，有权的发起人往往是对地方环境质量负总责的政府，而非具体履行统一环境监管职责的环境保护主管部门。

### （二）客体

根据《生态赔偿试点方案》和《生态赔偿改革方案》，磋商客体生态环境本身所遭受的损害，即污染环境、破坏生态造成大气、地表水、地下水、土壤、森林等环境要素和植物、动物、微生物等生物要素的不利改变，以及上述要素构成的生态系统功能退化。两方案通过列举性规定将三种严重影响生态环境后果的情形纳入追究生态环境损害赔偿责任的范围，[1]排除了两种适用其他法律规定的情形；[2]《民法典》第七编“侵权责任”的第七章规定了环境污染和生态破坏责任的规范，与《生态赔偿改革方案》和《生态赔偿案件若干规定》的相关

---

〔1〕《生态赔偿试点方案》《生态赔偿改革方案》均规定，有下列情形之一的，依法追究生态环境损害赔偿责任：(1)发生较大及以上突发环境事件的；(2)在国家和省级主体功能区规划中划定的重点生态功能区、禁止开发区发生环境污染、生态破坏事件的；(3)发生其他严重影响生态环境事件的。

〔2〕《生态赔偿试点方案》《生态赔偿改革方案》均规定，以下情形不适用生态环境损害赔偿：(1)涉及人身伤害、个人和集体财产损失要求赔偿的，适用与侵权责任相关的法律规定；(2)涉及海洋生态环境损害赔偿的，适用《海洋环境保护法》等法律规定。

制度设计相契合。由此可见，较之于民事侵权，生态环境损害赔偿磋商客体仅包含受损的环境公共利益。由于公共利益是不特定多数人的利益，能够满足共同体中全体或大多数成员的公共需要，经由公共程序确定并以公权力为主导所实现的公共价值，具有不特定性；[1]那么特定人的利益就被排除在作为公共利益的生态环境的范围之外。而且，赔偿权利人追责时产生的合理费用，即行政机关的特定利益并未纳入磋商的客体范围。

### （三）内容

根据《生态赔偿改革方案》的规定，磋商内容主要包括：明确赔偿范围、确定赔偿义务人、明确赔偿权利人、开展赔偿磋商、达成赔偿协议。由此可见，赔偿范围受到两个方面的约束，一为方案所列举的类别，二为对于合理的判定。对于前者，目前的列举尚未穷尽；而对于后者，我们认为不妨参照合同法中对于限制赔偿责任的原则性规定，因为解释形容词无外乎通过多项原则予以限定。详言之，“合理”的解释可以遵循可预见性原则、完全赔偿原则（不仅要赔偿生态环境修复费用，还可能赔偿对于其造成的风险扩大所增加的预防费用）、减轻损害原则（若负有监管职责的行政机关没有及时采取措施阻止并减轻损害的发生，则对于该部分损失赔偿义务人不应当承担赔偿责任）以及责任相抵原则（若部分损失是由于行政机关的不作为或是过失作为所导致的，那么对该部分损失行政机关也无权就生态环境损害赔偿制度向义务人索赔）。

赔偿协议是磋商内容的最终承载介质，《生态赔偿改革方案》明确，经磋商达成的赔偿协议，可以依照民事诉讼法向人民法院申请司法确认；经司法确认的赔偿协议，赔偿义务人不履行或不完全履行的，赔偿权利人及其指定的部门或机构可向人民法院申请强制执行。然而，赔偿权利人的主动地位使磋商协议并不像民事协议一般具有完全平等自愿的基础。

## 三、生态环境损害赔偿磋商制度的演变和发展

### （一）磋商原则的变化

关于磋商，在《生态赔偿试点方案》中提出了“主动磋商，司法保障。生态环境损害发生后，赔偿权利人组织开展生态环境损害调查、鉴定评估、修复方

〔1〕 参见吕忠梅：《“生态环境损害赔偿”的法律辨析》，载《法学论坛》2017年第3期。

案编制等工作，主动与赔偿义务人磋商。未经磋商或磋商未达成一致，赔偿权利人可依法提起诉讼”。简要规定了赔偿权利人的磋商内容和磋商程序；但在《生态赔偿改革方案》中，工作原则部分对磋商的规定为“主动磋商，司法保障。生态环境损害发生后，赔偿权利人组织开展生态环境损害调查、鉴定评估、修复方案编制等工作，主动与赔偿义务人磋商。磋商未达成一致，赔偿权利人可依法提起诉讼”。前后相比，《生态赔偿改革方案》删去了《生态赔偿试点方案》中程序上的“未经磋商，赔偿权利人可依法提起诉讼”的部分，体现了将磋商作为诉前程序的转变趋势。在《生态赔偿改革方案》发布后，结合司法案例，生态环境损害赔偿磋商与诉讼的任选模式被打破，磋商作为前置程序不仅提供了高效率解决纠纷的渠道，而且还在一定程度上节约了司法资源，更加契合了生态环境损害赔偿制度的设计初衷。《生态赔偿试点方案》和《生态赔偿改革方案》的磋商规定见表4－1。

**表4－1　《生态赔偿试点方案》和《生态赔偿改革方案》对比**

| 文件名称 | 磋商原则 | 磋商主体 | 磋商客体 | 与诉讼的衔接 |
|---|---|---|---|---|
| 《生态赔偿试点方案》 | 主动磋商，司法保障。生态环境损害发生后，赔偿权利人组织开展生态环境损害调查、鉴定评估、修复方案编制等工作，主动与赔偿义务人磋商。未经磋商或磋商未达成一致，赔偿权利人可依法提起诉讼。 | 确定赔偿义务人。违反法律法规，造成生态环境损害的单位或个人，应当承担生态环境损害赔偿责任。<br>明确赔偿权利人。试点地方省级政府经国务院授权后，作为本行政区域内生态环境损害赔偿权利人，可指定相关部门或机构负责生态环境损害赔偿具体工作。 | 经调查发现生态环境损害需要修复或赔偿的，赔偿权利人根据生态环境损害鉴定评估报告，就损害事实与程度、修复启动时间与期限、赔偿的责任承担方式与期限等具体问题与赔偿义务人进行磋商，统筹考虑修复方案技术可行性、成本效益最优化、赔偿义务人赔偿能力、第三方治理可行性等情况，达成赔偿协议。 | 磋商未达成一致的，赔偿权利人应当及时提起生态环境损害赔偿民事诉讼。赔偿权利人也可以直接提起诉讼。 |

续表

| 文件名称 | 磋商原则 | 磋商主体 | 磋商客体 | 与诉讼的衔接 |
|---|---|---|---|---|
| 《生态赔偿改革方案》 | 主动磋商，司法保障。生态环境损害发生后，赔偿权利人组织开展生态环境损害调查、鉴定评估、修复方案编制等工作，主动与赔偿义务人磋商。磋商未达成一致，赔偿权利人可依法提起诉讼。 | 确定赔偿义务人。违反法律法规，造成生态环境损害的单位或个人，应当承担生态环境损害赔偿责任，做到应赔尽赔。<br>明确赔偿权利人。国务院授权省级、市地级政府（包括直辖市所辖的区县级政府，下同）作为本行政区域内生态环境损害赔偿权利人。省域内跨市地的生态环境损害，由省级政府管辖；其他工作范围划分由省级政府根据本地区实际情况确定。 | 经调查发现生态环境损害需要修复或赔偿的，赔偿权利人根据生态环境损害鉴定评估报告，就损害事实和程度、修复启动时间和期限、赔偿的责任承担方式和期限等具体问题与赔偿义务人进行磋商，统筹考虑修复方案技术可行性、成本效益最优化、赔偿义务人赔偿能力、第三方治理可行性等情况，达成赔偿协议。 | 对经磋商达成的赔偿协议，可以依照民事诉讼法向人民法院申请司法确认。经司法确认的赔偿协议，赔偿义务人不履行或不完全履行的，赔偿权利人及其指定的部门或机构可向人民法院申请强制执行。磋商未达成一致的，赔偿权利人及其指定的部门或机构应当及时提起生态环境损害赔偿民事诉讼。 |

结合生态环境损害赔偿磋商的目标等进行综合考量，磋商程序要遵循以下几项原则：[1]一是合法性原则，即赔偿权利人进行磋商活动要在法定的规范内进行，磋商内容不得违反法律的强制性规定、不得违背公序良俗、不得损害国家利益和社会公共利益。二是平等自愿原则，即赔偿权利人要与赔偿义务人进行平等的对话沟通，确保赔偿义务人在自愿的基础上作出真实的意思表示。三是权力控制原则，即政府作为赔偿权利人和行政管理者，要防止权力扩张和异化，将行政裁量权和契约行为控制在合理范围内。四是信息公开原则，

〔1〕 参见别涛、刘倩、季林云：《生态环境损害赔偿磋商与司法衔接关键问题探析》，载《法律适用》2020年第7期。

即磋商中的信息要充分公开,包括结果信息和过程性信息都要公开。五是效率原则,即磋商要力争便捷、高效,防止磋商时间过程增加磋商成本、损害公共利益。

（二）磋商与诉讼的衔接程序的变化

前文中提到了《生态赔偿改革方案》中有关磋商主体、内容与客体的规定,故在此不将《生态赔偿试点方案》《生态赔偿改革方案》中的上述内容做过多的比较。关于生态环境损害赔偿磋商与诉讼的衔接问题,《生态赔偿试点方案》在试点内容中规定:磋商未达成一致的,赔偿权利人应当及时提起生态环境损害赔偿民事诉讼。赔偿权利人也可以直接提起诉讼。在《生态赔偿改革方案》中,对磋商的规定为:经调查发现生态环境损害需要修复或赔偿的,赔偿权利人根据生态环境损害鉴定评估报告,就损害事实和程度、修复启动时间和期限、赔偿的责任承担方式和期限等具体问题与赔偿义务人进行磋商,统筹考虑修复方案技术可行性、成本效益最优化、赔偿义务人赔偿能力、第三方治理可行性等情况,达成赔偿协议。对经磋商达成的赔偿协议,可以依据《民事诉讼法》向人民法院申请司法确认。经司法确认的赔偿协议,赔偿义务人不履行或不完全履行的,赔偿权利人及其指定的部门或机构可向人民法院申请强制执行。磋商未达成一致的,赔偿权利人及其指定的部门或机构应当及时提起生态环境损害赔偿民事诉讼。前后相比,《生态赔偿改革方案》除了将磋商规定为生态环境损害赔偿诉讼的必要前置程序外,另行规定了磋商的内容,对磋商进行司法确认的建议,对经司法确认的磋商协议可提出强制执行的建议,以及磋商未达成一致提起民事诉讼的要求。《生态赔偿改革方案》对磋商的基本问题作出了规定,较之前对于程序性内容更为明确,并且对相关的程序也作了简要的归纳,故而于司法实践而言更便于参照进行。磋商与诉讼的衔接程序的相关规定解读如表4－2所示。

**表4-2　《生态赔偿案件若干规定》中磋商与诉讼的衔接汇总**

| 项目 | 具体条文 |
| --- | --- |
| 诉讼条件 | 第一条　具有下列情形之一，省级、市地级人民政府及其指定的相关部门、机构，或者受国务院委托行使全民所有自然资源资产所有权的部门，因与造成生态环境损害的自然人、法人或者其他组织经磋商未达成一致或者无法进行磋商的，可以作为原告提起生态环境损害赔偿诉讼：<br>（一）发生较大、重大、特别重大突发环境事件的；<br>（二）在国家和省级主体功能区规划中划定的重点生态功能区、禁止开发区发生环境污染、生态破坏事件的；<br>（三）发生其他严重影响生态环境后果的。<br>前款规定的市地级人民政府包括设区的市，自治州、盟、地区，不设区的地级市，直辖市的区、县人民政府。 |
| 诉讼材料 | 第五条　原告提起生态环境损害赔偿诉讼，符合民事诉讼法和本规定并提交下列材料的，人民法院应当登记立案：<br>（一）证明具备提起生态环境损害赔偿诉讼原告资格的材料；<br>（二）符合本规定第一条规定情形之一的证明材料；<br>（三）与被告进行磋商但未达成一致或者因客观原因无法与被告进行磋商的说明；<br>（四）符合法律规定的起诉状，并按照被告人数提出副本。 |
| 司法确认 | 第二十条　经磋商达成生态环境损害赔偿协议的，当事人可以向人民法院申请司法确认。<br>人民法院受理申请后，应当公告协议内容，公告期间不少于三十日。公告期满后，人民法院经审查认为协议的内容不违反法律法规强制性规定且不损害国家利益、社会公共利益的，裁定确认协议有效。裁定书应当写明案件的基本事实和协议内容，并向社会公开。 |

《生态赔偿案件若干规定》在《生态赔偿改革方案》的基础上对磋商与诉讼的衔接作出了一些细节性规定：

首先，《生态赔偿案件若干规定》第1条规定，省级、市地级人民政府及其指定的相关部门、机构，或者受国务院委托行使全民所有自然资源资产所有权的部门，因与造成生态环境损害的自然人、法人或者其他组织经磋商未达成一致或者无法进行磋商的，可以作为原告提起生态环境损害赔偿诉讼。明确要求法院在审理生态环境损害赔偿诉讼时，要求主体先行磋商，否则无法进入诉讼程序。

其次，《生态赔偿案件若干规定》第5条规定："原告提起生态环境损害赔偿诉讼，符合民事诉讼法和本规定并提交下列材料的，人民法院应当登记立案：（一）证明具备提起生态环境损害赔偿诉讼原告资格的材料；（二）符合本规定第一条规定情形之一的证明材料；（三）与被告进行磋商但未达成一致或者因客观原因无法与被告进行磋商的说明；（四）符合法律规定的起诉状，并按照被告人数提出副本。"再次重申了《生态赔偿案件若干规定》第1条提及的磋商作为诉前程序的必要性，并规定了相关的证明材料的列举，使诉前磋商程序支撑进一步完善的同时不流于形式。

最后，《生态赔偿案件若干规定》第20条规定，经磋商达成生态环境损害赔偿协议的，当事人可以向人民法院申请司法确认。人民法院受理申请后，应当公告协议内容，公告期间不少于30日。公告期满后，人民法院经审查认为协议的内容不违反法律法规强制性规定且不损害国家利益、社会公共利益的，裁定确认协议有效。裁定书应当写明案件的基本事实和协议内容，并向社会公开。明确了磋商当事人可以申请司法确认，设置生态环境损害赔偿磋商协议的司法确认程序，可以使磋商协议具有强制执行的效力，同时人民法院在司法确认时进行内容合法性的审查，磋商协议的强制公告也保证了社会公众以及相关利益方的知情权和监督权。

从司法实践看，自《生态赔偿改革方案》将磋商程序设置为提起生态环境损害赔偿诉讼的前置程序后，生态环境损害赔偿案例正在向着"少诉讼，多磋商"的趋势发展，尽量以磋商结案解决大部分生态环境损害赔偿纠纷。

## 第二节　生态环境损害赔偿诉讼与磋商程序的衔接

### 一、生态环境损害赔偿磋商程序的法律定位和功能辨析

#### （一）生态环境损害赔偿磋商的程序定位

环境纠纷的解决机制包含两类：一是在环境权益受损或有受损风险时，国家审判机关依照审判程序对环境权益进行保护和救济的诉讼活动，即环境纠纷的诉讼解决机制；二是在审判机关诉讼程序之外解决纠纷，即环境纠纷的非诉解决机制。环境纠纷的诉讼解决机制的表现形式就是各类环境诉讼，需要法定主体向人民法院依法提起，由法院受理后依据法定程序作出裁决，该种救

济具有被动性、强制性和终局性。环境诉讼的方式有环境民事诉讼、环境行政诉讼、环境刑事诉讼和专门环境诉讼，专门环境诉讼包括环境民事公益诉讼、环境行政公益诉讼、生态环境损害赔偿诉讼，非诉解决机制如直接谈判、调解、仲裁、由行政机关介入的行政裁决、行政调解等。多元化的纠纷解决途径无疑给环境权益的有效救济提供了更多可能。

生态环境损害赔偿磋商是以磋商为形式订立磋商协议，以尽可能通过非诉方式解决环境纠纷的过程。赔偿权利人在生态环境遭受损害时，与赔偿义务人就损害事实与程度、修复期限、赔偿责任承担方式等具体问题进行磋商，目标是达成赔偿协议。在赔偿磋商无法开展、磋商未达成一致或虽达成一致义务人不履行或不完全履行的情况下，赔偿权利人才能提起赔偿诉讼，若达成了赔偿协议，并且赔偿义务人能够按照赔偿协议的内容承担责任，则不用启动赔偿诉讼程序。由此可见赔偿磋商是一种环境纠纷的非诉解决方式。

### （二）生态环境损害赔偿磋商的法律定性

随着政府由“管理行政”到“服务行政”的角色转变，“消极行政”向“积极行政”的职能迁移，行政和解的障碍渐渐被弱化，人们越来越能接受行政自由裁量权日益增长的现实需要。由于磋商机制所体现的“公共利益与个人利益具有可交换性，且公共利益与私人利益的妥协和交换可以达到社会利益的最大化”，与行政和解产生的理由具有一定相似性。

关于赔偿磋商法律属性的认识，目前学界就生态环境损害赔偿磋商法律属性的认识存在不同的观点，大致分为三种：一是纯粹的民事性质论；二是公法化的民事性质论；三是行政性质论。纯粹的民事性质论主张生态环境损害赔偿磋商的本质是民事行为，磋商过程体现了意思自治精神，双方达成赔偿协议属于私法自治领域的民事协商行为，达成的磋商协议应视为民事合同。[1]这主要是在自然资源国家所有的前提下，以行政机关代表国家与赔偿义务人进行磋商，其强调双方当事人的合意。这种认识的不足在于国家享有自然资源所有权并未涵盖由公众共享的自然资源的生态价值，自然资源物质实体的损害并未涵盖资源作为环境一部分其自身生态价值的损害。双方以平等主体

〔1〕　参见罗丽、王浴勋：《生态环境损害赔偿磋商与诉讼衔接关键问题研究》，载《武汉理工大学学报（社会科学版）》2017 年第 3 期。

的角色合意磋商无形中就不利于公众的环境利益。公法化的民事性质论将行政机关作为公共环境利益的代表与对方进行磋商，相比之下有进步之处，但政府在此过程中不仅仅负责磋商还负有损害调查评估、监督赔偿协议执行等公权力职能，将其理解为民事性质似乎并无理论依据。行政性质论认为生态环境损害赔偿磋商行为是一种行政行为，具体观点又可以分为协商行政说、行政契约说、行政裁决说、行政事实行为说，[1]都强调在此过程中行政机关处于主导地位，并非平等双方当事人，其目的就是让造成生态环境损害的主体承担责任以救济受损的生态环境，从对损害的鉴定评估到综合考虑各种因素就赔偿问题磋商再到对赔偿协议执行情况的监督，其实质是行政机关调查权、环境管理权和执行监督权的行使。

从制度比较的角度，磋商机制与行政和解之间存在一些共同的特征：第一，都反映了公共利益与私人利益的妥协与交换。赔偿义务人追求的是个人利益最大化，而对于承担管理职责的政府而言，公共利益则是其需要捍卫的首要目标。当二者因为生态环境发生冲突时，不宜一味采取对抗，通过有限度地交换、选择性地行使公权力，反而更容易达到总体上社会利益最大化的效果。第二，都达到了节约社会资源的目的。无论是行政和解还是磋商机制，都是为避免进入漫长复杂的司法程序，耗费巨大的人力、物力和财力，并面对诉讼结果的不确定性。但也正因如此，和解和磋商内容只能针对事实不清的争议，而非适用法律的争议。这是行政权与司法权互不僭越的要求，同时也从侧面限制了行政权的行使边界。第三，在私法契约的外壳下行政权滥用的可能性高。表面上的平等与实质上的不平等容易成为公权力机关规避调查义务的避风港，因此，行政和解和生态损害赔偿磋商，都需要强调其公开性以确保其有效运行。第四，协议的非终局性。无论是和解协议还是磋商协议，皆非可强制执行的终局结果，还要接受司法确认、行政复议、行政诉讼等后续程序的监督与纠正。因此，与其说磋商协议属于公法化的民事协议，毋宁说其本质是私法形式的行政合同，通过监管职责的行政行使与索赔职能的民事处分，来实现社会利益的最大化。

---

[1] 参见于文轩、孙昭宇：《生态环境损害赔偿磋商的属性界定与制度展开——以双阶理论为视角》，载《中国地质大学学报（社会科学版）》2021 年第 2 期。

### （三）生态环境损害赔偿磋商的功能指向

环境纠纷的非诉解决机制具有及时灵活、低成本高效率的特点，很好地填补了环境诉讼的不足，仅仅依靠诉讼方式解决环境纠纷耗时耗力，案件多、专业性强等问题也使法院负担过重，现实中有诸多纠纷会优先选择以非诉方式解决，而生态环境损害赔偿磋商已经被《生态赔偿改革方案》、《生态赔偿案件若干规定》、《关于推进生态环境损害赔偿制度改革若干具体问题的意见》（以下简称《推进赔偿制度改革若干意见》）、《生态环境损害赔偿管理规定》明确规定为诉讼的前置程序，这与它自身的特殊性功能密切相关，可以说诉讼程序不可避免的缺陷与磋商程序的特有功能也是磋商程序设置必要性的体现。

1. 生态环境损害赔偿磋商具有低成本、高效率、及时灵活的优势。环境纠纷往往涉及不特定多数人的生态利益，并且损害的鉴定技术、信息收集等相关行政机关本来就具有天然的优势，诉讼程序一旦启动，将经历一个漫长持久的审理过程，不仅对企业自身来说是一种消耗，而且对受损的生态环境来说也不能得到及时修复。尽快达成生态环境损害赔偿协议，从而敦促当事人尽快履行生态环境修复等协议约定的义务，节约了诉讼成本，减轻对企业正常生产的阻滞。并且磋商协议是在赔偿权利人与赔偿义务人协商一致的基础上自愿达成的，充分考虑了修复方式的合理性与可行性、赔偿义务人的经济与技术实力，对及时便捷地履行修复义务、进行损害赔偿、减少生态环境损害范围的进一步扩张具有积极影响。

2. 生态环境损害赔偿磋商可以节约司法资源，减轻诉讼负担。磋商等非诉纠纷解决机制为司法资源匮乏问题的缓解发挥了重大作用，就环境类公益诉讼案件而言，在2014年修订的《环境保护法》实施以后，虽然没有出现“井喷”式增长，但问题的关键已经不在于立案问题，而是取证难、耗时长等问题依然存在，这也和环境损害自身的特性相关，环境审判庭的工作压力亦是繁重的，并且不论结果如何，当事人都会花费大量的时间、金钱成本。而适用诉前磋商程序解决纠纷，减少了纷繁复杂的庭审程序，既给当事人减轻负担，也利于有限的司法资源的优化配置。

3. 生态环境损害赔偿磋商机制是在自愿协商基础上最大限度地保障了当事人的意思自治，做到了公平、公正、公开，有利于生态环境损害赔偿责任的认可和最终落实,改善生态环境纠纷的执行困局。与此同时,司法仍然作为终局纠纷解决机制的保障后盾,一旦磋商失败,不影响当事人提起诉讼的权利,可以继续行使诉权,寻求国家机关的司法救济。生态环境损害赔偿磋商制度可以综合各方的利益,提供一个开放的沟通与利益博弈平台,所有的诉求和利益都可以被充分考虑,最终纳入磋商协议中。而磋商协议是各方商榷利益协调的产物,赔偿权利人与义务人共同去寻求一种环境协商共治模式,可以有效扭转实践中的执行困局。

## 二、生态环境损害赔偿诉讼与磋商程序衔接的实践需求

从立法层面来看,自《生态赔偿试点方案》实施以来,到《生态赔偿改革方案》施行之后,关于磋商程序与生态环境损害赔偿诉讼的衔接,经历了一个较为明显的变化。《生态赔偿试点方案》中对于二者的衔接问题之规定是"未经磋商或磋商未达成一致,赔偿权利人可依法提起诉讼""磋商未达成一致的,赔偿权利人应当及时提起生态环境损害赔偿民事诉讼。赔偿权利人也可以直接提起诉讼"。由此可见,《生态赔偿试点方案》并未把磋商程序作为强制性的前置程序,其仅仅提供给赔偿权利一种新思路和新选择,赔偿权利人能够绕开磋商程序直接提起生态环境损害赔偿诉讼。

然而,经过了两年的生态环境损害赔偿制度改革试点期,在总结过往的经验及缺陷后,政策制定者逐步意识到磋商作为前置性程序在实践中解决生态环境损害赔偿纠纷发挥着日益重要的作用。因此,《生态赔偿改革方案》中首次明确规定了"磋商未达成一致,赔偿权利人可依法提起诉讼""磋商未达成一致的,赔偿权利人及其指定的部门或机构应当及时提起生态环境损害赔偿民事诉讼"。《推进赔偿制度改革若干意见》中再次明确"磋商达成一致的,签署协议;磋商不成的,及时提起诉讼",《生态环境损害赔偿管理规定》也表明"磋商未达成一致的,赔偿权利人及其指定的部门或机构,应当及时向人民法院提起诉讼"。因此《生态赔偿改革方案》的发布为生态环境损害赔偿制度衔接部分的一个较大的转变,并且于立法层面描绘和揭示了磋商程序逐渐发展为生态环境损害赔偿诉讼强制性前置程序的必然趋势。从司法实践看,在《生态赔偿试点方案》后,《生态赔偿改革方案》试行前的两年的生态环境损害赔偿制度改革试点期间里,虽然并未确定磋商程序系强制性前置程序,但司法实践中已

经开始试点并探索磋商解决环境纠纷的方式，试图摸索出更具有普遍性、适用性的柔性举措。在《生态赔偿改革方案》之前开展的具有典型意义的案例是中华环保联合会诉贵州黔桂天能焦化公司一案（以下简称天能焦化案）。该案中，原公益诉讼起诉方中华环保联合会、贵州黔桂天能焦化有限责任公司、贵州省环保厅进行了多次磋商，最终达成《生态环境损害赔偿调解协议》，此后，三方依据《贵州省生态环境损害赔偿制度改革试点工作实施方案》（黔委厅字〔2016〕72 号）及相关法律法规和司法解释的规定向黔西南州中级人民法院申请司法确认。天能焦化案系贵州省在试点实施过程中通过三方“磋商”〔1〕方式达成协议的首个典型案例，由公司、环保部门、中华环保联合会多次“磋商”，最终达成《生态环境损害赔偿调解协议》并就此向法院申请了司法确认。虽然天能焦化案对于磋商程序的探索和适用经验较现有的政策法律文件来看仍不够成熟，但也能够体现改革试点期对于磋商程序所持的相对鼓励的基本态度以及磋商程序发展的基本趋势。

自《生态赔偿改革方案》将磋商程序设置为提起生态环境损害赔偿诉讼的前置程序后，生态环境损害赔偿案例正在向着“少诉讼，多磋商”的趋势发展，尽量以磋商结案解决大部分生态环境损害赔偿纠纷。为了推进生态环境损害赔偿制度改革，总结提炼行之有效、可供借鉴推广的经验做法，充分发挥典型案例的示范引导作用，展示生态环境损害赔偿制度改革的工作成效，生态环境部组织开展了“生态环境损害赔偿磋商十大典型案例征集评选”活动。〔2〕《生态赔偿改革方案》将磋商设置为生态环境损害赔偿诉讼的前置程序后，磋商程序的适用率明显提升，也从侧面说明磋商制度在实践层面起到了至关重要的作用。实践中涌现出多起在磋商程序即结案的典型案例。〔3〕如北京市小月河生活粪便污染物倾倒事件系重大污染事件及时处理的典型案例，在污染得到及时控制、环境得到及时修复后，2019 年 4 月始，北京市生态环境局作为赔偿权利人与赔偿义务人、连带责任人代表开展了三轮磋商，并于同年 10 月 28 日

---

〔1〕 虽然性质和磋商类似，但是由于主体并不符合磋商程序的要求，因此，是一种较为特殊的“磋商”，甚至可以说更类似于“诉前调解”。

〔2〕 参见《“生态环境损害赔偿磋商十大典型案例”公众投票通道开启》，载国家海洋环境监测中心网，https://www.nmemc.org.cn/hyyw/201911/t20191127_744404.shtml。

〔3〕 参见中华人民共和国生态环境部发布的生态环境损害赔偿磋商 20 个优秀候选案例，http://www.mee.gov.cn/ywdt/hjnews/201911/t20191123_743881.shtml。

签订了支付应急处置费等113.46万余元的赔偿协议。该案在生态环境损害磋商赔偿义务人范围方面的积极探索为司法实践提供了参考，不仅将赔偿义务人纳入磋商主体范围，同时推进连带责任人共同磋商并达成一致的磋商协议。在该案中，磋商程序作为生态环境损害赔偿诉讼的强制性前置程序的优势主要体现在磋商程序之于诉讼程序的便捷性、灵活性和高效性，磋商程序的可协商性也能够促使重大污染事故及时得到赔偿和处理。一方面，能够减轻赔偿义务人的心理负担；另一方面，也有利于赔偿权利人及时处理已有的生态环境损害赔偿案件，及时恢复生态环境，以维护社会公共利益。

概言之，不论是立法实践抑或司法实践，均能够从一定程度上反映出生态环境损害赔偿制度中生态环境损害赔偿诉讼与磋商程序衔接的必然趋势：由于磋商程序本身的便捷性、灵活性和高效性特征，使越来越多的生态环境损害赔偿案件朝着"少诉讼、多磋商"的趋势发展，磋商程序作为强制性前置程序的地位也逐渐在立法和司法实践中得到认可。

## 第三节　生态环境损害赔偿协议的司法确认和执行

生态环境损害赔偿诉讼是请求法院判决赔偿义务人承担赔偿责任，但由于赔偿磋商程序的存在，出现生态环境损害时未必需要提起赔偿诉讼。对经磋商达成的赔偿协议，《生态赔偿改革方案》指出"可以依照民事诉讼法向人民法院申请司法确认"，《生态赔偿案件若干规定》第20条第1款也明确"经磋商达成生态环境损害赔偿协议的，当事人可以向人民法院申请司法确认"，《推进赔偿制度改革若干意见》亦重申"经磋商达成赔偿协议的，赔偿权利人及其指定的部门或机构与赔偿义务人可以向人民法院申请司法确认"，《生态环境损害赔偿管理规定》也有类似规定"赔偿权利人及其指定的部门或机构和赔偿义务人，可以就赔偿协议向有管辖权的人民法院申请司法确认"是赔偿协议的司法确认之诉。尽管对于赔偿协议的司法确认制度存在不同认识，[1]但目前仍应当依据《生态赔偿改革方案》《生态赔偿案件若干规定》《推进赔偿制度改革若干意见》《生态环境损害赔偿管理规定》开展司法审查。

确认之诉的根据在于确认利益，[2]经生态环境损害赔偿磋商程序达成的赔偿协议，目的在于补偿生态环境损害，本质上是利益的补偿和转移。确认之诉是生态环境损害赔偿诉讼制度的重要内容，通过司法确认赋予生态环境损害赔偿协议强制执行效力，从而对生态环境损害赔偿磋商制度也有根本性影响。

## 一、司法确认的程序规范

经磋商程序达成的生态环境损害赔偿协议未必能够顺利履行，通过司法确认其效力并赋予其强制执行力有利于赔偿目标的实现。《生态赔偿改革方案》提出对赔偿协议"可以"申请司法确认，并需要参照《民事诉讼法》（第205、206条）关于确认调解协议案件的程序规定。但是由于主要涉及环境公共利益问题，其审查应当着重于对公共利益的保护。在程序方面，生态环境损害赔偿协议的司法确认应当通过公开程序接受社会监督。

### （一）司法确认的基本程序

基于生态环境损害赔偿诉讼的民事形式以及《生态赔偿改革方案》的指导性规定，生态环境损害赔偿协议的司法确认程序应当以《民事诉讼法》关于确认调解协议案件的程序规定为基础，结合生态环境损害赔偿的特征进行适当改造，重点把握以下几个方面的问题：

1. 生态环境损害赔偿协议是否必须申请司法审查。对于这一问题，《生态赔偿改革方案》第4条第4项指出"对经磋商达成的赔偿协议，可以依照民事诉讼法向人民法院申请司法确认"，并未限定为必须申请。《生态赔偿案件若

[1] 有学者认为，生态损害赔偿磋商协议司法确认制度的推行会造成司法确认制度的不统一、行政救济理论的不协调，并使磋商协议的违约救济程序趋于复杂化，因此应当废除生态损害赔偿磋商协议的民事司法确认制度，在相关立法中规定生态损害赔偿义务人应签订自动履行磋商协议条款与接受行政机关强制执行条款。参见刘学在、刘鋆：《论生态损害赔偿磋商协议的法律性质及其争议解决路径》，载《南京工业大学学报（社会科学版）》2020年第2期。

[2] 参见赵秀举：《论确认之诉的程序价值》，载《法学家》2017年第6期。

干规定》第20条第1款规定“经磋商达成生态环境损害赔偿协议的，当事人可以向人民法院申请司法确认”，《推进赔偿制度改革若干意见》规定“经磋商达成赔偿协议的，赔偿权利人及其指定的部门或机构与赔偿义务人可以向人民法院申请司法确认”，《生态环境损害赔偿管理规定》第24条规定“赔偿权利人及其指定的部门或机构和赔偿义务人，可以就赔偿协议向有管辖权的人民法院申请司法确认”，从表述上看是否申请司法确认的选择权在赔偿权利人和赔偿义务人。

从实践情况来看，赔偿权利人对于磋商协议的司法确认有更强烈的需求。从生态环境损害赔偿协议的履行保障来看，也有必要要求政府对达成的赔偿协议都申请司法确认。如果在合理期限内未对生态环境损害赔偿协议申请司法确认，将会导致协议的强制执行力不足的问题。由于生态环境修复的期限通常较长，在协议履行出现问题时再申请司法确认或者申请执行将存在事实认定和法律适用上的困难。当然，申请司法确认的选择权在当事人，人民法院对于未及时申请司法确认的生态环境损害赔偿协议可以作出不予确认或者不予执行的裁定。

2. 关于申请生态环境损害赔偿协议司法确认的主体。《民事诉讼法》第201条规定由“双方当事人”“共同向调解组织所在地基层人民法院提出”，限定了申请司法确认的主体条件。《生态赔偿案件若干规定》《推进赔偿制度改革若干意见》《生态环境损害赔偿管理规定》并未明确是否由双方当事人共同提出申请，而且生态环境损害赔偿协议内容是赔偿责任的承担，性质上属于以公权力要求赔偿义务人承担责任，由政府即赔偿权利人一方申请司法确认是其职权和职责的延伸，因此，申请司法确认时，赔偿义务人不必作为共同申请人，但不应排除赔偿义务人申请司法确认的权利。

3. 关于申请司法确认的期限。调解协议申请司法确认的期限为“调解协议生效之日起三十日内”，赔偿协议也应当参照这一期间执行。如果考虑赔偿协议自动履行的可能性，在赔偿责任主要为支付修复费用等金钱赔偿、履行期限不长时，可以通过限定履行期限来给予赔偿义务人自动履行的空间，未自动履行的再申请司法确认。赔偿义务人主要承担生态环境修复责任的情形，由于修复周期较长、不可控因素更多，为了确保协议的履行应当自协议生效之日起30日内及时申请司法确认。

4. 关于人民法院的管辖权。《民事诉讼法》规定调解协议的司法确认由调解组织所在地基层人民法院管辖，生态环境损害赔偿协议的司法确认不应参照该规定由基层人民法院管辖。由于生态环境损害赔偿案件的影响通常较大、主体特殊、技术复杂性较高等原因，《生态赔偿案件若干规定》已经明确规定“第一审生态环境损害赔偿诉讼案件由生态环境损害行为实施地、损害结果发生地或者被告住所地的中级以上人民法院管辖”，生态环境损害赔偿协议的司法确认也应当由中级以上人民法院管辖。关于集中管辖、指定管辖以及审判组织的选择，生态环境损害赔偿协议的司法确认案件也应当按照《生态赔偿案件若干规定》执行。

5. 关于生态环境损害赔偿协议的公告程序。《生态赔偿案件若干规定》第20条第2款明确规定：“人民法院受理申请后，应当公告协议内容，公告期间不少于三十日。公告期满后，人民法院经审查认为协议的内容不违反法律法规强制性规定且不损害国家利益、社会公共利益的，裁定确认协议有效。裁定书应当写明案件的基本事实和协议内容，并向社会公开。”基于生态环境损害赔偿案件的公益属性，人民法院对赔偿协议的审查程序应当强调公开原则，受理司法确认申请后应当公告协议内容，以发挥社会监督的作用确保赔偿协议内容符合公共利益保护的需要。

另外，公告期满后，经审查认为协议内容不违反法律法规的强制性规定、不损害国家利益、社会公共利益的，应当裁定确认协议有效，并再次向社会公开裁定书的内容，包括案件的基本事实和协议内容，接受公众监督。裁定书公开的途径，可以选择法院公开裁判文书的网站等途径，但由于关涉公共利益，生态环境损害赔偿协议司法确认裁定书应当及时、主动公开。

### （二）司法确认中的处理结果

《民事诉讼法》规定对调解协议的司法确认应根据情况裁定调解协议有效或者裁定驳回申请，其标准是调解协议内容是否符合法律规定。《生态赔偿案件若干规定》明确“经审查认为协议的内容不违反法律法规强制性规定且不损害国家利益、社会公共利益的，裁定确认协议有效”，否则应当裁定驳回申请。

基于司法确认的特殊性，其对调解协议进行审查是有限度的，仅判断协议内容是否符合法律规定，对协议内容不做其他过多判断；处理结果也仅区分为确认调解协议有效和裁定驳回申请两种情形。对于生态环境损害赔偿协议的审查，虽然在是否符合法律规定这一标准之外，还要重点审查协议内容是否损害国家利益、社会公共利益，但处理结果也应当是裁定协议有效或者裁定驳回申请两种，不应做其他进一步的处理。裁定驳回申请的，赔偿权利人和赔偿义务人可以重新磋商达成新的协议，也可以向人民法院提起诉讼。

## 二、司法确认的审查范围和标准

生态环境损害赔偿协议的司法确认须经人民法院审查，根据审查结果作出不同的处理裁定。《生态赔偿案件若干规定》仅明确对协议内容的审查规则，但是由于生态环境损害的责任认定和赔偿数额确定都存在技术难题，磋商过程对于协议结果可能具有重大影响，如果磋商过程不公开、技术问题未及时鉴定，则很难保证也很难判断协议内容是否合理合法。因此，对于生态环境损害赔偿协议的司法确认，需要从磋商程序和协议内容两个方面进行审查，以实现司法对环境管理权行使的监督功能，确保生态环境损害赔偿协议不仅在形式上合法，而且具有实质的合理性。

### （一）磋商程序的审查

生态环境损害赔偿的公益性和技术性特征需要反映在磋商过程中，才能确保生态环境损害赔偿协议符合公共利益保护的需要并且具有适当的技术基础。因此，申请司法确认的生态环境损害赔偿协议应当遵循一定的程序规则，不符合磋商程序基本规则的，应当裁定不予确认。目前，江苏、浙江、山东、福建、湖南、陕西、上海等省市已经根据《生态赔偿改革方案》完成了生态环境损害赔偿制度改革的实施方案，对于生态环境损害赔偿磋商的具体规则进行了明确，人民法院审查相应的生态环境损害赔偿协议须审查协议的签订过程是否遵守了磋商规则。尚未完善生态环境损害赔偿磋商规则的省（区、市），人民法院审查生态环境损害赔偿协议也应当从技术合理性和公益监督的基本需要出发，判断生态环境损害赔偿磋商程序的合理性和合法性，从而对赔偿协议的有效性作出判断。

1. 生态环境损害赔偿磋商需要及时开展技术鉴定。针对生态环境损害的技术复杂性特征，赔偿磋商应当建立在一定的技术判断的基础上，反映在程序上应当及时开展生态环境损害赔偿鉴定，并根据鉴定意见和评估报告开展赔偿磋商。例如，《陕西省生态环境损害赔偿磋商办法（试行）》第 5 条规定："生态环境损害事件发生后,赔偿权利人或指定的部门、机构发现有涉嫌生态环境损害赔偿的,应立即启动生态环境损害调查;经调查发现生态环境损害需要修复或赔偿的,赔偿权利人和赔偿义务人一方或双方共同委托鉴定评估机构进行鉴定评估。鉴定评估机构出具鉴定意见书、评估报告,如需要修复的,出具修复方案。赔偿权利人或指定的部门、机构依据鉴定意见书、评估报告和修复方案组织编制磋商方案,告知赔偿义务人启动赔偿磋商。”生态环境损害赔偿的技术鉴定是否及时、具有权威性,是判断赔偿协议是否合法合理的重要参考。

2. 生态环境损害赔偿磋商需要适当公开以确保公共利益得到保护。生态环境损害赔偿协议涉及损害事实和程度、赔偿的责任承担方式和期限、修复启动时间与期限等内容,不仅涉及赔偿权利人与赔偿义务人之间利益的调整,也会波及不特定公众环境权益的保护问题,适当的公开是保障社会公众监督权、确保公共利益得到维护的必要措施。例如,《上海市生态环境损害赔偿信息公开办法》第 4 条规定:“赔偿权利人代表可以邀请专家和利益相关的公民、法人、其他组织参与到生态环境修复或赔偿磋商等工作。”第 5 条规定:“赔偿权利人代表应当建立健全生态环境损害赔偿信息发布机制,公开下列信息:……(二)生态环境损害赔偿磋商、诉讼结果……”生态环境损害赔偿的磋商过程和内容是否公开,将影响协议内容的合理性乃至合法性,防止赔偿权利人肆意处分公共利益需要适当的社会公开。如果磋商程序未能依据相关规则适当公开,则人民法院不应当确认赔偿协议的效力。

另外,对于生态环境损害赔偿磋商是否需要第三方介入问题,已有案例通过第三方主持磋商获得了良好的效果。[1] 生态环境损害赔偿磋商过程中的第三方介入,有助于维持程序中立、促进当事人沟通、协助当事人发现其利益需求。但是是否必须由第三方当事人主持生态环境损害赔偿磋商并无明确规定。调解的特征决定了第三方主持的必要性,但是生态环境损害赔偿磋商的一方主体是政府或者政府部门,其公权力主体定位本身具有职责约束,因此生态环境损害赔偿磋商并非必须由第三方当事人主持,赔偿权利人在磋商过程

〔1〕 参见贵州省人民政府、息烽诚诚劳务有限公司、贵阳开磷化肥有限公司生态环境损害赔偿协议司法确认案,载《人民法院保障生态环境损害赔偿制度改革典型案例》,最高人民法院 2019 年 6 月 5 日发布。

中应当积极主动发挥组织等作用。

### (二)协议内容的审查

从实践来看,法院一般对司法确认进行形式审查,其合理性存在疑问。[1]从公共利益保护的需要来看,对生态环境损害赔偿协议内容的审查是司法确认的重点,《生态赔偿案件若干规定》明确了“人民法院经审查认为协议的内容不违反法律法规强制性规定且不损害国家利益、社会公共利益的”,方可裁定确认协议有效。这一规定对生态环境损害赔偿协议内容的审查提出了两个方面的标准,即合法和符合公共利益。

1. 人民法院生态环境损害赔偿协议内容进行审查的重点在于其合法性,即从协议是否违反法律的强制性规定角度开展审查以判断协议的效力。需要注意的是,政府环境管理权的行使须遵守法律的强制性规定,不得违反法律规定免除赔偿义务人的责任,但是环境管理权本身也有自由裁量的空间。如果属于政府行政自由裁量的事项则应当尊重政府的决定,包括对于损害鉴定方法的选择、赔偿责任方式的选择、赔偿金或者生态修复责任的履行期限等原则上可以肯定生态环境损害赔偿协议的约定。协议内容存在比较严重或者明显违反环境保护法律法规、减免赔偿义务人赔偿责任的,应当裁定驳回申请、不予确认生态环境损害赔偿协议的效力。

2. 人民法院审查生态环境损害赔偿协议的内容应当突出公共利益保护的目标,对于不损害国家利益、公共利益的协议方可裁定为有效。但是由于公共利益在法律上是一个重要但不易把握的概念,“可能就不是一个法定标准”[2],对公共利益保护的实质审查本身存在困难。在没有明显违法的情形下,对赔偿协议的司法审查还需关注两个方面的问题:一是结合生态环境损害赔偿磋商过程的合理性作出判断,特别是赔偿协议是否适当、充分公开;二是对公共利益保护进行区别对待的,例如,在不同区域采用不同的保护标准,或者类似情况下选择不同的生态环境损害鉴定评估方法等,则不应当裁定确认协议的效力。

---

〔1〕 参见别涛、刘倩、季林云:《生态环境损害赔偿磋商与司法衔接关键问题探析》,载《法律适用》2020年第7期。

〔2〕 [美]奥利弗·A.霍克:《夺回伊甸园:改变世界的八大环境法案件》,尤明青译,北京大学出版社2017年版,第16页。

总之,生态环境损害赔偿协议的司法确认中,对协议内容的审查应当重在合法性标准,同时兼顾审查明显不合理的工作程序和公共利益保护力度问题。

## 三、生态环境损害赔偿协议中的责任承担与协议执行

### (一)生态环境损害赔偿协议中的责任承担

生态环境损害赔偿的责任承担主要体现在生态环境损害赔偿协议的内容以及生态环境损害赔偿诉讼中所涉及的赔偿义务人的责任内容。生态环境损害赔偿的责任承担与协议的执行存在密不可分的联系,一方面,责任承担的内容会直接影响执行的效果,责任承担的方式的科学程度也会直接影响协议执行的难易程度。简言之,责任承担方式愈是合理、科学、具有较强的可操作性,后续的执行则会愈加简易,也能缓解司法实践中的"执行难"问题。另一方面,责任的承担部分中对于范围和顺位的规定,在某种程度上,能够指引和引导执行方式的设置。因此,本部分不仅会结合司法案例论述生态环境损害赔偿责任的承担,也会对生态环境损害赔偿协议的执行效力以及执行方式进行简要的说明。

关于生态环境损害赔偿的责任承担方式,《民法典》第 1234 条和第 1235 条规定了修复生态环境和赔偿生态环境损害两种责任方式;《生态赔偿案件若干规定》相对《生态赔偿改革方案》也增加了创新性规定,主要体现在第 11 条:"被告违反国家规定造成生态环境损害的,人民法院应当根据原告的诉讼请求以及具体案情,合理判决被告承担修复生态环境、赔偿损失、停止侵害、排除妨碍、消除危险、赔礼道歉等民事责任。"其中较之于《生态赔偿试点方案》和《生态赔偿改革方案》,首次提到"修复生态环境"这一责任承担方式,突出了修复生态环境的目的。由于《生态赔偿案件若干规定》中对于责任承担方式并无限制性规定,因此,不论是生态环境损害赔偿诉讼,抑或生态环境损害赔偿的磋商程序,均可适用此创新性规定。

关于生态环境损害赔偿的责任承担方式的顺位问题,《民法典》明确"生态环境能够修复的,国家规定的机关或者法律规定的组织有权请求侵权人在合理期限内承担修复责任",体现了生态环境修复责任的优先性;从《生态赔偿案件若干规定》第 11 条的规定看,在列举责任承担方式时,也将"修复生态环境"置于首位,体现了"修复生态环境"的重要性地位,突出了其在责任体系中的重

要意义,对于此部分较为重要的“修复生态环境”的责任内容,可以相应地配置更为科学、合理、创新的执行手段和方式。此外,关于生态环境损害赔偿的责任承担的范围,主要体现在《生态赔偿案件若干规定》的第12条和《生态环境损害赔偿管理规定》的第9条。其中,《生态赔偿案件若干规定》第12条规定:“受损生态环境能够修复的,人民法院应当依法判决被告承担修复责任,并同时确定被告不履行修复义务时应承担的生态环境修复费用。生态环境修复费用包括制定、实施修复方案的费用,修复期间的监测、监管费用,以及修复完成后的验收费用、修复效果后评估费用等。原告请求被告赔偿生态环境受到损害至修复完成期间服务功能损失的,人民法院根据具体案情予以判决。”《生态环境损害赔偿管理规定》第9条第2、3款规定:“生态环境损害可以修复的,应当修复至生态环境受损前的基线水平或者生态环境风险可接受水平。赔偿义务人根据赔偿协议或者生效判决要求,自行或者委托开展修复的,应当依法赔偿生态环境受到损害至修复完成期间服务功能丧失导致的损失和生态环境损害赔偿范围内的相关费用。生态环境损害无法修复的,赔偿义务人应当依法赔偿相关损失和生态环境损害赔偿范围内的相关费用,或者在符合有关生态环境修复法规政策和规划的前提下,开展替代修复,实现生态环境及其服务功能等量恢复。”也就是根据生态环境是否能够修复对损害赔偿责任范围分类规定,能够清晰地界定在不同的现实情况下的不同处理方式、执行方式。

### (二)生态环境损害赔偿协议的执行

对于已经达成的生态环境损害赔偿协议,当事人在期限内未履行或者未全部履行的,“对方当事人可以向人民法院申请强制执行”。实践中,生态环境损害赔偿协议中需要履行的主要是赔偿义务人的修复或者赔偿责任,因此申请强制执行的通常是赔偿权利人。同时《生态赔偿案件若干规定》第21条规定,根据生态环境损害赔偿协议“需要修复生态环境的,依法由省级、市地级人民政府及其制定的相关部门、机构组织实施”,以发挥政府在生态环境修复中的行政管理优势。

关于生态环境损害协议的执行,在此主要基于最高人民法院的典型案例展开论述,选取的是经磋商并司法确认的绍兴市环境保护局、浙江上峰建材有限公司、诸暨市次坞镇人民政府生态环境损害赔偿协议司法确认案(以下简称绍兴案),该案系生态环境损害赔偿磋商案件中具有典型代表意义的案件。其基本案情为:[1]2017 年 4 月 11 日,诸暨市环境保护局会同诸暨市公安局对浙江上峰建材有限公司联合突击检查时发现,该企业存在采用在大气污染物在线监控设施监测取样管上套装管子并喷吹石灰中和后的气体等方式,达到干扰自动监测数据目的。浙江上峰建材有限公司超标排放氮氧化物、二氧化硫等大气污染物,对周边大气生态环境造成损害。经绍兴市环保科技服务中心鉴定评估,造成生态环境损害数额 110.4143 万元,鉴定评估费用 12 万元,合计 122.4143 万元。浙江上峰建材有限公司违法排放的大气污染物已通过周边次坞镇大气生态环境稀释自净,无须实施现场修复。

绍兴市环境保护局经与浙江上峰建材有限公司、次坞镇人民政府进行磋商,达成了《生态环境损害修复协议》,主要内容为:(1)各方同意浙江上峰建材有限公司以替代修复的方式承担生态环境损害赔偿责任。浙江上峰建材有限公司在承担生态环境损害数额 110.4143 万元的基础上,自愿追加资金投入 175.5857 万元,合计总额 286 万元用于生态工程修复,并于 2018 年 10 月 31 日之前完成修复工程。(2)诸暨市次坞镇人民政府对修复工程进行组织、监督管理、资金决算审计,修复后移交大院里村。(3)修复工程完成后,由绍兴市环境保护局委托第三方评估机构验收评估,提交验收评估意见。(4)生态环境损害鉴定评估费、验收鉴定评估费由浙江上峰建材有限公司承担,并于工程验收通过后 7 日内支付给鉴定评估单位。(5)如浙江上峰建材有限公司中止修复工程,或者不按约定时间、约定内容完成修复,绍兴市环境保护局有权向浙江上峰建材有限公司追缴全部生态环境损害赔偿金。

绍兴市中级人民法院受理司法确认申请后,对《生态环境损害修复协议》内容进行了公告。公告期内,未收到异议或意见。绍兴市中级人民法院对协议内容审查后认为,申请人达成的协议符合司法确认的条件,遂裁定确认协议有效。一方当事人拒绝履行或者未全部履行的,对方当事人可以向人民法院申请强制执行。

对于赔偿协议中的责任承担内容部分,绍兴案对此部分内容进行了积极探索和创新,其中明确“由赔偿义务人上峰建材公司以替代方式承担生态环境

---

〔1〕 参见绍兴市环境保护局、浙江上峰建材有限公司、诸暨市次坞镇人民政府生态环境损害赔偿协议司法确认案,载中国法院网,https://www.chinacourt.org/article/detail/2019/06/id/4004425.shtml,最后访问日期:2020 年 5 月 23 日。

损害赔偿责任”，主要是基于大气污染本身的扩散性特征进行考量，若对大气的修复已无实质性意义，则只能通过替代修复的方式承担生态环境损害赔偿责任。

同时，由于绍兴案系《生态赔偿改革方案》施行期间进行司法确认的案件，比照《生态赔偿改革方案》所明确的“对经磋商达成的赔偿协议，可以依照民事诉讼法向人民法院申请司法确认。经司法确认的赔偿协议，赔偿义务人不履行或不完全履行的，赔偿权利人及其指定的部门或机构可向人民法院申请强制执行”。从案例中分析和对应政策文件之规定，不难发现的是，此案例基本采纳了《生态赔偿改革方案》中对于司法确认的规定，同时通过对生态环境损害赔偿协议进行司法确认以赋予协议强制执行力。

跳出案例视角，分析和比照《生态赔偿案件若干规定》《推进赔偿制度改革若干意见》《生态环境损害赔偿管理规定》中关于协议执行的规定，主要体现在《生态赔偿案件若干规定》第21条“一方当事人在期限内未履行或者未全部履行发生法律效力的生态环境损害赔偿诉讼案件裁判或者经司法确认的生态环境损害赔偿协议的，对方当事人可以向人民法院申请强制执行。需要修复生态环境的，依法由省级、市地级人民政府及其指定的相关部门、机构组织实施”、《推进赔偿制度改革若干意见》第10条第4款第1句“赔偿义务人不履行或不完全履行生效的诉讼案件裁判、经司法确认的赔偿协议的，赔偿权利人及其指定的部门或机构可以向人民法院申请强制执行”和《生态环境损害赔偿管理规定》第24条第2款“对生效判决和经司法确认的赔偿协议，赔偿义务人不履行或不完全履行的，赔偿权利人及其指定的部门或机构可以向人民法院申请强制执行”。其中关于协议强制执行效力的规定与《生态赔偿改革方案》基本一致。从政策法律文件层面赋予生态环境损害赔偿协议强制执行效力是确保赔偿协议执行的关键，但强制执行的只能是经过人民法院司法确认的生态环境损害赔偿协议。

具体执行规则方面，如果生态环境损害赔偿协议的内容是传统的金钱支付等义务，根据通常的民事执行程序处理即可。原则上，生态环境损害赔偿协议由赔偿权利人申请强制执行。考虑到生态环境损害赔偿的公益属性，人民法院对于已经裁定确认有效的生态环境损害赔偿协议可以根据情况主动移送执行。

如果生态环境损害赔偿协议约定由赔偿义务人完成特定生态环境修复行为,那么法院的强制执行存在监管措施不足、评价标准困难的问题。在此情形,法院仍应借助政府的行政管理力量,将生态环境修复任务交由赔偿权利人或其指定的部门或机构组织实施,而由赔偿义务人承担相应的成本。

总体上,经司法确认的生态环境损害赔偿协议与已经发生法律效力的生态环境损害赔偿诉讼案件裁判具有同等效力,《生态赔偿案件若干规定》《推进赔偿制度改革若干意见》《生态环境损害赔偿管理规定》也将二者同等对待,其执行规则也基本一致。

# 第五章　生态环境损害赔偿诉讼的立案程序

如果赔偿义务人不履行或者不完全履行未经司法确认的赔偿协议，赔偿权利人及其指定的部门或机构可以向人民法院提起生态环境损害赔偿诉讼，或者磋商未达成一致的，赔偿权利人及其指定的部门或机构应当及时向人民法院提起生态环境损害赔偿诉讼。本章对生态环境损害赔偿诉讼的立案程序进行介绍，主要包括受案范围、立案登记与立案审查、管辖与审判组织三个部分。

## 第一节　受案范围

对于任何法律诉讼，受案范围属于启动诉讼的“门槛”，只有符合该类案件的受案范围才能开启该类诉讼的“大门”，如果不符合受案范围则会吃“闭门羹”。《生态赔偿试点方案》《生态赔偿改革方案》《生态赔偿案件若干规定》三个文件均从“正反”两个方面规定了生态环境损害赔偿诉讼的受案范围，而且规定的内容基本一致。

### 一、应予受理的案件范围

根据 2022 年 4 月 26 日 14 部委局联合发布的《生态环境损害赔偿管理规定》第 25、26 条规定，如果磋商未达成一致或者赔偿义务人不履行（或不完全履行）未经司法确认的赔偿协议，赔偿权利人及其指定的部门或机构可以或者应当向人民法院提起生态环境损害赔偿诉讼。具体而言，《生态赔偿案件若干规定》第 1 条对人民法院应予受理的生态环境损害赔偿诉讼的案件范围进行规定[1],主要包括发生较大以上突发环境事件等三种情形。

### (一)发生较大以上突发环境事件

#### 1. 突发环境事件的概念界定

所谓突发环境事件是指由于污染物排放或自然灾害、生产安全事故等因素,导致污染物或放射性物质等有毒有害物质进入大气、水体、土壤等环境介质,突然造成或可能造成环境质量下降,危及公众身体健康和财产安全,或造成生态环境破坏,或造成重大社会影响,需要采取紧急措施予以应对的事件,主要包括大气污染、水体污染、土壤污染等突发性环境污染事件和辐射污染事件。[2]

#### 2. 较大以上突发环境事件的具体认定

突发环境事件按照事件严重程度分为四级,即特别重大突发环境事件、重大突发环境事件、较大突发环境事件以及一般突发环境事件。《生态赔偿案件若干规定》第1条规定,构成生态环境损害赔偿诉讼案件范围的限于较大以上突发环境事件。国务院颁布的《国家突发环境事件应急预案》附件《突发环境事件分级标准》对四级突发环境事件的具体标准进行了规定,因此较大以上突发事件的具体认定可以参照上述标准,具体内容为:

(1)构成特别重大突发环境事件情形:①因环境污染直接导致30人以上死亡或100人以上中毒或重伤的。②因环境污染疏散、转移人员5万人以上的。③因环境污染造成直接经济损失1亿元以上的。④因环境污染造成区域生态功能丧失或该区域国家重点保护物种灭绝的。⑤因环境污染造成设区的市级以上城市集中式饮用水水源地取水中断的。⑥Ⅰ、Ⅱ类放射源丢失、被盗、失控并造成大范围严重辐射污染后果的;放射性同位素和射线装置失控导

---

〔1〕《生态赔偿案件若干规定》第1条规定:"具有下列情形之一,省级、市地级人民政府及其指定的相关部门、机构,或者受国务院委托行使全民所有自然资源资产所有权的部门,因与造成生态环境损害的自然人、法人或者其他组织经磋商未达成一致或者无法进行磋商的,可以作为原告提起生态环境损害赔偿诉讼:(一)发生较大、重大、特别重大突发环境事件的;(二)在国家和省级主体功能区规划中划定的重点生态功能区、禁止开发区发生环境污染、生态破坏事件的;(三)发生其他严重影响生态环境后果的。前款规定的市地级人民政府包括设区的市,自治州、盟、地区,不设区的地级市,直辖市的区、县人民政府。"

〔2〕2014年12月29日国务院办公厅印发《国家突发环境事件应急预案》(国办函〔2014〕119号)中对突发环境事件进行了界定,在第1.3条适用范围部分。

致3人以上急性死亡的;放射性物质泄漏,造成大范围辐射污染后果的。⑦造成重大跨国境影响的境内突发环境事件。

(2)构成重大突发环境事件情形:①因环境污染直接导致10人以上30人以下死亡或50人以上100人以下中毒或重伤的。②因环境污染疏散、转移人员1万人以上5万人以下的。③因环境污染造成直接经济损失2000万元以上1亿元以下的。④因环境污染造成区域生态功能部分丧失或该区域国家重点保护野生动植物种群大批死亡的。⑤因环境污染造成县级城市集中式饮用水水源地取水中断的。⑥Ⅰ、Ⅱ类放射源丢失、被盗的;放射性同位素和射线装置失控导致3人以下急性死亡或者10人以上急性重度放射病、局部器官残疾的;放射性物质泄漏,造成较大范围辐射污染后果的。⑦造成跨省级行政区域影响的突发环境事件。

(3)构成较大突发环境事件情形:①因环境污染直接导致3人以上10人以下死亡或10人以上50人以下中毒或重伤的。②因环境污染疏散、转移人员5000人以上1万人以下的。③因环境污染造成直接经济损失500万元以上2000万元以下的。④因环境污染造成国家重点保护的动植物物种受到破坏的。⑤因环境污染造成乡镇集中式饮用水水源地取水中断的。⑥Ⅲ类放射源丢失、被盗的;放射性同位素和射线装置失控导致10人以下急性重度放射病、局部器官残疾的;放射性物质泄漏,造成小范围辐射污染后果的。⑦造成跨设区的市级行政区域影响的突发环境事件。

### (二)重点生态功能区和禁止开发区内发生的环境污染和生态破坏事件

1.重点生态功能区和禁止开发区的界定

所谓重点生态功能区和禁止开发区均是国家主体功能区规划[1]的具体类型,下面对重点生态功能区和禁止开发区分别界定:

(1)重点生态功能区:重点生态功能区是指在维护国家或流域、区域生态

---

〔1〕 根据国务院2010年12月21日发布的《全国主体功能区规划》规定,主体功能区规划是指国家和省级政府根据不同区域的环境资源承载能力、现有开发密度和发展潜力,确定主体功能定位,明确开发方向,控制开发强度,规范开发秩序,完善开发政策,统筹谋划未来人口分布、经济布局、国土利用和城镇化格局。主体功能区规划一般将国土空间划分为优化开发区、重点开发区、限制开发区(包括农产品主产区和重点生态功能区)和禁止开发区四类。

平衡，减轻自然灾害，确保国家或地区生态安全，为自身及其周边地区提供水源涵养、水土保持、防风固沙、洪水调蓄等典型生态服务，关系全国或较大范围区域的生态安全，在保障区域、流域经济社会可持续发展方面具有重要作用的区域。[1] 经综合评价，国家重点生态功能区包括大小兴安岭森林生态功能区等25个地区，总面积约386万平方千米，占全国陆地国土面积的40.2%。国家重点生态功能区分为水源涵养型、水土保持型、防风固沙型和生物多样性维护型四种类型。多年来，国家十分重视重点生态功能区的保护与建设。[2] 与禁止开发区相比，重点生态功能区涉及的面积更大，经济发展和生态环境保护的压力也更大，所以可以预见重点生态功能区将成为日后生态环境损害赔偿诉讼保护的重点对象。

(2)禁止开发区：禁止开发区是指有代表性的自然生态系统、珍稀濒危野生动植物物种的天然集中分布地、有特殊价值的自然遗迹所在地和文化遗址等，需要在国土空间开发中禁止进行工业化城镇化开发的重点生态功能区。国家层面禁止开发区域，包括国家级自然保护区、世界文化自然遗产、国家级风景名胜区、国家森林公园和国家地质公园。目前，我国国家禁止开发区域共1443处，总面积约120万平方千米，占全国陆地国土面积的12.5%。省级层面的禁止开发区域，包括省级及以下各级各类自然文化资源保护区域、重要水源地以及其他省级人民政府根据需要确定的禁止开发区域。

---

[1] 根据国务院颁布的《全国主体功能区规划》的规定，国家层面限制开发的重点生态功能区是指生态系统十分重要，关系全国或较大范围区域的生态安全，目前生态系统有所退化，需要在国土空间开发中限制进行大规模高强度工业化城镇化开发，以保持并提高生态产品供给能力的区域。国家重点生态功能区是指承担水源涵养、水土保持、防风固沙和生物多样性维护等重要生态功能，关系全国或较大范围区域的生态安全，需要在国土空间开发中限制进行大规模高强度工业化城镇化开发，以保持并提高生态产品供给能力的区域。

[2] 《国民经济和社会发展第十一个五年规划纲要》明确提出合理布局国家重点生态功能保护区。2005年颁布的国务院《关于落实科学发展观加强环境保护的决定》，将保持"重点生态功能保护区等的生态功能基本稳定"作为我国环境保护的目标之一。2007年原国家环境保护总局发布了《国家重点生态功能保护区规划纲要》。2011年，财政部制定了《国家重点生态功能区转移支付办法》。2010年，国家出台了《全国主体功能区规划》，将重点生态功能区划分为国家级与省级两个级别，并确定了25个国家重点生态功能区。2013年，原环境保护部、国家发展和改革委员会、财政部联合发布《关于加强国家重点生态功能区环境保护和管理的意见》，提出加强重点生态功能区保护是建设美丽中国的重要任务。

2. 生态破坏和环境污染事件的界定

相较于突发环境事件而言，重点生态功能区和禁止开发区内发生的生态破坏和环境污染事件属于受案范围。生态破坏与环境污染属于不同的概念，但是会导致相同的损害结果。环境污染是指人类活动向环境排入了超过环境自净能力的物质或能量，从而使自然环境的物理、化学、生物学性质发生变化，产生了不利于人类及其他生物的正常生存和发展的影响的现象。而生态破坏是指人类不合理地开发利用环境的一个或数个要素，过量地向环境索取物质和能量，使它们的数量减少、质量降低，以致破坏或降低其环境效能、生态失衡、资源枯竭而危及人类和其他生物生存与发展的现象。实际上，环境污染和生态破坏都是人类不合理开发利用环境的结果，过量地掠夺自然环境造成生态破坏，将过量索取的物质和能量不加以充分利用而使其成为废物进入环境又会造成环境污染，因而，环境污染和生态破坏不能截然分开。两者互为因果，严重的环境污染可以导致生物死亡从而破坏生态平衡，使生态环境遭受破坏；生态环境破坏又降低了环境的自净能力，加剧污染的程度。[1]

（三）发生其他严重影响生态环境后果

根据《生态赔偿改革方案》的有关规定，对“发生其他严重影响生态环境后果”的情形，由各地区根据实际情况，综合考虑造成的环境污染、生态破坏程度以及社会影响等因素，明确具体情形。《生态赔偿改革方案》公布以来，全国31个省、自治区、直辖市党委政府陆续颁布了本省域的生态环境损害赔偿制度改革实施方案，甚至一些地级市也颁布了本地区的改革实施方案。在已公布的各省（区、市）生态环境损害赔偿制度改革实施方案中，有一些省（区、市）实施方案的“受案范围”与《生态赔偿改革方案》基本一致，也有部分省（区、市）实施方案结合本地区的实际情况进一步明确了“其他严重影响生态环境后果”的具体情形（见表5－1）。

---

〔1〕参见吕忠梅：《论环境侵权的二元性》，载《人民法院报》2014年10月29日，第8版。

**表 5－1　部分省（区、市）实施方案对“其他严重损害生态环境后果”的规定**

| 序号 | 地区 | 发布时间 | 对“其他严重损害生态环境后果”的具体规定 |
| --- | --- | --- | --- |
| 1 | 内蒙古 | 2018.12.17 | 1. 因污染环境、破坏生态构成犯罪且造成生态环境损害的；<br>2. 因非法排放、倾倒、处置有放射性的废物、含传染病病原体的废物、有毒物质（包括危险废物、持久性有机污染物、含重金属的污染物和其他具有毒性、可能污染环境的物质），造成生态环境损害的；<br>3. 在自然保护区核心区、森林公园、地质公园、湿地公园、风景名胜区、世界文化与自然遗产保护区等禁止开发区发生环境污染、生态破坏事件的。 |
| 2 | 四川 | 2018.9.6 | 在被追究刑事责任的生态环境资源类案件中，对生态环境造成损害的，其中法律法规对违法行为造成生态环境损害有明确赔偿或处罚规定的，从其规定。 |
| 3 | 甘肃 | 2018.10.10 | 1. 因污染或生态破坏致使基本农田、防护林地、特种用途林地 5 亩以上，农用地 10 亩以上，草原 20 亩以上基本功能丧失或者遭受永久性破坏的；<br>2. 致使国有森林或者其他林木死亡 50 立方米以上，或者幼树死亡 2500 株以上的。 |
| 4 | 重庆 | 2018.9.11 | 1. 因非法排放、倾倒、处置有放射性的废物、含传染病病原体的废物、有毒物质（包括危险废物、持久性有机污染物、含重金属的污染物和其他具有毒性、可能污染环境的物质），对生态环境造成严重损害的；<br>2. 因环境污染或者生态破坏导致疏散、转移人员 1000 人以上或者乡镇以上集中式饮用水水源取水中断 6 个小时以上的；<br>3. 致使基本农田、防护林地、特种用途林地 2 亩以上，其他农用地 5 亩以上，其他土地 10 亩以上基本功能丧失或者遭受性破坏的；<br>4. 致使森林或者其他林木死亡 50 立方米以上，或者幼树死亡 1000 株以上的；<br>5. 因矿山开采、河道采砂、水资源开发、交通道路及水利工程建设和其他建设项目未依法落实生态环境保护措施，导致严重环境污染或者生态破坏的；<br>6. 因非法采伐、毁坏珍贵树木或者国家重点保护的其他植物，盗伐、滥伐森林或者其他林木，导致林业资源遭受严重破坏的；<br>7. 因非法捕捞水产品、非法猎捕、杀害珍贵、濒危野生动物，导致野生动物资源遭受严重破坏的；<br>8. 赔偿权利人及其指定的部门认为有必要追究生态环境损害赔偿责任的其他情形。 |

续表

| 序号 | 地区 | 发布时间 | 对“其他严重损害生态环境后果”的具体规定 |
|---|---|---|---|
| 5 | 天津 | 2018.12.20 | 根据最高人民法院、最高人民检察院《关于办理环境污染刑事案件适用法律若干问题的解释》的规定被认定为“严重污染环境”或“后果特别严重的”。 |
| 6 | 浙江 | 2018.5.23 | 1. 在我省生态保护红线陆域范围内发生环境污染、生态破坏事件的;<br>2. 涉嫌环境污染犯罪,造成生态环境严重损害的。 |
| 7 | 河北 | 2018.7.20 | 1. 受到环境污染或生态破坏导致国家重要水功能区水质下降或不达标、饮用水水源水质下降的;<br>2. 因污染或生态破坏致使基本农田、国有防护林地、特种用途林地5亩以上,一般农田10亩以上,国有草原或草地20亩以上基本功能丧失或遭受永久性破坏的;致使国有森林或其他林木死亡50立方米以上,或幼树死亡2500株以上的;<br>3. 向环境非法排放、倾倒和处置有放射性的废物、含传染病病原体的废物、有毒物质或其他危险废物,造成严重生态环境损害的。 |
| 8 | 河南 | 2018.7.16 | 因污染环境、破坏生态构成犯罪并造成严重生态环境损害的。 |
| 9 | 江西 | 2018.7.3 | 被依法追究刑事责任的生态环境资源类案件中,存在生态环境损害的。 |
| 10 | 北京 | 2018.6.28 | 1. 本市生态保护红线区发生环境污染、生态破坏事件的;<br>2. 其他地区直接导致区域大气、水、土壤等环境质量等级下降,或造成耕地、林地、绿地、湿地、饮用水水源地等功能性退化的。 |
| 11 | 陕西 | 2019.9.5 | 1. 在生态保护红线范围内发生环境污染、生态破坏事件;<br>2. 发生环境污染刑事案件。 |
| 12 | 海南 | 2019.2.21 | 1. 在生产生活人口较密集区域的工业园区、工业集聚区发生环境污染、生态破坏事件的;<br>2. 其他区域发生的直接导致大气、地表水、地下水或土壤等环境质量或生物多样性下降等严重后果的;<br>3. 违反法律法规造成环境污染或生态破坏构成刑事犯罪的。 |
| 13 | 安徽 | 2018.10.11 | 非法排放、倾倒、处置固体废物造成环境污染、生态破坏的。 |

续表

| 序号 | 地区 | 发布时间 | 对“其他严重损害生态环境后果”的具体规定 |
|---|---|---|---|
| 14 | 福建 | 2018.9.29 | 1. 在全省陆域生态保护红线范围内发生环境污染、生态破坏事件的；<br>2. 在重点生态功能区、禁止开发区以及陆域生态保护红线以外的其他地区发生环境污染、生态破坏事件，直接导致区域水、大气、土壤等环境质量等级下降，或耕地、林地、绿地、湿地、饮用水水源地等功能性退化的。 |
| 15 | 宁夏 | 2018.12.14 | 1. 在重点生态功能区和禁止开发区以外的其他地区导致区域大气、水体、土壤等环境质量等级下降或造成耕地、林地、湿地、饮用水水源地等功能性退化的；<br>2. 因污染环境、破坏生态构成犯罪，造成生态环境损害的。 |

归纳各省（区、市）实施方案对“其他严重影响生态环境后果”的具体规定，各地区一般重点考虑将以下情形纳入“受案范围”：（1）构成“破坏环境资源保护罪”的刑事案件，造成生态环境损害的。其中，重庆、河北、甘肃三省市直接将《关于办理环境污染刑事案件适用法律若干问题的解释》中构成“污染环境罪”的定罪标准“移植”在该省市的实施方案之中，尤其表现在计量方面，例如超标10倍以上，林木损害5亩以上，取水中断12小时以上，幼树死亡2500株以上等。结合《刑法》中“破坏环境资源保护罪”的定罪标准界定“严重影响生态环境后果”具有一定合理性，毕竟构成环境污染刑事案件的法律后果基本达到了“严重程度”。（2）在生态保护红线、自然保护地等区域内发生的生态环境损害案件。生态保护红线是指在自然生态服务功能、环境质量安全、自然资源利用等方面，需要实行严格保护的空间边界与管理限值，以维护国家和区域生态安全及经济社会可持续发展，保障人民群众健康。自然保护地是由各级政府依法划定或确认，对重要的自然生态系统、自然遗迹、自然景观及其所承载的自然资源、生态功能和文化价值实施长期保护的陆域或海域。按照自然生态系统原真性、整体性、系统性及其内在规律，依据管理目标与效能并参考国际经验，将自然保护地按生态价值和保护强度高低依次分为3类：国家公园、自然保护区、自然公园。[1] 一些地方的生态保护红线区和自然保护地并未列

〔1〕 参见2019年6月26日中共中央办公厅、国务院办公厅印发《关于建立以国家公园为主体的自然保护地体系的指导意见》。

入国家和地方重点生态功能区和禁止开发区，因此将生态环境损害赔偿诉讼的受案范围扩大至生态保护红线区和自然保护地发生的生态环境损害案件具有一定合理性。(3)需要开展生态环境修复的一般突发生态环境事件。(4)省域内跨地市的生态环境损害案件。上述省(区、市)实施方案中对“其他严重影响生态环境后果”的具体规定，对于人民法院界定受案范围具有一定参考意义。

此外，2022年4月26日14部委局联合发布的《生态环境损害赔偿管理规定》第15条对生态环境损害赔偿案件线索进行专门规定，主要包括：(1)中央和省级生态环境保护督察发现的案件线索；(2)突发生态环境事件；(3)资源与环境行政处罚案件；(4)涉嫌构成破坏环境资源保护犯罪的案件；(5)在生态保护红线等禁止开发区域、国家和省级国土空间规划中确定的重点生态功能区发生的环境污染、生态破坏事件；(6)日常监管、执法巡查、各项资源与环境专项行动发现的案件线索；(7)信访投诉、举报和媒体曝光涉及的案件线索；(8)上级机关交办的案件线索；(9)检察机关移送的案件线索；(10)赔偿权利人确定的其他线索渠道。上述规定对生态环境损害赔偿诉讼的受案范围也有一定的参考价值。

## 二、不予受理的案件范围

《生态赔偿案件若干规定》第2条对不予受理的案件范围进行规定，主要包括因污染环境、破坏生态造成人身损害、个人和集体财产损失要求赔偿和因海洋生态环境损害要求赔偿的两种情形。另外，地方的生态环境损害赔偿诉讼实践对历史遗留问题导致的生态环境损害赔偿案件进行了排除。

### (一)环境侵权诉讼

所谓因污染环境、破坏生态造成人身损害、个人和集体财产损失要求赔偿的，属于环境侵权诉讼。环境污染行为和生态破坏行为不仅会造成生态环境损害，而且经由环境媒介造成人类的人身损害和财产损害。[1] 生态环境损害的是以生态环境为载体的生态环境公共利益，属于不特定多数人的环境公共

---

〔1〕 参见王小钢：《以环境公共利益为保护目标的环境权利理论——从“环境损害”到“对环境本身的损害”》，载《法制与社会发展》2011年第2期。

利益；人身健康和财产则属于民事权利的客体，因而受到民法的保护和救济。《民法典》第1229条规定："因污染环境、破坏生态造成他人损害的，侵权人应当承担侵权责任。"而《民法典》第3条明确规定民事主体的人身权利、财产权利以及其他合法权益受法律保护，并不包括生态环境公共利益。因此，环境污染和生态破坏造成的人身损害和财产损失应当适用《民法典》追究侵害人的民事法律责任。

生态环境损害赔偿诉讼与环境侵权诉讼存在以下不同：[1]（1）二者的请求权基础不同。环境侵权诉讼中，原告基于《民法典》确认的人身权与财产权获得诉讼请求权，而生态环境损害赔偿诉讼中，政府基于自然资源国家所有权而启动诉讼程序；（2）二者的救济范围不同。环境侵权诉讼调整民事主体间的利益冲突，旨在保护民事主体的人身权和财产权；而生态环境损害赔偿诉讼则旨在保护生态环境本身，涉及的是环境公共利益。相较而言，环境侵权诉讼的救济范围更易明确，采取救济措施也更为迅捷、有效。而生态环境损害赔偿诉讼的救济范围则较难界定，采取的救济措施更具有长期性、全局性。

### （二）海洋生态环境损害赔偿诉讼

从自然资源国家所有权而言，海洋同矿藏、水流、森林、山岭、草原、荒地、滩涂等自然资源一样，都属于国家所有。海洋生态环境损害排除于生态环境损害赔偿诉讼范围主要基于以下几个方面原因：（1）海洋生态环境损害诉讼的赔偿范围包括"预防措施费用"。根据最高人民法院《关于审理海洋自然资源与生态环境损害赔偿纠纷案件若干问题的规定》规定，海洋生态环境损害的赔偿范围包括预防措施费用、恢复费用、恢复期间损失以及调查评估费用。《生态赔偿改革方案》规定的生态环境损害赔偿范围并未规定预防措施的费用。最高人民法院《关于审理海洋自然资源与生态环境损害赔偿纠纷案件若干问题的规定》将预防费用界定为：为减轻或者防止海洋环境污染、生态恶化、自然资源减少所采取合理应急处置措施而发生的费用。最高人民法院相关负责人在解释为何将预防费用纳入赔偿范围时，认为根据相关规定和实践经验，部分涉海活动虽然尚未造成实际的生态环境损害，但已经形成了损害威胁，依法行使海洋环境监督管理权的部门确有必要及早采取预防措施。而且有关国际条

---

[1] 参见周珂、林潇潇：《环境损害司法救济的困境与出路》，载《法学杂志》2016年第7期。

约已明确将这类预防措施的费用和损失规定为生态环境损害，比如 1992 年的《国际油污公约》规定了船舶油污损害的赔偿范围包括预防费用、该船舶之外的财产损害及收入损失、纯经济损失、恢复费用。(2)海洋生态损害赔偿诉讼属于海事法院专门管辖。海事法院是我国的专门法院，专门管辖海事和海商案件。根据 1984 年 11 月全国人民代表大会常务委员会《关于在沿海港口城市设立海事法院的决定》和最高人民法院《关于设立海事法院几个问题的决定》(已失效)的规定，中国已在上海、天津、广州、青岛、大连和武汉等城市设立海事法院。管辖第一审的海事侵权纠纷案件、海商合同纠纷案件、其他海事海商案件、海事执行案件以及海事请求保全案件。因此，海洋生态环境损害赔偿诉讼案件也由海事法院专门管辖，其他生态环境损害赔偿诉讼案件则由普通法院管辖。(3)海洋生态环境损害赔偿诉讼适用专门的法律。我国对于海事环境诉讼规定了专门实体法和程序法，即《海洋环境保护法》《海事诉讼特别程序法》。海洋生态环境损害赔偿诉讼在《海洋环境保护法》中早有规定，该法第 89 条第 2 款规定“对破坏海洋生态、海洋水产资源、海洋保护区，给国家造成重大损失的，由依照本法规定行使海洋环境监督管理权的部门代表国家对责任者提出损害赔偿要求”。最高人民法院也于 2017 年 12 月出台了《关于审理海洋自然资源与生态环境损害赔偿纠纷案件若干问题的规定》对海洋生态环境损害赔偿诉讼的诉讼规则进行具体规定。

(三)历史遗留且无责任主体的生态环境损害问题

在湖南省、辽宁省、广西壮族自治区等地生态环境损害赔偿制度改革实施方案中，均规定“历史遗留且无责任主体的生态环境损害问题由所在地政府纳入正常环境治理工作，不纳入赔偿范围”。由于生态环境损害赔偿奉行“损害担责原则”，如果历史遗留的生态环境损害问题，没有法律责任主体或者无法查明法律责任主体，无法适用生态环境损害赔偿制度，那么一般由地方政府组织开展环境治理工作。

## 三、人民法院的释明

《生态赔偿案件若干规定》并未规定人民法院的释明权，而《环境民事公益诉讼解释》与最高人民法院、最高人民检察院《关于检察公益诉讼案件适用法律若干问题的解释》均规定，人民法院认为原告(社会组织或人民检察院)提出的诉讼请求不足以保护社会公共利益的,可以向其释明变更或者增加诉讼请求。[1] 我们认为,人民法院的释明同样可以适用于政府提起的生态损害赔偿诉讼,因为即使是政府作为原告提起诉讼,也可能由于经验不足等原因导致提出的诉讼请求不足以保护社会公共利益。司法实践中,人民法院曾经在生态损害赔偿诉讼中对赔偿权利人进行过诉讼请求方面的释明,在江苏省人民政府诉海德公司生态损害赔偿诉讼案中,由于原告在起诉时尚未掌握新通扬运河的河水被污染的情况,在起诉时遗漏了诉讼请求,法院在立案后,主动向赔偿权利人及其代理律师释明,建议增加赔偿生态服务功能损失的诉讼请求。[2]

## 第二节 立案登记与审查

2015 年 4 月 15 日最高人民法院颁布了《关于人民法院登记立案若干问题的规定》,改革了我国的案件受理制度,变立案审查制为立案登记制。以立案登记制取代立案审查制,表明我国法院在立案程序上从职权模式转向诉权保障模式,对人民法院依法应该受理的案件,做到"有案必立、有诉必理"。因此,生态环境损害赔偿诉讼案件也应当采用规范化的立案程序。

### 一、立案登记与立案审查

立案登记制是指人民法院对当事人的起诉不进行实质审查,仅对起诉的形式要件进行一般性核对,对符合法律规定的起诉,一律接收起诉状,当场登记立案;当场不能判定的,应当接收起诉状,在法律规定的期限内决定是否立

---

〔1〕《环境民事公益诉讼解释》第 9 条规定:"人民法院认为原告提出的诉讼请求不足以保护社会公共利益的,可以向其释明变更或者增加停止侵害、修复生态环境等诉讼请求。"最高人民法院、最高人民检察院《关于检察公益诉讼案件适用法律若干问题的解释》第 18 条规定,人民法院认为人民检察院提出的诉讼请求不足以保护社会公共利益的,可以向其释明变更或者增加诉讼请求。

〔2〕参见《政府诉企业生态环境损害赔偿案:企业赔付 5482 万元》,载网易新闻网,hops://news.163 com/18/X827/14/DQ7LRTG0001875P. html,最后访问日期:2022 年 4 月 15 日。

案。[1] 实行立案登记制，并不意味着人民法院对当事人的起诉不进行任何审查，立案审查对于防止当事人滥诉和案件分流和过滤仍然具有重要意义。在已经实施立案登记的国家和地区，对起诉也不是完全不审查。英美法系国家通过诉答程序或审前程序，进行案件甄别和过滤，多数民事案件在审前程序得到解决；[2]法国、德国、日本等大陆法系国家，则通过对诉状内容的强制性规定实现案件过滤。[3]

在登记立案后，法院如何审查立案，要明确三点：一是登记立案后，诉讼起点应当是当事人向法院提交起诉状时。这是与审查立案的根本区别，也是改革案件受理制度需要重点关注的问题。二是立案与案件受理是不同概念，案件受理是一个过程，包括启动、审查、流转等程序，立案是最终的结果。《民事诉讼法》规定人民法院应当在7日内决定是否立案，这就是案件受理的过程。登记立案后，案件受理仍应按照法律规定程序进行。三是区分登记要件与诉讼要件。登记要件是启动司法程序的条件。主要包括具有符合法律规定形式的诉状，交纳诉讼费等，对登记要件只能进行形式审查。诉讼要件是启动审判程序的条件。其他国家和地区均规定诉讼要件。在日本，诉讼要件一般包括：法院对案件一般具有审判权和管辖权；当事人必须具备相应诉讼能力；诉讼标的必须是特定的，当事人要有诉的利益等。[4] 在德国，受理要件包括：诉讼适法；属于法院管辖权范围；具有参与人能力；诉讼类型适法；诉讼参与人拥有诉讼权限；起诉合规；前置程序完成；在诉讼期限内；未就同一案另行诉讼；就同一诉讼标的不存在其他已产生法律效力的裁判等。[5] 对不具备其中一项诉讼要件的，法院可以驳回起诉。

立案审查制向立案登记制转型，是一次受案条件"瘦身化"改革。但是，立案登记制并非否定法院的审查功能，也不是降低法院审理案件条件，更不是将立案程序简化为单一的登记手续。立案登记制是要求在立案程序中实现诉权与职权之间的平衡。立案登记制将立案审查分为两个阶段：（1）立案登记阶段

---

〔1〕 参见陆永棣：《从立案审查到立案登记：法院在社会转型中的司法角色》，载《中国法学》2016年第2期。

〔2〕 参见齐树洁主编：《美国司法制度》，厦门大学出版社2010年版，第243页。

〔3〕 参见姜启波、李玉林：《案件受理》，人民法院出版社2008年版，第12页。

〔4〕 参见姜启波、李玉林：《案件受理》，人民法院出版社2008年版，第86页。

〔5〕 参见邵建东主编：《德国司法制度》，厦门大学出版社2010年版，第496页。

的审查,是对当事人提交的起诉材料进行审查,主要查看原告提交的材料是否齐全、是否预交诉讼费用等,属于形式审查;(2)案件审理阶段的审查,是对当事人的诉讼要件进行审查,主要审查原告是否适格、是否重复起诉、是否属于法院主管和管辖范围,属于实质审查。

## 二、立案登记阶段的形式审查

我国目前实行的立案登记制度中原告的起诉状只要符合规定的格式要求,就可以对其进行登记立案。在登记的时候不再进行任何实质性的审查,立案庭对原告或其代理人提交的诉状的格式以及形式要件进行简单的核对后,查看原告提交的材料是否齐全,是否预交诉讼费用,紧接着接待的工作人员就可以决定是不是能够当场进行登记立案。而诉状中包含的内容,如原告、被告、诉讼请求等并不要求真实准确,只要求“有”就行。因此,我们可以得出的结论是,在立案登记制度中的登记时的审查,只是简单地对起诉状中的格式进行审查。

### (一)形式审查内容:登记要件

形式审查的主要内容是登记要件,登记要件是启动司法程序的条件。主要包括具有符合法律规定形式的起诉材料等,对登记要件只能进行形式审查。《生态赔偿案件若干规定》第5条规定:“原告提起生态环境损害赔偿诉讼,符合民事诉讼法和本规定并提交下列材料的,人民法院应当登记立案:(一)证明具备提起生态环境损害赔偿诉讼原告资格的材料;(二)符合本规定第一条规定情形之一的证明材料;(三)与被告进行磋商但未达成一致或者因客观原因无法与被告进行磋商的说明;(四)符合法律规定的起诉状,并按照被告人数提出副本。”具体而言,原告提起生态环境损害赔偿诉讼应当提交以下材料。

1. 关于原告资格的证明材料

原告起诉,首先需要向法院提交能证明自己具备诉讼资格的材料,人民法院据此判断原告是否是适格当事人。根据《生态赔偿案件若干规定》第1条规定,生态环境损害赔偿诉讼原告是省级、市地级人民政府[1]及其指定的相关

---

[1] 《生态赔偿案件若干规定》第1条第3款规定,前款规定的市地级人民政府包括设区的市,自治州、盟、地区,不设区的地级市,直辖市的区、县人民政府。

部门、机构,或者受国务院委托行使全民所有自然资源资产所有权的部门。

原告提起生态环境损害赔偿诉讼时应当提交以下证明其原告资格的材料:(1)法人证书和组织机构代码证的复印件。法人证书和组织机构代码证[1]是法人有效的主体身份证明文件。作为起诉人的法人,应当提供法人证书和组织机构代码证复印件来证明其主体身份。从民事主体地位分析,省级、市地级人民政府及其指定的相关部门、机构属于机关法人,而机关法人属于《民法典》中规定的特别法人。作为起诉的人民政府或其指定的相关部门、机构一般均持有上级编制机构(省市编制委员会办公室)颁发的法人证书以及组织机构代码证,起诉时应当向人民法院提交法人证书以及组织机构代码证的复印件。(2)法定代表人身份证明书。法人的行为要由其法定代表人具体实施,在诉讼中,代表法人起诉应诉的通常是法定代表人。因此,法人作为起诉人的,同时要提供法定代表人的身份证明书。身份证明书由法人或其他组织提供,应记明法定代表人的姓名、职务、住址、联系方式等基本信息。(3)省级、市地级政府的授权文件或授权委托书。《生态赔偿改革方案》明确规定国务院授权省级、市地级政府(包括直辖市所辖的区县级政府)为赔偿权利人,同时也规定省级、市地级政府可指定相关部门或机构负责生态环境损害赔偿具体工作。司法实践中,负责提起生态环境损害赔偿诉讼的政府相关部门或机构应当在起诉时提交省级、市地级政府的授权文件或授权委托书,证明其诉权的合法来源。

2. 造成严重生态环境损害的初步证明材料

生态环境损害赔偿诉讼是贯彻“损害担责”原则的新诉讼类型,原告只有在被告的环境污染、生态破坏行为造成严重生态环境损害后果时方能提起诉讼。具体而言,原告必须提交初步证明材料证明被告造成的生态环境损害符合《生态赔偿案件若干规定》第1条规定情形之一。

对于“初步证明材料”的理解,首先,“初步”明确了原告提交证据材料的程度上的要求;其次,采用“证据材料”的重点也在于“材料”而非“证据”。具体而言,仅要求原告在起诉时提交相关的材料,法院在受理该类案件时也只是对

---

[1] 组织机构代码证是对中华人民共和国内依法注册、依法登记的机关、企事业单位、社会团体,以及其他组织机构颁发的在全国范围内唯一的、始终不变的代码标识。如同居民身份证一样。组织机构代码证是组织机构在社会经济活动中统一赋予的单位身份证。

原告提交的证据材料作形式审查,而不作实质审查,只要原告提交了相关材料即应受理,至于其提交的证据能否达到证明目的,是否会被法院采信并作为认定事实的依据,则应在审理程序中解决。实践中,“初步注明材料”的要求属于立案审查阶段的规定,因案件尚未进入实体审理阶段,法院原则上不应对原告提交的证明材料进行实质审查,原告所提交的证明材料也不需要达到确切证明的程度。只要原告提交了初步证明材料,法院即应受理。

3. 磋商未达成一致或不履行未经司法确认的赔偿协议的说明

为充分发挥磋商在生态环境损害索赔工作中的积极作用提供了制度依据。生态环境损害赔偿制度要求实施“磋商前置”程序,主动磋商是赔偿权利人的强制义务。生态环境损害发生之后,赔偿权利人经调查发现生态环境损害需要修复或赔偿的,赔偿权利人根据生态环境损害鉴定评估报告,就损害事实和程度、修复启动时间和期限、赔偿的责任承担方式和期限等具体问题与赔偿义务人进行磋商,统筹考虑修复方案技术可行性、成本效益最优化、赔偿义务人赔偿能力、第三方治理可行性等情况,达成赔偿协议。对经磋商达成的赔偿协议,可以依照《民事诉讼法》向人民法院申请司法确认。经司法确认的赔偿协议,赔偿义务人不履行或不完全履行的,赔偿权利人及其指定的部门或机构可向人民法院申请强制执行。但是,实践中经磋商的生态环境损害赔偿案件对于司法确认的使用率并不高。其中,值得一提的是,息烽诚诚劳务有限公司、贵阳开磷化肥有限公司非法倾倒工业废渣生态环境损害案,是生态环境损害赔偿制度改革试点开展后,全国首例由省级人民政府提出申请的生态环境损害赔偿协议司法确认案件。该案对磋商协议司法确认的程序、规则等进行了积极探索,提供了可借鉴的有益经验。值得借鉴的是,绍兴案对司法确认的规则进行了更加细致化的探索,绍兴市中级人民法院受理司法确认申请后,对《生态环境损害修复协议》内容进行了公告。公告期内,未收到异议或意见。绍兴市中级人民法院对协议内容审查后认为,申请人达成的协议符合司法确认的条件,遂裁定确认协议有效,与《生态赔偿案件若干规定》相契合。

根据《生态环境损害赔偿管理规定》第 25、26 条的规定,磋商未达成一致或者赔偿义务人不履行(或不完全履行)未经司法确认的赔偿协议的,赔偿权利人及其指定的部门或机构可以或者应当向人民法院提起生态环境损害赔偿诉讼。首先,对于磋商未达成一致的证明,根据 2020 年 8 月 31 日生态环境部等11部委院联合颁布的《推进赔偿制度改革若干意见》第6条第2、3款规定，“磋商期限原则上不超过90日，自赔偿权利人及其指定的部门或机构向义务人送达生态环境损害赔偿磋商书面通知之日起算。磋商会议原则上不超过3次。磋商达成一致的，签署协议；磋商不成的，及时提起诉讼。有以下情形的，可以视为磋商不成：（一）赔偿义务人明确表示拒绝磋商或未在磋商函件规定时间内提交答复意见的；（二）赔偿义务人无故不参与磋商会议或退出磋商会议的；（三）已召开磋商会议3次，赔偿权利人及其指定的部门或机构认为磋商难以达成一致的；（四）超过磋商期限，仍未达成赔偿协议的；（五）赔偿权利人及其指定的部门或机构认为磋商不成的其他情形”。因此，磋商未果后，原告（赔偿权利人）提起诉讼时应当提供其曾与被告（赔偿义务人）主动磋商以及未达成赔偿协议的相关证明材料。其次，对于赔偿义务人不履行（或不完全履行）未经司法确认的赔偿协议的证明，则结合赔偿协议的履行情况提供相关证明材料。

4. 起诉状原本及副本

生态环境损害赔偿诉讼应当适用民事诉讼的一般规则，《民事诉讼法》第123条规定：“起诉应当向人民法院递交起诉状，并按照被告人数提出副本。书写起诉状确有困难的，可以口头起诉，由人民法院记入笔录，并告知对方当事人。”因此，原告在提起生态环境损害赔偿诉讼时应当应向法院递交符合《民事诉讼法》第124条规定[1]的起诉状，并按照被告人数提出副本。

### （二）形式审查的结果

实施立案登记制之后，人民法院对当事人的诉状一律接受。起诉符合法律规定条件的，应当当场登记，当场不能判定的，应当接收起诉状，并出具注明收到日期的书面凭证，在法律规定的期限内决定是否立案。对于欠缺必要记载事项的起诉状，可以要求当事人进行补正。对补正事项，法院应当以书面形式一次性全面告知。对经告知当事人拒不补正的，可以裁定不予受理或者不

---

〔1〕 关于起诉状的具体内容，《民事诉讼法》第121条规定：“起诉状应当记明下列事项：（一）原告的姓名、性别、年龄、民族、职业、工作单位、住所、联系方式，法人或者其他组织的名称、住所和法定代表人或者主要负责人的姓名、职务、联系方式；（二）被告的姓名、性别、工作单位、住所等信息，法人或者其他组织的名称、住所等信息；（三）诉讼请求和所根据的事实与理由；（四）证据和证据来源，证人姓名和住所。”

予立案。在这一阶段，没有特殊情况[1]，人民法院不得拒收当事人的诉状。经过审查，人民法院对符合法律规定条件的，转入审判庭审理；对不符合法律规定条件的，应当作出不予立案（不予受理）的裁定；在规定期限内无法判定的，先行立案。

## 三、案件审理阶段的实质审查

因为立案登记时对当事人所提交的诉状只进行形式上的审查，所以当事人提起的诉讼的可诉性并不能确定。但是，立案登记之后，仍然需要对当事人的起诉进行实质审查。具体而言，对当事人的起诉是否具有可诉性，是否具有科学合理性进行审查。因此，人民法院应当在立案登记之后依职权对原告提起诉讼的诉讼要件进行审查，从而决定案件是否能够真正地进入审理程序，即实质审查。

### （一）实质审查内容：诉讼要件

诉讼要件是启动审判程序的条件，是指法院对当事人的起诉进行判决必须具备的要件。例如，原告是否适格、是否重复起诉、是否属于法院受案范围、是否为受案法院所管辖等。[2] 诉讼要件通常可分为两大部分：积极的构成要件和消极的构成要件。积极的诉讼要件就是法院在审理判决案件时必要的要件。在很多国家的诉讼法中明确规定了积极的诉讼要件的构成，此类要件在其内容上大致可分为三个方面：法院诉讼要件、当事人诉讼要件（当事人适格）以及诉讼标的诉讼要件。

1. 对法院诉讼要件的审查

对法院诉讼要件的审查，《民事诉讼法》规定：该案件属于法院受理的民诉案件的范围以及属于法院管辖。在《民事诉讼法》中所谓的主管主要是指法院的受理案件的范围，也即何种纠纷能够进入司法程序中。由此可知，法院受理当事人提交的民事纠纷应当在其受案范围之内。法院的审判权在根本上决定着法院的主管，同时主管则是对当事人行使诉权的范畴起到了一定的限制。

---

[1] 此处极为特殊的情况是指诸如危害国家主权和领土完整、危害国家安全、破坏国家统一和民族团结、破坏国家宗教政策等情形，人民法院不予登记立案。

[2] 参见姜启波、李玉林：《案件受理》，人民法院出版社 2008 年版，第 86 页。

因此,在我国,当事人诉至法院的纠纷是否属于法院主管则是要审查的一项重要的事项。管辖与主管是相互依存的,主管是管辖的前提,只有明确确定了纠纷是由法院主管以后,才可以确定由哪个法院对其进行管辖。管辖是确定案件最终的归属,以及法院对案件是否具有审判权的最后一步,也是最重要的一步。所以,对关于法院的要件的审查中,对管辖问题的审查也是必不可少的。对于生态环境损害赔偿诉讼案件,需要从地域管辖、级别管辖及集中管辖等方面分别进行审查。

2. 对当事人诉讼要件的审查(当事人是否适格)

审查当事人要件就要分别对“原告”和“被告”的主体资格进行审查。从《民事诉讼法》关于当事人要件规定中可知,原告和被告的审查所采用的标准并不相同。对于原告主体资格的审查,我国目前所采用的标准为“适格说”,即要求原告一定要与案件存在有直接的利害关系。而对于被告的审查,采用的则是“表示说”,只需要有明确的被告即可。在生态环境损害赔偿制度的各类文件中,对于原告和被告均有明确要求。

(1)对原告主体资格的审查

《生态赔偿改革方案》明确规定省级、市地级政府及其指定的部门或机构均有权提起诉讼。赋予省级、市地级政府或其指定的部门和机构享有提起生态环境损害赔偿诉讼的权利。其理由主要有二:第一,根据我国《宪法》第9、26条以及第89条的规定,国家具有“保护和改善生态环境”的义务,国务院负有“领导和管理生态文明建设”的职责。政府作为国家权力的执行机关,其有职责代表国家履行环境保护义务,领导和推进生态文明建设。从这一意义上来说,行政机关基于宪法要求及其特殊地位理应在生态环境损害赔偿工作中承担主要责任并发挥主导作用。[1] 第二,实践中,省级、市级政府一般指定环境保护行政主管机关办理索赔、诉讼的具体工作,环境行政机关因其专业性、主动性等优势,可以凭借其环保监管职责而顺利获取生态环境损害方面的信息和数据,这有助于其更好地从事生态环境损害修复与求偿工作。[2] 综合以上两方面因素,省级、市地级政府及其指定的部门或机构成为原告,启动诉讼程序具有一定优势。

---

〔1〕 参见王树义、李华琪:《论我国生态环境损害赔偿诉讼》,载《学习与实践》2018年第11期。

〔2〕 参见竺效:《生态损害公益索赔主体机制的构建》,载《法学》2016年第3期。

《生态赔偿改革方案》规定鼓励法定的机关和符合条件的社会组织依法开展生态环境损害赔偿诉讼。那么,哪些机关和社会组织在何种情况下可以开展生态环境损害赔偿诉讼呢?首先,省级或市级政府提起的生态环境损害赔偿诉讼的受案范围较窄,要求必须对国家自然资源造成“严重”生态环境损害后果方能起诉。本书认为,如果行为人对于国家或集体所有的自然资源造成“一般”生态环境损害后果,省级或市级政府尚未提起诉讼,那么社会组织可作为补充求偿主体提起生态环境损害赔偿诉讼。由于社会组织在人力、物力、财力以及案件调查能力等方面具有一定的局限性,故其对于造成“一般”生态环境损害后果作为原告来提起诉讼会更为合适。具体来说,当社会组织发现生态环境损害的相关线索后,可以通过举报的方式告知有关环保行政机关,并督促有关行政机关积极履行其生态环境损害修复与求偿的职责;若有关行政机关认为该生态环境损害后果尚未达到“严重”程度而不索赔或诉讼时,社会组织可径行提起生态环境损害赔偿诉讼。当然,在行政机关所提生态环境损害赔偿诉讼的诉讼请求不足以填补与修复受损的生态环境时,社会组织亦可补充提起环境民事公益诉讼来予以索赔,以确保生态环境损害得到充分填补与全面救济。

此外,检察机关作为我国的法律监督机关,其可依据不同情形履行法律监督职责。首先,检察机关发现生态环境损害赔偿案件线索时,可以及时向赔偿权利人进行移送,如果赔偿权利人怠于履行其生态环境损害求偿职责时,一些地方检察机关在实践中也通过向赔偿权利人制发“督促启动生态环境损害索赔意见书”来推动索赔工作。如果赔偿权利人启动生态环境损害索赔工作,检察机关可以对生态环境损害赔偿磋商和诉讼提供法律支持。其次,赔偿权利人未启动生态环境损害赔偿程序,或者经过磋商未达成一致,赔偿权利人又不提起诉讼的,社会公共利益仍然处于受损害状态的,人民检察院可以提起环境民事公益诉讼。但须明确的是,这仅为一种兜底的求偿方案。

然而,“公民个人”是否具有提起生态环境损害赔偿的资格?现阶段我国的法律规定并未赋予公民提起生态环境损害赔偿的主体资格。但是,与我国不同的是,在美国,生态损害赔偿权利人的规定采用制定法律法规以立法上明确规定的形式来保护生态环境。其中,对可以作为生态损害赔偿诉讼的主体进行严格限制。联邦政府和受损害的生态所在地的州政府,它们可以以受托人的身份做原告进行司法诉讼活动,可以对赔偿主体行使索赔权利,收取赔偿金。非政府组织只要可以证明其在环境利益上受到影响就可以起诉,但不能接受赔偿金。公民个人一般只能通过"公民诉讼"的方式要求托管者提起生态损害赔偿。美国公民个人自身是否可以作为生态环境损害赔偿权利人直接提请对受损害的生态环境进行求偿,这取决于美国不同单行法的具体规定。如《美国油污法》就规定了自然人有一定的诉权。美国的"公民诉讼"让其本国公民更好地参与到生态损害赔偿程序中,并对生态损害的救济发挥了重要作用。

俄罗斯法律对生态损害赔偿权利人行使索赔的主体规定采用的是双层框架结构,可以作为生态损害赔偿权利人有:第一层主体是国家权力机关、地方自治机关、从事环境保护的社团和其他非商业团体、公民。第二层主体是检察长。检察长只有在满足上诉条件时才可以作为生态损害赔偿权利人提起诉讼。上述两层主体相互配合,又相互协作。此种模式与我国现阶段的模式相似度更高。

在欧盟,依据其生态损害赔偿的制度设计,其对生态损害赔偿的赔偿权利人采取的是双重赔偿权利人设计,即国家作为公民的受托人,代表公民作为生态环境损害的第一层赔偿权利人。但当政府怠于行使索赔权,非政府组织的公益性团体和公民可以作为第二层的赔偿权利人行使该索赔权。这样既有利于防止生态索赔权的重叠和架空,又优先考虑政府职能和政府的优势。同时,又加入限制条件,在政府没有依职责行使或不恰当行使生态损害保护和救济工作,才启动第二重索赔主体。这种立法模式与俄罗斯的两重诉讼赔偿权利人有相似之处。然而,我国是否应当赋予公民个人生态环境损害赔偿诉讼的主体资格,仍有待商榷。

(2)对被告主体资格的审查

在诉讼过程中,虽然原告当事人和被告当事人处于同样平等的重要的地位,同时享有相同的权利,但是《民事诉讼法》对于被告资格的审查标准则仅仅只要求"明确"。2022年最高人民法院《关于适用〈中华人民共和国民事诉讼法〉的解释》中专门针对审查被告的标准"明确"作出了解释,在原告提交的诉状中,只要被告的名称住所等相关信息能够区别于他人的,即可认定原告提交的诉状中有明确的被告。另外,在立案审查制度转变为立案登记制度的情况下,无论原告与被告是否实质上具有某种法律关系,被告是否是适格的被告,均不影响人民法院受理该案。人民法院在立案时只要明确诉状中有被告就可以了,至于这个被告是不是符合条件的适格被告,在起诉时无须确定,因为被告是否符合条件,一般只有经过实体审理才能确定。也就是说,《民事诉讼法》中对原告提交的诉状中的被告主体资格的要求重点在于"有",至于被告是否适格,需要人民法院经过民事审理后才可以作出判断。因此人民法院不能在立案阶段,而且是在未经审理的情形下就裁定对案件不予受理。

《生态赔偿改革方案》中明确规定"违反法律法规,造成生态环境损害的单位或个人,应当承担生态环境损害赔偿责任,做到应赔尽赔"。此规定从侧面反映,赔偿义务人是因为过错原因造成生态环境受到损害应当承担生态环境损害赔偿责任的单位和个人。我国《环境保护法》第 64 条规定"因污染环境和破坏生态造成损害的,应当依照《中华人民共和国侵权责任法》的有关规定承担侵权责任"。而我国原《侵权责任法》以及《民法典》对环境侵权责任适用无过错归责原则,但明显《生态赔偿改革方案》的规定是和《民法典》的规定背道而驰的,司法实践中可能造成法院审判过程中不知该适用何种法律,导致个案审判结果大相径庭。

此外,《生态赔偿改革方案》规定,各地区可根据需要扩大生态环境损害赔偿义务人范围。但扩大义务人的标准在哪,如何扩大义务人,我国现行法律和《生态赔偿改革方案》都没有明确规定。此处,可以借鉴江苏省高级人民法院《关于生态环境损害赔偿诉讼案件的审理指南(一)》的相关规定,对被告范围规定了四种情形:第一,直接造成环境污染和生态破坏的公民、法人和其他组织。第二,向他人提供、出售、委托处置、委托运输危险废物或其他污染物的公民、法人和其他组织,应当与造成环境污染和生态破坏的其他责任者承担连带责任。第三,环境影响评价机构、环境检测机构以及从事环境监测设备和防治污染设施维护、运营的机构有过错的要与造成环境污染和生态破坏的其他责任者承担连带责任;这种情形符合《环境保护法》第 65 条规定,环境影响评价机构、环境监测机构以及从事环境监测设备和防治污染设施维护、运营的机构有过错的要与造成环境污染和生态破坏的其他责任者承担连带责任。第四,明知他人行为具有污染环境、破坏生态的后果,仍实施向他人出租(借)经营场所、提供经营资质、签订虚假合同等帮助行为的公民、法人和其他组织,应当与造成环境污染和生态破坏的其他责任者承担连带责任。

3. 对诉讼标的诉讼要件的审查

诉讼标的是每个民事案件中都不可或缺的，在诉讼过程中位于最核心的地位。对于诉讼标的在民事案件中应该依据何种标准进行识别，学界的争论十分激烈。但目前的主流观点却是新诉讼标的理论，也就是关于诉讼请求和原因事实。[1] 因此在我国的民事诉讼法中，对于诉讼要件的审查也是对诉讼请求和事实理由的审查。法院在案件登记后进行审查时，也是重点审查当事人的诉求是不是符合所规定的明确、具体，以及是不是具有可诉性。也就是说，原告在起诉时务必要明确的向法院请求希望对方当事人履行哪种义务。[2] 而法院在审查当事人提交的事由的时候，其对象则是当事人递交给法院能够证明事实是真实存在的、理由正确成立的证据，当然只要求当事人所提交的证据能初步证明其拥有诉讼的权利，以及法院应该对这起纠纷进行管辖的初步证据。在诉讼开始阶段，由于原告在诉讼中占据着主动地位，所以起诉证据应当由原告向法院提供，这样不仅可以防止没必要的滥诉行为，而且法院能够明确当事人所要解决的纠纷，避免出现重复诉讼现象。在起诉阶段，原告所提交的所有为了证明其起诉符合法律规定的证据都是起诉证据。所以，法院在审查原告提交的事实理由，通常就是审查原告向法院递交的起诉证据。

(二) 实质审查的结果

审理阶段对诉讼要件的审查结果，第一种结果是案件顺利进入审理环节，即立案登记后经过对案件的实质审查，合乎法律所规定，应当将案件转到相关审判庭进行对案件的审理。第二种结果则是对案件进行审查后，发现案件不能满足法律所规定的积极要件和消极要件，此时法院应当作出裁定驳回起诉。在这里，需要厘清裁定不予受理和裁定驳回起诉的区别，两者的相同之处在于都是对原告作出的裁定，不同之处在于，在我国实行立案登记制度后，案件登记后即为法院受理，那么法院之后再作出的裁定应当是驳回起诉而不是不予受理，只有当案件在没有登记前，法院才能够采用不予受理这一裁定。[3]

---

〔1〕 参见李喜莲：《我国民事立案审查程序之完善——基于实证的功能分析》，载《湘潭大学学报（哲学社会科学版）》2010 年第 2 期。

〔2〕 参见谢莉：《论民事起诉审查》，内蒙古大学 2014 年硕士学位论文，第 21 页。

〔3〕 参见汪擎卓：《论我国法院立案登记制度的完善》，载《沈阳工程学院学报（社会科学版）》2015 年第 2 期。

### 四、诉讼费用

诉讼费用实质是平等诉讼主体之间、行政机关和当事人之间在诉讼成本负担机制上实现均衡分担的一种程序性规范。有诉讼必然就有因诉讼引起的诉讼成本负担,诉讼成本分担会因为诉讼理念的不同和诉讼模式的不同予以改变。《民事诉讼法》规定,案件诉讼费用是在案件受理之前,根据争议标的金额的大小,预先缴纳的费用。诉讼成本一般包括案件受理费用和当事人费用。具体而言,生态环境损害赔偿诉讼费用不仅包括案件受理费用,也包括其他费用,例如律师费用,鉴定评估费用,证人出庭、专家辅助人出庭费用等。在法国行政机关作为当事人进行诉讼时,如果败诉法国行政机关应当承担诉讼所支出的费用。同样,《德国诉讼费用援助法》规定也是"谁败诉谁承担"的原则,原告胜诉则被告需要支付原告的诉讼费和律师费,原告败诉则根据诉讼比例原则支付诉讼费用。美国则将律师费用也纳入诉讼费用中,法官可根据自由裁量权,在适当情况下减轻当事人在诉讼中的费用负担。

政府并不属于诉讼费用免交主体,因此政府在生态环境损害赔偿诉讼中仍然需要交纳诉讼费用。在试点期间,人民法院一般暂缓收取原告(政府)的诉讼费用。同时,法院采用的是败诉一方不仅要承担环境损害修复资金、案件审理费用、鉴定评估费用,还要承担胜诉一方的律师费用。由于生态环境损害赔偿诉讼的诉讼目的具有公益性,维护遭受损害的生态环境,诉讼后果惠及于社会公众。因此,我们认为政府提起生态环境损害赔偿诉讼应当免交诉讼费用。根据最高人民法院 2016 年印发《人民法院审理人民检察院提起公益诉讼案件试点工作实施办法》第 22 条规定,人民法院审理人民检察院提起的公益诉讼案件,人民检察院免交《诉讼费用交纳办法》第 6 条规定的诉讼费用。由于检察机关提起公益诉讼免交诉讼费用,那么政府提起生态环境损害赔偿诉讼基于同样的理由也应当免交诉讼费用。

## 第三节　管辖与审判组织

管辖是启动诉讼的基础,任何一个当事人要启动诉讼程序必须向有管辖权的人民法院起诉。生态环境损害赔偿诉讼管辖的特殊性在于由中级以上人民法院行使管辖权,并可由部分法院进行集中管辖。审判组织是人民法院审理案件的内部组织形式,要求生态环境损害赔偿诉讼案件由专门环境资源审判机构进行审理,同时组成由人民陪审员参与的7人合议庭进行审理。

## 一、管辖

管辖,是指在人民法院系统内,各级人民法院之间以及同级的各个人民法院之间受理第一审民事案件的分工和权限。管辖制度决定了某一特定法院是否有权启动案件的司法程序。合理的管辖制度可以明确各级人民法院以及同级人民法院受理第一审案件的分工和权限,避免因管辖不明出现推诿或者争抢案件的情况;同时可以使当事人明确案件的受理法院,方便当事人通过诉讼解决纠纷,维护其合法权益。我国传统诉讼类型的管辖制度,不管是地域管辖还是级别管辖都不是单一的管辖制度,而是综合考虑各种因素实行综合管辖原则,体现诉讼"两便"原则,即便于当事人诉讼,便于人民法院依法独立、公正和高效行使审判权。

### (一)级别管辖

级别管辖又称为"审级管辖",是指从纵向划分上、下级人民法院之间受理第一审民事案件的权限和分工,解决某一民事案件应由哪一级人民法院管辖的问题。现代世界各国设置级别管辖制度的目的是纠正裁判错误、保证司法裁判的正确性,以及保障司法裁判以及法律解释和法律适用上的统一性。因此,从技术的角度和制度设置规则的角度上看,应当将终审法院控制在较小的数量和较高的审级范围以内。因为,享有终局裁判权的司法审判机构越多,关于法律的理解和解释中的差异就越大,法律的适用和司法裁判便越难以统一。此外,初审法院所在地往往靠近案件发生地,法官与当事人之间基于地缘、血缘等因素可能存在种种联系,由这些关系所承载的人情、感情因素很多。如果把初审法院定的级别较低,难以抵御地方保护主义的影响,将一定程度上影响司法裁判的公正性。《民事诉讼法》结合案件的性质、简繁程度、影响范围作为划分级别管辖的标准,规定一审民事案件原则上由基层人民法院管辖;中级人民法院管辖重大涉外案件,在本辖区有重大影响的案件和最高人民法院确定由中级人民法院管辖的案件;高级人民法院管辖在本辖区有重大影响的案件;

最高人民法院管辖在全国有重大影响的案件和认为应当由本院审理的案件。

《生态赔偿案件若干规定》第3条第1款规定,第一审生态环境损害赔偿诉讼案件由生态环境损害行为实施地、损害结果发生地或者被告住所地的中级以上人民法院管辖。可见,最高人民法院明确确定第一审生态环境损害赔偿诉讼案件的级别管辖为中级以上人民法院管辖。根据《民事诉讼法》第19条第3项规定,最高人民法院可以确定由中级人民法院管辖的案件。第一审生态环境损害赔偿诉讼案件的级别管辖确定为中级以上人民法院主要基于以下理由:(1)审理程序复杂,执行难度较大。生态环境损害赔偿诉讼案件审理涉及磋商程序与诉讼程序的衔接问题,只有磋商不成方能提起诉讼。这类案件审理中往往还涉及生态环境损害结果评估、专家证人出席等问题。此外,生态环境损害赔偿诉讼案件的执行也往往涉及长期修复和执行监督,执行难度较大。现阶段,我国对于生态环境损害赔偿诉讼案件的司法审判还处于摸索实践阶段。因此,最高人民法院确定中级以上人民法院管辖有利于保障审判质量,提高司法公信力。(2)社会关注度高。生态环境损害赔偿诉讼案件往往涉及范围大、影响区域广、社会关注度高等特征。[1] 以2005年黑龙江的松花江污染事件为例,其影响范围不仅横跨东北三省大部分地区,并延伸到境外,对俄罗斯境内水域产生污染。针对诸如此类的重大生态环境损害事件提起诉讼,由中级以上人民法院管辖能够保证裁判质量和社会效果。

根据《民事诉讼法》第20条对高级人民法院级别管辖判断标准,对于在全省(自治区、直辖市)范围内有重大影响的第一审生态环境损害赔偿诉讼案件,应当由高级人民法院管辖。实践中,2018年7月18日颁布的江苏省高级人民法院《关于生态环境损害赔偿诉讼案件的审理指南(一)》也作了相同规定。结合《生态赔偿改革方案》的判断,我们认为高级人民法院应当管辖下列第一审生态环境损害赔偿诉讼案件:(1)省域内跨市地的生态环境损害赔偿诉讼案件,由省级政府或其指定的部门或机构起诉的第一审生态环境损害赔偿诉讼案件;(2)跨省域的生态环境损害赔偿诉讼案件,由生态环境损害地的相关省级政府协商确定起诉的省级政府,我们认为确定后省级政府或其指定的部门或机构起诉的第一审生态环境损害赔偿诉讼案件由高级人民法院管辖。

---

〔1〕 参见李艳芳、李斌:《论我国环境民事公益诉讼制度的构建与创新》,载《法学家》2006年第5期。

(二)地域管辖

地域管辖又称“区域管辖”,是指从横向划分同级人民法院之间受理第一审民事案件的权限和分工,解决某一民事案件应由哪一个人民法院管辖的问题。地域管辖是在级别管辖的基础上划分的,要最终确定某一案件的管辖法院,必须在确定了级别管辖之后,再通过地域管辖来进一步具体落实受诉法院。地域管辖主要根据当事人住所地、诉讼标的物所在地或者法律事实所在地来确定。

《生态赔偿案件若干规定》第 3 条第 1 款规定,第一审生态环境损害赔偿诉讼案件由生态环境损害行为实施地、损害结果发生地或者被告住所地的中级以上人民法院管辖。可见,生态环境损害赔偿诉讼案件的地域管辖参照了侵权行为案件的地域管辖标准。《民事诉讼法》第 29 条规定:“因侵权行为提起的诉讼,由侵权行为地或者被告住所地人民法院管辖。”所谓侵权行为地,是指构成侵权行为的法律事实所在地。一般情况下,侵权行为实施地和侵权行为发生地两者相一致,均在同一地点。但也存在两地不一致时,针对该侵权行为提起的诉讼可能存在三处管辖人民法院,即侵权行为实施地,侵权结果发生地和被告住所地的人民法院都有管辖权。最高人民法院《关于适用〈中华人民共和国民事诉讼法〉的解释》(2022 年 4 月 10 日起施行)第 24 条对“侵权行为地”进行了解释,该条规定:“民事诉讼法第二十九条规定的侵权行为地,包括侵权行为实施地、侵权结果发生地。”

(三)集中管辖

集中管辖,是指将以往分散由各基层人民法院、中级人民法院管辖的涉外民商事件集中交由少数受案较多、审判力量较强的中级人民法院和基层人民法院管辖。集中管辖改革是全面深化司法体制改革的重要内容之一,它最早是在行政审判领域开展起来的。2013 年 1 月 4 日最高人民法院颁布了《关于开展行政案件相对集中管辖试点工作的通知》,明确提出“行政案件相对集中管辖,就是将部分基层人民法院管辖的一审行政案件,通过上级人民法院统一指定的方式,交由其他基层人民法院集中管辖的制度”。2015 年修订的《行政诉讼法》第 18 条增加规定“经最高人民法院批准,高级人民法院可以根据审判工作的实际情况,确定若干人民法院跨行政区域管辖行政案件。”《行政诉讼法》确立的行政诉讼集中管辖制度是对特定区域内行政诉讼案件的管辖权进行重新调整和合理配置，把某一区域或几个区域的一审行政诉讼案件交由另外一个或几个特定法院管辖，实现一审行政诉讼案件的集中管辖和异地管辖。这一制度通过司法审判区和行政管理区的有限分离，有利于减少地方行政干预，增强当事人诉讼信心，充分发挥行政诉讼制度的作用。

行政案件集中管辖改革对于我们理解和推进环境资源案件集中管辖改革具有一定借鉴意义。近年来，最高人民法院一直在积极推动环境资源审判工作的跨区划集中管辖、跨区域司法协作、跨部门协调联动，将不同行政区划的相关环境资源案集中指定到某一个法院或者某一个环境资源法庭管辖，有效解决了行政区划的区隔对于这类案件审理带来的不便。目前，河南、福建、湖南、四川等省高级人民法院探索以流域等生态系统或生态功能区为单位集中管辖环境资源案件。环境资源案件跨省级行政区划集中管辖也取得突破，经最高人民法院指定，北京市第四中级人民法院自 2017 年 10 月 26 日起，受理天津法院审理的环境保护行政二审案件。

《生态赔偿案件若干规定》第 3 条第 2 款规定："经最高人民法院批准，高级人民法院可以在辖区内确定部分中级人民法院集中管辖第一审生态环境损害赔偿诉讼案件。"可见，高级人民法院经最高人民法院批准，可以在本辖区内指定部分中级人民法院集中管辖第一审生态环境损害赔偿案件。该规定参考了最高人民法院关于民事公益诉讼案件管辖的相关规定。生态环境损害赔偿案件实行集中管辖制度主要基于以下理由：(1)符合环境资源案件跨地域的特点。环境要素具有流动性和整体性，生态环境本身具有显著的系统性、复杂性和生态性。无论是环境污染事件，还是生态破坏事件，生态环境损害行为和损害结果跨行政区域的可能性极大，如果依然遵循传统行政区划的划分方法，可能会人为地割裂区域、流域等自然功能区划的划分，并不利于事实的调查、案件的审理和纠纷的解决。同时，淡化行政区划的传统管辖、尊重生态功能的区别，已经日益成为环境监管和环境治理的核心。(2)有利于解决审判权冲突。由于环境资源固有的整体性，往往和行政区划人为分割存在天然的冲突，一旦发生区域性、流域性的环境污染或生态破坏事件，提起生态环境损害赔偿诉讼，首先面临的将是管辖权冲突的问题。显然，集中管辖可以有效避免管辖权冲突。(3)有利于统一环境资源审判理念。生态环境是一个整体的系统，对任何一个局部的破坏都是对整体生态环境的破坏，同时环境资源案件的审判要特别强调恢复性司法、预防性司法、公益性司法的理念，使得环境司法能够真正地起到修复环境、预防纠纷的作用。(4)有利于突破“地方保护主义”。环境案件审判面临许多外界因素的干扰，主要表现在地方保护主义、环境部门保护主义等。当前很多地方政府依然将经济增长作为行政业绩的主要参考指标。行政执法的缺失、环境监管的缺位给司法救济带来较大压力。这些特点使得环境案件的审判相对分散，无法形成专业化审判，在审判机制的设置上也难以为环境案件审判提供助力和保障。

生态环境损害赔偿案件集中管辖应当注意以下问题：(1)集中管辖将生态环境损害赔偿诉讼案件的一审管辖权交由少数中级人民法院集中行使，同时排除了其他地区中级人民法院对此类案件的管辖权；(2)限制了协议管辖，生态环境损害赔偿案件只能在集中管辖的法院起诉，即使有协议管辖也不能适用；(3)地域管辖相对集中，授权高级人民法院重新划分地域管辖范围，从而打破了原来的地域管辖范围。贵州省高级人民法院根据贵州省生态环境保护功能区的划分，在全国率先实行分区域对环境保护行政、民事案件集中专属管辖[1]，可以说是对省内跨行政区域环境诉讼的专属管辖问题作出的一个尝试性回应。

### (四)管辖权转移

管辖权转移是对级别管辖的补充和变通规定，《民事诉讼法》第 39 条规定了两种情形的管辖权转移，一种是经上级法院决定或者同意，将其管辖第一审民事案件交给下级法院审理；另一种是上级法院将下级法院管辖的第一审民事案件调上来由自己审理或者下级法院报请上级法院审理自己管辖的一审案件。我国有的学者将前者称为“下放性转移”，将后者称为“上调性转移”。外国民事诉讼法一般都只规定上级法院可以将下级法院管辖的案件提级审理或者下级法院在一定情况下可以将自己管辖的案件移送给上一级法院审理，而未规定上级法院可以将自己管辖的案件交给下级法院管辖。

《生态赔偿案件若干规定》第 3 条第 3 款规定：“中级人民法院认为确有必

---

[1] 参见《环境保护的司法“探路者”》，载搜狐网 2015 年 12 月 9 日，https://www.sohu.com/a/47293705_119665。

要的，可以在报请高级人民法院批准后，裁定将本院管辖的第一审生态环境损害赔偿案件交由具备审理条件的基层人民法院审理。”可见，中级人民法院可以将自己审理的生态环境损害赔偿案件在报请高级人民法院批准后，交由辖区内的基层人民法院审理。由于一些基层人民法院开展环境公益诉讼较早，而且已经积累了一定的审判经验，取得了较好的效果，故专门规定中级人民法院在确有必要时，可以经高级人民法院批准后将本院管辖的生态环境损害赔偿案件交给基层人民法院审理。考虑到中级人民法院是通过高级人民法院的指定而获得生态环境损害赔偿案件的管辖权，所以最高人民法院并未采取概括授权的方式，而是规定“一案一授权”的报批程序，即中级人民法院认为某个第一审生态环境损害赔偿案件确有必要交由具备审理条件的辖区内基层人民法院审理的，需要报请高级人民法院批准。

## 二、审判组织

审判组织是指人民法院审理案件的内部组织形式。由于生态环境损害赔偿诉讼案件具有高度科技关联性和广度社会公共性特点，要求生态环境损害赔偿诉讼案件由专门环境资源审判机构进行审理，同时要求生态环境损害赔偿诉讼案件应当由法官和人民陪审员组成7人合议庭进行审理。

### （一）审判庭：专门的环境资源审判庭

《生态赔偿案件若干规定》第3条第4款规定：“生态环境损害赔偿诉讼案件由人民法院环境资源审判庭或者指定的专门法庭审理。”因此，生态环境损害赔偿诉讼案件应当由人民法院内部专门的环境资源审判庭审理或者其指定的专门法庭审理。

生态环境损害赔偿诉讼案件也属于环境资源类案件，由于环境资源案件具有高度复合性、系统性和专业技术性特点，最高人民法院一直积极推动环境司法专门化。环境司法专门化是人民法院推进生态文明建设和环境资源保护所建立的必要而特殊的法律服务保障机制。审判专门化的首要任务是审判机构的专门化，所谓审判机构的专门化，是指设置专门的审判机关或审判机构对环境资源案件进行专属管辖、专门审理的体制和机制。环境资源审判机构的专门化是环境司法专门化的重中之重，是环境司法专门化得以实现的组织基础，更是探索和凝练审判机制和审判程序，形成和打造审判队伍的前提和必要。2014 年 7 月 3 日，最高人民法院正式成立了环境资源审判庭，设立了世界上第一个也是唯一一个最高司法机构的环境资源审判机构。在最高人民法院统一部署下，各级人民法院稳步推进环境资源审判专门机构建设，包括环境资源审判庭、派出法庭或合议庭、专业化审判团队，对环境资源案件进行专业化审理。据统计，截至 2021 年年底，全国共设立了 2149 个环境资源专门审判机构和审判组织，包括环境资源审判庭 649 个，审判团队（合议庭）1285 个，人民法庭、巡回法庭 215 个，基本形成专门化的环境资源审判组织体系。[1] 福建、河南、江苏、贵州、云南等较早设立环境资源审判专门机构的法院始终保持机构发展的强劲动力，持续调整优化机构布局，福建省更是实现区县市生态环境审判庭全覆盖。甘肃省将矿区法院职能调整为专司环境资源审判工作，对环境资源审判专门法院建设进行了积极探索。因此，生态环境损害赔偿诉讼案件应当由管辖法院中环境资源审判庭或专门承担环境资源审判业务的审判庭进行审理，符合生态环境损害赔偿诉讼案件的高度科技关联性的特征。

### （二）合议庭：7 人合议庭

第一审生态环境损害赔偿诉讼案件应当由 3 名法官和 4 名人民陪审员组成 7 人合议庭进行审理。《生态赔偿案件若干规定》第 4 条规定："人民法院审理第一审生态环境损害赔偿诉讼案件，应当由法官和人民陪审员组成合议庭进行。"第一审生态环境损害赔偿诉讼案件必须要求法官和人民陪审员组成合议庭进行审理的法律依据是我国《人民陪审员法》，《人民陪审员法》第 15 条第 1 款规定："人民法院审判第一审刑事、民事、行政案件，有下列情形之一的，由人民陪审员和法官组成合议庭进行：（一）涉及群体利益、公共利益的；（二）人民群众广泛关注或者其他社会影响较大的；（三）案情复杂或者有其他情形，需要由人民陪审员参加审判的。"第一审生态环境损害赔偿案件同时符合上述三个方面情形：（1）生态环境损害赔偿案件往往涉及社会群体的公共利益，不管是重大环境污染事件还是重大生态破坏事件，都和特定区域的社会公众的环境利益息息相关，要求人民陪审员参加审判可以代表不特定社会公众发表意见，也有利于维护社会公众利益。（2）生态环境损害赔偿案件往往由重大环境事件引起，经过媒体报道会引发人民群众广泛关注并产生重大社会影响，故要

---

〔1〕 参见《中国环境资源审判（2021）》，最高人民法院 2022 年 6 月 5 日发布。

求人民陪审员参加审判便于表达社会意见,也便于向社会公众传达生态环境损害赔偿案件审判的公正信息。(3)生态环境损害赔偿案件往往涉及多个环境损害主体以及它们之间的责任承担问题,还会涉及环境损害的评估鉴定,生态环境赔偿金以及生态修复方案的确定等问题,案情较普通民事案件更为复杂,应当需要人民陪审员参与审判进行案情分析和事实认定。

人民陪审员制度是社会主义民主政治的重要内容,是中国特色社会主义司法制度的重要组成部分,也是社会主义民主制度在司法领域的重要体现。《人民陪审员法》的出台是中国特色社会主义法治建设的一件大事,也是保障公民民主权利、推进司法民主建设新的里程碑。《人民陪审员法》第 16 条第 3 项规定,人民法院审判涉及征地拆迁、生态环境保护、食品药品安全,社会影响重大的第一审案件,由人民陪审员和法官组成 7 人合议庭进行。根据《人民陪审员法》第 14 条规定,7 人合议庭由 4 名陪审员和 3 名法官组成,数量配比相对平衡,陪审员的心理优势和“存在感”得到增强,参审的积极性得到较大提升。具体规则也不断发展完善:(1)人民陪审员的选取。在庭审之前,人民法院一般通过随机选取的程序抽取 4 名陪审员,具有不同行业背景,这样既充分发挥了司法民主,也保障了各方的诉讼权益。当然,为了准确查明事实,人民陪审员最好在具备生态环境专业知识和专业背景的人员中选任,比如江苏省高级人民法院《关于生态环境损害赔偿诉讼案件的审理指南(一)》第 9 条规定:“为准确查明案件事实,提高生态环境损害赔偿诉讼案件专门化审判质量和效率,人民法院可以在具有相关生态环境专业知识、职业背景的人民陪审员中,随机抽取一至二人参加合议庭审判。”(2)人民陪审员的庭前准备。开庭前,7 名合议庭成员在阅卷的基础上,共同对案件情况进行讨论并梳理了案件的争议焦点和审查重点。这也更有助于陪审员充分了解案情,实质参审。(3)人民陪审员的权限。在 7 人合议庭中,人民陪审员对事实认定,独立发表意见,并与法官共同表决;对法律适用,可以发表意见,但不参加表决。

# 第六章　生态环境损害赔偿诉讼中的事实与证据

## 第一节　事实查明与证据

生态环境损害赔偿诉讼立案后，法官在审理过程中逐步查明认定事实，并作出最终裁判。生态环境损害赔偿诉讼中的事实查明具有特殊要求，除普通环境侵权诉讼中所需要查明的损害行为、损害结果、行为与结果之间的因果关系、是否存在减免责事实等一般环境侵权构成要件事实，以及环境公益类诉讼中所需要查明的“违反国家规定”特殊行为要件、生态环境损害修复、生态环境损害赔偿范围等特殊事实之外，还需要查明生态环境损害赔偿诉讼所特有的事实。依据《民法典》《生态赔偿案件若干规定》《生态赔偿改革方案》的相关规定，我们可以将生态环境损害赔偿诉讼所特有的待查事实梳理如下。

### 一、生态环境损害事实

依据《生态赔偿案件若干规定》第1条规定，具有下列情形之一的，方可以提起生态环境损害赔偿诉讼：“（一）发生较大、重大、特别重大突发环境事件的；（二）在国家和省级主体功能区规划中划定的重点生态功能区、禁止开发区发生环境污染、生态破坏事件的；（三）发生其他严重影响生态环境后果的。”易言之，提起生态环境损害赔偿案件所依据的环境污染、生态破坏事件要达到一定的程度。对于侵害个人人身、财产权益的污染环境事件，由个人提起私益诉讼即可救济；对于侵害社会公共利益的一般环境污染、生态破坏的案件，由人民检察院或社会组织提起环境行政公益诉讼或环境民事公益诉讼亦可达到维护社会公共利益的目的。各级人民政府及其指定的相关部门机构应聚焦当地经济社会发展大局，在预防上多下功夫，加强日常对环境资源的监管,只有在发生较大环境事件时积极出面组织协调,才能保证其主要职能的发挥。

《国家突发环境事件应急预案》按照事件严重程度,将突发环境事件分为特别重大、重大、较大和一般四级。《生态赔偿案件若干规定》排除了“一般”情形,即环境事件的严重程度要达到一定的等级。同时,如果环境事件发生在国家和省级主体功能区规划中划定的重点生态功能区、禁止开发区的,即使属于一般等级的突发环境事件,也可以提起生态环境损害赔偿诉讼。此外,各省、直辖市若制定有相应的生态环境损害赔偿制度的规范性文件,符合相应条件,也可以提起生态环境损害赔偿诉讼。

## 二、原告主体资格

《生态赔偿改革方案》第4条第3项明确规定:“国务院授权省级、市地级政府(包括直辖市所辖的区县级政府,下同)作为本行政区域内生态环境损害赔偿权利人。省域内跨市地的生态环境损害,由省级政府管辖;其他工作范围划分由省级政府根据本地区实际情况确定。省级、市地级政府可指定相关部门或机构负责生态环境损害赔偿具体工作。省级、市地级政府及其指定的部门或机构均有权提起诉讼。跨省域的生态环境损害,由生态环境损害地的相关省级政府协商开展生态环境损害赔偿工作。在健全国家自然资源资产管理体制试点区,受委托的省级政府可指定统一行使全民所有自然资源资产所有者职责的部门负责生态环境损害赔偿具体工作;国务院直接行使全民所有自然资源资产所有权的,由受委托代行该所有权的部门作为赔偿权利人开展生态环境损害赔偿工作。”

《生态环境损害赔偿管理规定》第6条规定:“国务院授权的省级、市地级政府(包括直辖市所辖的区县级政府,下同)作为本行政区域内生态环境损害赔偿权利人。赔偿权利人可以根据有关职责分工,指定有关部门或机构负责具体工作。”

依据《生态赔偿案件若干规定》第1条规定,“省级、市地级人民政府及其指定的相关部门、机构,或者受国务院委托行使全民所有自然资源资产所有权的部门”,可以原告身份提起生态环境损害赔偿诉讼。省级政府包括31个省、自治区、直辖市。市地级政府包括设区的市,自治州、盟、地区,不设区的地级市，以及直辖市的区、县政府。《生态赔偿案件若干规定》没有将原告仅仅限定在省级、市地级人民政府，而是持一种开放的态度。有权提起生态环境损害赔偿诉讼的通常是机关法人，也可能是其指定的部门和机构，即有关事业单位法人或者社会组织经过授权或者指定，也可以作为原告。

人民法院要根据上述规定，审查原告主体资格材料，所在省（区、市）生态环境损害赔偿工作改革方案规定的省（区、市）人民政府指定的部门或者机构应当提交的相应证明材料。

## 三、磋商情况

磋商程序是生态环境损害赔偿诉讼的诉前程序。根据《生态赔偿改革方案》的规定，磋商是指赔偿权利人和义务人就损害事实和程度、修复启动时间和期限、赔偿的责任承担方式和期限等具体问题进行磋商，统筹考虑修复方案技术可行性、成本效益最大化、赔偿义务人赔偿能力、第三方治理可行性等情况，达成赔偿协议。磋商机制的创立是对我国生态环境管理模式的创新和丰富，对弥补强制性行政手段和公益诉讼的短板具有重要积极意义。

依据《生态赔偿案件若干规定》第 1 条的规定，磋商是提起生态环境损害赔偿诉讼的前置程序，即原告因与造成生态环境损害的自然人、法人或者其他组织经磋商未达成一致或者无法进行磋商，方可提起诉讼。人民法院要对原告提交的其已经履行过磋商这一前置程序的材料进行审查。《生态赔偿案件若干规定》第 5 条规定要提交"说明"，根据不同情况，人民法院可能还要审查原告曾与被告进行过磋商或者因客观原因无法磋商的基本证据材料，例如商请磋商的函件、磋商记录、拒绝磋商的函件、第三方证明、被告下落不明的证明等，但是不宜过严过细。人民法院对磋商环节的审查，更多的在于督促行政机关及时认真组织磋商，磋商的效果对于诉讼及矛盾纠纷的化解并无实质性影响，因此审查不宜过于严苛。审理过程中，被告以原告未履行磋商前置程序进行抗辩，经查明属实的，人民法院可以不符合受理条件为由裁定驳回起诉。

## 第二节 生态环境损害的鉴定与评估

### 一、域外生态环境损害鉴定评估情况概述

#### (一)美国

美国通过实际案例对评估工作经验的积累,建立了一套较为完整的自然资源环境损害评估制度。在美国联邦层面,《美国超级基金法》《美国油污法》是两部最主要的环境损害响应和责任追究法律。《美国超级基金法》是美国内政部(DOI)于1994年和1996年颁布的,主要针对危险固体废物和有害物质的不当处置造成的场地污染和环境资源损害进行应急响应、责任追究和治理恢复,其规定的环境损害评估强调损害赔偿金,为受损害自然资源使用价值的损失确定一个货币价值。在这部法律中,自然资源损害评估分为预评估期、评估计划期、评估期和后评估期四个阶段。受托人在预评估期收集和审查各种信息,确定自然资源或者服务是否受到了损害。如果预评估阶段的结论显示应进行损害评估,则评估者应制定评估计划,选择评估程序,并针对所选择的不同评估类型采取不同的执行方式。在评估期,要进行损害因果关系判定、自然资源损害的判定与量化,在损害确定后,通过确定"基线"服务,量化受损害资源提供的服务数量和质量相对于基线状态的减少程度。评估结束后,受托人应编写包含评估筛选确定、评估计划和有关信息三个方面的评估报告,并且应向潜在责任方提交缴纳损害赔偿金和评估费用的书面要求。《美国油污法》规定的损害评估是美国国家大气与海洋管理局发布的。该法规定的自然资源损害评估不同于美国内政部规定之处在于它通过使用恢复、修复、重置或获取同等自然资源和服务的方法,根据使受损害自然资源及其服务恢复到基线状态的实际成本来衡量损害赔偿金。

#### (二)欧盟

欧盟于2004年4月通过《欧盟环境责任指令》建立了统一的环境责任框架。《欧盟环境责任指令》中的环境损害评估主要包括初始评估、确定和量化损害、确定和量化增益、确定补偿和补充性修复措施的规模、监测和报告五个

步骤。在初始评估阶段,应描述事故、筛选数据、初步确定、评估已发生或预计要发生的环境损害的性质、程度、空间和时间范围及环境服务所受的影响,并制定修复计划,确定基本修复的必要性及修复替代方法的适当类型和程度。在确定和量化损害阶段,需要初步认定潜在的环境及服务损害、确定损害及其原因、确定事故与造成的损害之间在可行范围内的因果关系,评估损害和服务损失的空间、时间范围和损失程度,计算期间损失。其后,确定修复的备选方案,评估每种可行的修复方案实施后的服务增益,确定补偿和补充性修复措施的规模,估算备选修复方案的成本,选择修复成本与取得的环境效益相称的修复措施。在确定修复项目的规模后,应编制修复计划,并定期进行检测、编写检测报告,作为修复计划的一部分。《欧盟环境责任指令》颁布后,要求欧盟成员国在 2007 年 4 月 30 日前,将该指令转换为国内立法,并加以适用。但是,直到 2010 年 7 月,所有欧盟成员国才全部完成该指令在各自国内的立法转化。其中意大利在 2006 年首先通过其第 152 号法令将指令转化为国内法律,并依据评估原则和技术方法进行了评估实践。意大利、法国、立陶宛和荷兰通过对其本国环境法典或者综合性环境保护法的修改实现指令的国内法化;葡萄牙、德国等国为落实指令或者协调该指令与其现有法律的关系,专门颁布详细、全面的综合性法律文件;而比利时、西班牙等国则采取了一种"系统立法"的模式,即以制定旨在转化指令的专门立法为基础,同时选择采用修改相关旧法、制定配套法或地方实施细则的模式。[1]

(三)日本

20 世纪的日本在应对环境公害事件的 50 多年的历程中,针对人群健康损害形成了独特的法律责任与赔偿制度,建立了体系完善救济便捷的环境权益维护制度,除司法救济途径外,还形成了公害行政救济途径。[2] 1967 ~ 1969 年,健康受害者陆续提起四大公害诉讼,最后都由受害者胜诉,给公害致健康损害补偿制度的建立奠定了舆论和社会基础,尤其在四日市大气污染诉讼中,鉴于公害事件赔偿责任的特质,法庭认为被告企业排放废气的行为和大气污

---

〔1〕 参见竺效:《论生态损害综合预防与救济的立法路径——以法国民法典侵权责任条款修改法案为借鉴》,载《比较法研究》2016 年第 3 期。

〔2〕 参见刘倩等编著:《环境损害鉴定评估与赔偿法律体系研究》,中国环境出版社 2016 年版,第 30 - 32、73 - 74 页。

染之间存在因果关系，判定被告企业之间存在共同不法行为。[1] 四大公害诉讼的判决一定程度上改变了以往受害者面临的救济困境，极大地鼓舞了公害健康受害者，给经营者敲响了警钟。企业经营者意识到如若不采取措施应对，则此后类似诉讼将会增多，于是企业经营者改变公害诉讼前推诿消极的态度，开始积极配合日本政府推进行政救济制度，企图分散败诉风险，避免承担巨额赔偿费用。日本公害事件赔偿责任的性质为：被害者和加害者之间立场无法调换；被害者无法回避环境污染；被害范围甚广且牵连甚大；加害者通过生产活动预计能得到利益，而被害者无法因此生产活动得到利益；公害导致某一区域住民因同一原因受到同种权利侵害。[2]

《日本环境基本法》根据环境介质不同将公害分为大气污染、水质污染、土壤污染、噪声污染、震动污染、地面下沉及恶臭七类，同时根据公害产生的原因分为产业公害、都市公害、设施公害、农业公害、旅游公害和开发公害六类。日本环境污染损害赔偿体系包含三个部分，特异性疾病患者健康赔偿救济体系、非特异性疾病患者健康赔偿救济体系和石棉致疾病患者赔偿救济体系。特异性和非特异性疾病的判定过程为：首先由受害人提出申请，通过医学检查、医学专家复审、政府作出最终裁决等方式进行鉴定，通过鉴定后根据"与污染相关的健康损害的赔偿和防治法"进行损害赔偿。[3] 与公害致健康损害补偿制度不同，石棉致疾病患者赔偿救济体系并不考虑其所涉及的企业民事赔偿责任和国家赔偿责任，只是向受害者、受害者遗属支付医疗费用、丧葬费用，即具有社会保障性质的补偿给付制度，救济费用由企业、中央政府、地方政府以及广泛的石棉关联企业共同承担。虽然无法单独认定个别石棉污染行为和健康损害之间的关系，鉴于经营者乃至日本全社会都普遍受益于生产石棉所带来的经济增长，因此立法者决定向关联企业和船只所有者征收一般救济费，向从

[1] 参见张红振、曹东等：《环境损害评估：国际制度及对中国的启示》，载《环境科学》2013 年第 5 期。

[2] 参见莫也：《环境污染致健康损害的行政救济——日本的经验和启示》，载《日本法研究》2018 年第 00 期。

[3] 参见张红振、曹东等：《环境损害评估：国际制度及对中国的启示》，载《环境科学》2013 年第 5 期。

事与石棉关联较为密切商业活动的生产者、企业另行征收特殊救济费。[1]

## 二、我国生态环境损害鉴定评估发展概况

### （一）生态环境损害鉴定评估的发展

我国学术界从20世纪70年代开始进行关于环境损害评估的研究。2007年，原农业部针对农业环境污染事故，发布了《农业环境污染事故等级划分规范》（NY/T 1262—2007）、《农业环境污染事故损失评价技术准则》（NY/T 1263—2007）。2014年，司法部组织制定了《农业环境污染事故司法鉴定经济损失估算实施规范》（SF/Z JD0601001—2014）并推荐适用。2011年，原环境保护部制定了《环境污染损害数额计算推荐方法（第Ⅰ版）》。2014年，原环境保护部发布了《环境损害鉴定评估推荐方法（第Ⅱ版）》，其中规定的环境损害鉴定评估是指鉴定评估机构按照规定的程序和方法，综合运用科学技术和专业知识，评估污染环境或破坏生态行为所致环境损害的范围和程度，判定污染环境或破坏生态行为与环境损害间的因果关系，确定生态环境恢复至基线状态并补偿期间损害的恢复措施，量化环境损害数额的过程。2016～2017年，原环境保护部印发了《生态环境损害鉴定评估技术指南 总纲》《生态环境损害鉴定评估技术指南 损害调查》《关于虚拟治理成本法适用情形与计算方法的说明》等技术标准。《生态环境损害鉴定评估技术指南 总纲》规定的生态环境损害鉴定评估，是指鉴定评估机构按照规定的程序和方法，综合运用科学技术和专业知识，调查污染环境、破坏生态行为与生态环境损害情况，分析污染环境或破坏生态行为与生态环境损害间的因果关系，评估污染环境或破坏生态行为所致生态环境损害的范围和程度，确定生态环境恢复至基线并补偿期间损害的恢复措施，量化生态环境损害数额的过程。

为进一步规范生态环境损害鉴定工作，2020年生态环境部发布了《生态环境损害鉴定评估技术指南 总纲和关键环节 第1部分：总纲》《生态环境损害鉴定评估技术指南 总纲和关键环节 第2部分：损害调查》《生态环境损害鉴定评估技术指南 环境要素 第1部分：土壤和地下水》《生态环境损害鉴定评估技术指南 环境要素 第2部分：地表水和沉积物》《生态环境损害鉴定评估技术指南

---

〔1〕有学者称其为石棉致健康损害救济制度。参见莫也：《环境污染致健康损害的行政救济——日本的经验和启示》，载《日本法研究》2018年第00期。

基础方法 第1部分:大气污染治理虚拟成本法》《生态环境损害鉴定评估技术指南 基础方法 第2部分:水污染虚拟治理成本法》等6个生态环境损害鉴定评估技术标准体系,为建立独立公正的生态环境损害评估制度提供了强有力的技术支撑。2020年生态环境部还印发了《突发生态环境事件应急处置阶段直接经济损失评估工作程序规定》和《突发生态环境事件应急处置阶段直接经济损失核定细则》。

### (二)生态环境损害鉴定评估机构管理

2011年原环境保护部出台《关于开展环境污染损害鉴定评估工作的若干意见》,提出统筹规划、有序推进环境污染损害鉴定评估工作。2014年1月,原环境保护部根据社会对环境损害鉴定评估的需要,结合2011年以来环境损害鉴定评估工作试点情况,编制了《环境损害鉴定评估推荐机构名录(第一批)》(见表6-1),推荐了第一批12家环境损害鉴定评估机构、7家协作单位。同时,原环境保护部对推荐名录进行了说明,明确各级环境保护主管部门在工作中遇到司法机关、行政机关或者其他单位和个人要求提供环境损害鉴定评估信息时,可以向其提供名录,供需要鉴定评估机构有关信息的单位和个人参考。推荐机构名录不属于行政许可,不具备强制力。各级环境保护主管部门也可以向当事人推荐没有列入该名录的鉴定评估机构从事环境损害鉴定评估工作。环境损害鉴定评估机构根据当事人委托自主独立开展环境损害鉴定评估工作,不受地域范围限制,独立开展业务并承担相应的责任,对鉴定评估报告的真实性、合法性负责。

**表6-1　环境损害鉴定评估推荐机构名录(第一批)**

| 序号 | 机构名称 | 协作单位 |
| --- | --- | --- |
| 1 | 中国环境监测总站 | 无 |
| 2 | 环境保护部华南环境科学研究所 | 无 |
| 3 | 环境保护部环境规划院环境风险与损害鉴定评估研究中心 | 国家环境分析测试中心 |
| 4 | 中国环境科学学会环境损害鉴定评估中心 | 清华大学环境质量检测中心 |
| 5 | 天津市环境污染损害鉴定评估中心 | 天津市环科检测技术有限公司 |

续表

| 序号 | 机构名称 | 协作单位 |
| --- | --- | --- |
| 6 | 浙江省环境保护科学设计研究院 | 无 |
| 7 | 安徽省环境科学研究院 | 安徽省环境监测中心站 |
| 8 | 山东省环境科学研究院 | 无 |
| 9 | 湖南省环境保护科学研究院 | 无 |
| 10 | 广东省环境科学研究院 | 广东省环境监测中心 |
| 11 | 重庆市环境科学研究院<br>（重庆市环境监测中心） | 重庆市环境工程评估中心 |
| 12 | 昆明环境污染损害司法鉴定中心 | 昆明市环境监测中心 |

2016 年,原环境保护部印发了《环境损害鉴定评估推荐机构名录(第二批)》(见表 6－2),推荐了第二批 17 家环境损害鉴定评估机构、2 家协作单位。

**表 6－2　环境损害鉴定评估推荐机构名录(第二批)**

| 序号 | 机构名称 | 协作单位 |
| --- | --- | --- |
| 1 | 中国环境科学研究院 | 无 |
| 2 | 环境保护部南京环境科学研究所 | 无 |
| 3 | 北京市环境保护科学研究院 | 无 |
| 4 | 山西省环境污染损害司法鉴定中心 | 无 |
| 5 | 辽宁省环境科学研究院 | 无 |
| 6 | 黑龙江省环境科学研究院 | 无 |
| 7 | 上海市环境科学研究院 | 无 |
| 8 | 江苏省环境科学研究院 | 无 |
| 9 | 福建省环境科学研究院 | 福建历思司法鉴定所 |
| 10 | 河南省环境保护科学研究院 | 无 |
| 11 | 湖北省环境科学研究院 | 无 |
| 12 | 广西环境监测中心站 | 无 |
| 13 | 四川省环境保护科学研究院 | 无 |
| 14 | 贵州省环境科学研究设计院 | 无 |

续表

| 序号 | 机构名称 | 协作单位 |
| --- | --- | --- |
| 15 | 甘肃省环境科学设计研究院 | 无 |
| 16 | 新疆环境保护科学研究院 | 无 |
| 17 | 绍兴市环境监测中心站 | 绍兴市环保科技服务中心 |

2020年4月,生态环境部印发了《生态环境损害鉴定评估推荐机构名录(第三批)》(见表6-3),将辽宁大学等13家生态环境损害鉴定评估机构列入名录进行推荐,并在名录中明确了鉴定评估类别。

**表6-3　生态环境损害鉴定评估推荐机构名录(第三批)**

| 序号 | 机构名称 | 鉴定评估类别 |
| --- | --- | --- |
| 1 | 辽宁大学 | 污染物性质、地表水与沉积物环境损害、空气污染环境损害、生态系统环境损害、其他环境损害 |
| 2 | 江西省环境保护科学研究院 | 污染物性质、地表水与沉积物环境损害、空气污染环境损害、土壤与地下水环境损害、生态系统环境损害、其他环境损害 |
| 3 | 山东省生态环境规划研究院 | 污染物性质、地表水与沉积物环境损害、空气污染环境损害、土壤与地下水环境损害、其他环境损害 |
| 4 | 河南省地质矿产勘查开发局第二地质环境调查院 | 土壤与地下水环境损害 |
| 5 | 中国地质大学(武汉) | 污染物性质、地表水与沉积物环境损害、土壤与地下水环境损害 |
| 6 | 武汉大学 | 污染物性质、土壤与地下水环境损害 |
| 7 | 陕西省地质调查实验中心 | 土壤与地下水环境损害 |
| 8 | 宁夏环境科学研究院(有限责任公司) | 污染物性质、地表水与沉积物环境损害、空气污染环境损害、其他环境损害 |
| 9 | 河北中旭生态环境损害司法鉴定中心 | 污染物性质、地表水与沉积物环境损害、空气污染环境损害、土壤与地下水环境损害、近岸海洋与海岸带环境损害、其他环境损害(噪声、振动) |

续表

| 序号 | 机构名称 | 鉴定评估类别 |
|---|---|---|
| 10 | 内蒙古环投环境损害司法鉴定中心 | 污染物性质、地表水与沉积物环境损害、空气污染环境损害、土壤与地下水环境损害、其他环境损害(噪声) |
| 11 | 大连理工大学司法鉴定中心 | 空气污染环境损害、土壤与地下水环境损害、其他环境损害 |
| 12 | 吉林省中实环境技术开发集团有限公司 | 污染物性质、地表水与沉积物环境损害、空气污染环境损害、土壤与地下水环境损害、其他环境损害(噪声、振动) |
| 13 | 青海省环境科学研究设计院司法鉴定中心 | 污染物性质、地表水与沉积物环境损害、空气污染环境损害、土壤与地下水环境损害、生态系统环境损害、其他环境损害(噪声) |

### (三)生态环境损害司法鉴定的发展

2005年2月28日第十届全国人民代表大会常务委员会第十四次会议审议通过《关于司法鉴定管理问题的决定》,根据决定规定,国家对从事下列司法鉴定业务的鉴定人员和鉴定机构实行登记管理制度:(1)法医类鉴定,包括法医病理鉴定、法医临床鉴定、法医精神病鉴定、法医物证鉴定和法医毒物鉴定;(2)物证类鉴定,包括文书鉴定、痕迹鉴定和微量鉴定;(3)声像资料鉴定,包括对录音带、录像带、磁盘、光盘、图片等载体上记录的声音、图像信息的真实性、完整性及其所反映的情况过程进行的鉴定和对记录的声音、图像中的语言、人体、物体作出种类或者同一认定;(4)根据诉讼需要由国务院司法行政部门商最高人民法院、最高人民检察院确定的其他应当对鉴定人和鉴定机构实行登记管理的鉴定事项。2016年以来,司法部、生态环境部(原环境保护部)先后联合印发《环境损害司法鉴定机构登记评审办法》《环境损害司法鉴定机构登记评审专家库管理办法》《环境损害司法鉴定机构登记评审细则》,对环境损害司法鉴定实行统一规范管理。2015年,司法部、原环境保护部联合印发《关于规范环境损害司法鉴定管理工作的通知》,最高人民法院、最高人民检察院与司法部联合印发《关于将环境损害司法鉴定纳入统一登记管理范围的通知》,就环境损害司法鉴定实行统一登记管理和规范管理环境损害司法鉴定相关工作作出了明确规定。环境损害司法鉴定成为法医、物证和声像资料传统三大类司法鉴定外的第四类司法鉴定业务。[1] 截至2020年12月底，全国经省级司法行政机关审核登记的环境损害司法鉴定机构达200家、鉴定人3300余名，已实现除西藏自治区外的省域全覆盖（见图6－1）。

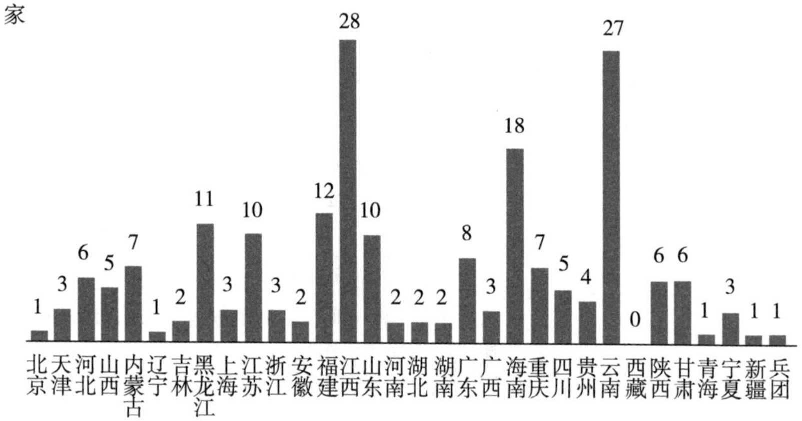


**图6－1　各省（区、市）环境损害司法鉴定机构数量**

（资料来源：2021年6月5日司法部发布《环境损害司法鉴定白皮书》）

2019年5月，司法部、生态环境部共同印发《环境损害司法鉴定执业分类规定》，将污染物性质鉴定、地表水与沉积物、空气污染、土壤与地下水、近岸海洋与海岸带、生态系统和其他环境损害鉴定七大类事项细化为47个执业类别，进一步明确鉴定机构和鉴定人执业范围，规范执业活动。在《环境损害司法鉴定执业分类规定》中，对于环境损害司法鉴定的概念进行了进一步的明确，环境损害司法鉴定是指在诉讼活动中鉴定人运用环境科学的技术或者专门知识，采用监测、检测、现场勘察、实验模拟或者综合分析等技术方法，对环境污染或者生态破坏诉讼涉及的专门性问题进行鉴别和判断并提供鉴定意见的活动。同时确定了环境损害司法鉴定解决的专门性问题，包括确定污染物的性质，确定生态环境遭受损害的性质、范围和程度，评定因果关系，评定污染治理与运行成本以及防止损害扩大、修复生态环境的措施或方案等。2019年，司法部印发《关于进一步做好环境损害司法鉴定管理有关工作的通知》，要求

---

〔1〕 参见刘倩等编著：《环境损害鉴定评估与赔偿法律体系研究》，中国环境出版社2016年版，第3－5页。

加强与生态环境部门沟通协作，认真研究解决环境损害司法鉴定流程、标准适用等方面的突出问题，及时推出一批检察公益诉讼中不预收鉴定费的鉴定机构，充分发挥司法鉴定在环境公益诉讼和环境污染刑事案件办理中的功能作用。

## 三、生态环境损害赔偿鉴定评估的特别规定

### （一）鉴定与当事人自行委托鉴定

就证据性质而言，诉前鉴定评估与诉讼过程中司法鉴定并不能等同。最高人民法院《关于适用〈中华人民共和国民事诉讼法〉的解释》第121条第1、2款规定，当事人申请鉴定，可以在举证期限届满前提出。申请鉴定的事项与待证事实无关联，或者对证明待证事实无意义的，人民法院不予准许。人民法院准许当事人鉴定申请的，应当组织双方当事人协商确定具备相应资格的鉴定人。当事人协商不成的，由人民法院指定。2019年修正的《关于民事诉讼证据的若干规定》（以下简称2019年《证据规定》）第30条规定："人民法院在审理案件过程中认为待证事实需要通过鉴定意见证明的，应当向当事人释明，并指定提出鉴定申请的期间。符合《最高人民法院关于适用〈中华人民共和国民事诉讼法〉的解释》第九十六条第一款规定情形的，人民法院应当依职权委托鉴定。"第41条规定："对于一方当事人就专门性问题自行委托有关机构或者人员出具的意见，另一方当事人有证据或者理由足以反驳并申请鉴定的，人民法院应予准许。"司法解释已经对鉴定和诉前当事人自行委托鉴定的问题进行了明确的区分。尽管有观点认为，环境损害鉴定评估和环境损害司法鉴定在使用主体和服务对象上有所差别，但两者的实质是基本相同的，所使用的技术方法也基本一致。[1] 但是，诉讼过程中的鉴定活动，是因当事人申请或人民法院依职权启动，由人民法院委托鉴定人对专门性问题进行检验、出具鉴定意见的活动。我国民事诉讼法上所称的鉴定，指的是司法鉴定，所称的鉴定意见，也是特指由人民法院委托有资质的鉴定人通过科学的鉴定手段就案件事实所涉专门性问题出具的相关意见。当事人自行委托鉴定，并不是法律上的概念，它是对现实生活中存在的法律现象的归纳，有人将它称之为自行鉴定，认为自行

---

〔1〕 参见於方、张衍燊等：《环境损害鉴定评估技术研究综述》，载《中国司法鉴定》2017年第5期。

鉴定是相关当事人就专门性问题自行委托有相应鉴定或者检测、评估资质的机构或相关专家进行检验、评价与判断，并形成书面意见的行为。〔1〕当事人自行委托鉴定具有非讼性质，在启动程序、鉴定机构选择和鉴定基础材料等方面均有区别，通常被看作是当事人单方举证证明自己观点而提供的证据，应当按照法律和司法解释确定的证据规则进行审查判断。

### （二）生态环境损害赔偿诉讼中的诉前鉴定评估

生态环境损害赔偿案件中的诉前鉴定评估问题则具有一定的特殊性。由于生态环境损害赔偿案件所涉的生态环境损害危及陆地、河流、地下水、环境空气等各类环境介质，对植物、动物、微生物等生物要素产生不利改变，所涉及的专业性事项往往更加复杂，专业属性也更加突出。《生态赔偿改革方案》规定，“生态环境损害发生后，赔偿权利人组织开展生态环境损害调查、鉴定评估、修复方案编制等工作，主动与赔偿义务人磋商。磋商未达成一致，赔偿权利人可依法提起诉讼”和“经调查发现生态环境损害需要修复或赔偿的，赔偿权利人根据生态环境损害鉴定评估报告，就损害事实和程度、修复启动时间和期限、赔偿的责任承担方式和期限等具体问题与赔偿义务人进行磋商”，事实上规定了生态环境损害赔偿诉讼案件原告组织开展损害调查、委托鉴定评估的义务。因此，生态环境损害赔偿案件中生态环境损害评估鉴定的作用往往更大，在诉前由原告自行委托或原被告双方合意委托的鉴定评估的存在是普遍性的。

司法部门在审理生态环境损害赔偿诉讼案件过程中也注意到了这一问题。《生态赔偿案件若干规定》第10条规定，“当事人在诉前委托具备环境司法鉴定资质的鉴定机构出具的鉴定意见，以及委托国务院环境资源保护监督管理相关主管部门推荐的机构出具的检验报告、检测报告、评估报告、监测数据等，经当事人质证并符合证据标准的，可以作为认定案件事实的根据”。一方面，这一规定确立了诉前鉴定评估等当事人就专门性问题自行委托有关机构或人员出具意见的效力问题，特别明确了诉前鉴定评估报告的两类出具主体资格，即具备环境司法鉴定资质的鉴定机构和国务院环境资源保护监督管

〔1〕参见最高人民法院民事审判第一庭编著：《最高人民法院新民事诉讼证据规定理解与适用〔上〕》，人民法院出版社2020年版，第398页。

理相关主管部门推荐的机构，这与目前生态环境损害鉴定评估机构的现状相适应。而且实践中还有原环境保护部推荐的机构接受当事人或者法院的委托出具检验报告、检测报告、评估报告等，如果对这部分证据材料一律予以排除，在诉讼过程中重新委托鉴定，不仅造成司法资源的浪费，不利于诉讼经济，而且由于生态环境损害事件往往具有瞬时性，所涉及的环境状况时刻在发生变化，如果不及时提取检材进行鉴定评估，则在诉讼过程中可能会因时过境迁环境因素发生变化出现无法鉴定的情况。故此，对诉前鉴定评估报告的出具主体采取兼容的态度，是具有合理性的。另一方面，司法解释对诉前鉴定评估的审查判断程序作出了规定。诉前鉴定评估需经过当事人质证并符合证据标准，才可以作为认定案件事实的根据。换言之，质证是认定诉前鉴定评估最终具有证据效力的程序要求，而符合真实性、合法性、关联性要求，则是认定诉前鉴定评估最终具有证据效力的实质要求。

## 第三节　证据的收集与认定

### 一、证据的收集

关于民事诉讼中法院调查收集证据问题，有的观点认为应当适当扩大法院依职权调查收集证据的范围，从而有利于查明案件事实，在依职权收集证据问题上，应当回归民事诉讼法关于法院应当依职权收集审理案件需要的证据的规定，规定法院在根据当事人提供的证据无法查明事实时，可以依职权收集证据。有的观点认为应当弱化法院依职权调查收集证据，因为法官调查取证中存在现实障碍和职业风险，法院调查取证权应当配置在一个合理空间。有的观点认为法院依职权调查取证与法院居中裁判者的角色、地位不符，与市场经济制度之私法自治原则、处分原则的基本要求不符，与司法审判的实质正义、形式正义的内在需要不符，应当取消依职权调查取证的规定。《民事诉讼法》第 67 条第 2 款规定："当事人及其诉讼代理人因客观原因不能自行收集的证据，或者人民法院认为审理案件需要的证据，人民法院应当调查收集。"从上述规定可以看出，目前我国民事诉讼立法仍然授予人民法院依职权调查收集证据的权力，我们也是在此基础上讨论依职权调查收集证据的具体问题。

最高人民法院《关于适用〈中华人民共和国民事诉讼法〉的解释》第96条规定,《民事诉讼法》第64条第2款规定的人民法院认为审理案件需要的证据包括:(1)涉及可能损害国家利益、社会公共利益的;(2)涉及身份关系的;(3)涉及《民事诉讼法》第58条规定诉讼的;(4)当事人有恶意串通损害他人合法权益可能的;(5)涉及依职权追加当事人、中止诉讼、终结诉讼、回避等程序性事项的。除前述规定外,人民法院调查收集证据,应当依照当事人的申请进行。上述法律及司法解释的规定均表明,只有在当事人客观不能举证或者审理案件需要时才可由人民法院调查收集证据。关于当事人因客观原因不能自行收集证据的情形,一般是当事人双方都向法院提交了证据,但证据证明力都不强,而能够直接证明案件事实的其他证据当事人又不能自行收集,在此情况下,如果法院根据证明责任的承担来作出判决,判决对事实负证明责任的一方当事人承担不利的诉讼后果,虽然不违反证据优势原则的裁判标准,但毕竟这样认定的法律事实与客观真实是否一致难以令人信服。相反,当事人对于因其客观原因不能自行收集的证据,可以申请法院调查收集,法院调查收集该证据后,再结合双方提交的其他证据综合认定事实,肯定会更加接近客观事实。

对于哪些情形属于当事人及其诉讼代理人因客观原因不能自行收集的证据,可以从几个方面考虑:一是该证据由国家有关部门保存,当事人及其诉讼代理人无权查阅调取的。需要说明的是,如果该证据虽由国家有关部门保存,但依照政务信息公开的规定应当公开,当事人及其诉讼代理人应当自行要求相关部门公开该信息作为己方证据。二是涉及国家秘密、商业秘密或者个人隐私的。对涉及国家秘密、商业秘密或者个人隐私的证据,应该与案件事实密切相关,如果不调查收集上述证据,也能够认定案件事实,则不必要调查收集;当事人如果认为调查收集确有必要,应当就证据与案件事实具有紧密关联性作出说明;对于经法院调查收集的上述证据,举证、质证及证据采信方面仍然需要采取相应措施,避免泄露。三是当事人及其诉讼代理人因客观原因不能自行收集的其他证据。因司法实践中案件的复杂性,难以全面概括当事人及其诉讼代理人因客观原因不能自行收集证据的所有情形,但有一点应当注意,即该证据与案件事实密切相关或者可能直接决定案件事实。此外,当事人自己因客观原因不能自行收集的证据,需要法院调取的,应当向法院提出书面申请。此外,2019 年《证据规定》第 45、46 条规定,当事人可以根据最高人民法院《关于适用〈中华人民共和国民事诉讼法〉的解释》第 112 条的规定申请人民法院责令对方当事人提交书证,人民法院对当事人提交书证的申请进行审查时,应当听取对方当事人的意见,当事人申请理由成立的,人民法院应当作出裁定,责令对方当事人提交书证;理由不成立的,通知申请人。

关于审理案件需要的证据,一般包括涉及可能损害国家利益、社会公共利益的,涉及身份关系的,当事人有恶意串通损害他人合法权益可能的,以及涉及污染环境、侵犯消费者合法权益的。法院依职权调查收集证据,一是可以审查核实当事人提供的证据的真实性,二是认定案件事实,三是排除当事人串通损害国家、社会公共利益和他人合法权益。法院依职权调查取证,可以有效防止损害国家、社会公共利益和他人合法权益案件的发生。

在民事诉讼制度发展中,人民法院诉讼方式由原来的纠问式为主转变为以对抗式为主,即法院处于中立地位,根据当事人双方诉辩意见及举证情况居中裁判,法院在审判中的职权主义色彩逐渐弱化,只在法律规定的某些特殊情况下,法院才会依职权主动干预诉讼。生态环境损害赔偿诉讼案件属于特殊侵权行为,具有极强的公益性,涉及公共利益,法院应当积极行使职权,以便于查明案件事实,明确侵权责任,维护生态环境公共利益。

## 二、行政执法过程中形成的证据材料的属性

实现环境保护行政执法与司法程序的有效衔接,是正确审理生态环境损害赔偿诉讼案件,依法追究责任人赔偿责任的重要方面。实践中,在环境损害事件发生之前,环境保护监管部门往往通过环境监测会收集环境监测数据,如《水污染防治法》第 25 条规定,“国家建立水环境质量监测和水污染物排放监测制度。国务院环境保护主管部门负责制定水环境监测规范,统一发布国家水环境状况信息,会同国务院水行政等部门组织监测网络,统一规划国家水环境质量监测站(点)的设置,建立监测数据共享机制,加强对水环境监测的管理”。在环境损害事件发生之后,公众也往往会向环保、农业、渔业、海洋等环境保护监督管理部门举报。这些行政部门一般会组织人员进行环境调查,行政执法过程中就相关专业性问题形成的事故调查报告、检验报告、检测报告、评估报告、监测数据系有权机关或者受委托机构在其职责范围内依据规范程

序制作的材料,是行政执法过程中的第一手资料,具有专业性和及时性,无疑可以作为行政处罚的证据使用。但对于其在诉讼过程中的证据属性,过去一直存在不同观点。如果对这些环境行政主管部门行政执法过程中形成的证据材料不予认可,要求在案件进入司法程序后重新收集,不仅造成司法资源的浪费,而且待案件进入司法程序后,因环境因素的改变,有些证据材料已经灭失无法重新取得,有些证据材料已经无法反映真实情况。

司法实践中,已有多部司法解释对此问题予以明确。《关于办理环境污染刑事案件适用法律若干问题的解释》第 14 条第 1 款规定,“环境保护主管部门及其所属监测机构在行政执法过程中收集的监测数据,在刑事诉讼中可以作为证据使用”。最高人民法院《关于生态环境侵权民事诉讼证据的若干规定》(以下简称《环境侵权证据若干规定》)第 25 条规定,负有环境资源保护监督管理职责的部门及其所属或者委托的监测机构在行政执法过程中收集的监测数据、形成的事件调查报告、检验报告、检测报告、评估报告等材料,以及公安机关单独或者会同负有环境资源保护监督管理职责的部门提取样品进行检测获取的数据,经当事人质证,可以作为认定案件事实的根据。《生态赔偿案件若干规定》第 9 条规定,“负有相关环境资源保护监督管理职责的部门或者其委托的机构在行政执法过程中形成的事件调查报告、检验报告、检测报告、评估报告、监测数据等,经当事人质证并符合证据标准的,可以作为认定案件事实的根据。”从司法解释的上述规定内容可以看出,司法部门对于实践中行政执法证据在司法程序中的证据属性的态度是基本一致的。《生态赔偿案件若干规定》对此问题的规定与《环境侵权证据若干规定》基本保持一致,明确了生态环境损害赔偿诉讼中上述行政执法公文书证经当事人执政并符合证据标准的,可以作为认定案件事实的根据。

一是环境资源行政监管部门在行政执法过程中形成的事件调查报告、检验报告、检测报告、评估报告、监测数据等适用公文书证规则。公文书证是国家机关、企事业单位、人民团体,在法定的权限范围内所制作的文书,以此文书作为证明案件有关情况的书证。[1] 公文书证不仅需要制作机关和组织具有法定职权,就其制作程序和形式上讲,一般也有较严格的制作程序,文书也具有

---

〔1〕 参见樊崇义主编:《证据法学》,法律出版社 2017 年版,第 141 页。

一定的法定形式。在生态环境损害赔偿诉讼中,原告提交的事件调查报告、检验报告、检测报告、评估报告、监测数据等必须是负有相关环境资源保护监督管理职责的部门作出,且符合相应的法定职权和法定程序,才可以作为公文书证,适用公文书证的规则。对于不符合相应法定职责或法定程序,非有权机构作出的上述报告或数据,则不能作为公文书证对待。

二是对于环境资源监管部门或者其委托的机构在行政执法过程中形成的事件调查报告、检验报告、检测报告、评估报告、监测数据等,需经过质证。《民事诉讼法》第 71 条规定,证据应当在法庭上出示,并由当事人互相质证。质证是当事人及第三人在法庭的主持下,就证据性质和证明力予以说明和质辩的活动,是将证据作为认定案件事实依据必不可少的程序。最高人民法院《关于适用〈中华人民共和国民事诉讼法〉的解释》第 103 条第 1、2 款规定,证据应当在法庭上出示,由当事人互相质证。未经当事人质证的证据,不得作为认定案件事实的根据。当事人在审理前的准备阶段认可的证据,经审判人员在庭审中说明后,视为质证过的证据;第 104 条规定,人民法院应当组织当事人围绕证据的真实性、合法性以及与待证事实的关联性进行质证,并针对证据有无证明力和证明力大小进行说明和辩论。能够反映案件真实情况、与待证事实相关联、来源和形式符合法律规定的证据,应当作为认定案件事实的根据。因此,质证程序是认定上述调查报告和数据等具有证据效力的必经程序。负有相关环境资源保护监督管理职责的部门或者其委托的机构在行政执法过程中形成的事件调查报告、检验报告、检测报告、评估报告、监测数据等需经过当事人质证并符合证据标准的,可以作为认定案件事实的根据。

### 三、在先刑事裁判查明事实的认定

所谓免证事实,是指诉讼中当事人虽然就某一事实提出主张,但免除其提供证据证明的责任的情形。关于民事诉讼中自认之外免证事实的规定,最早体现在 1992 年最高人民法院《关于适用〈中华人民共和国民事诉讼法〉若干问题的意见》(以下简称《92 年民诉意见》,已失效)中,2001 年《关于民事诉讼证据的若干规定》(以下简称 2001 年《证据规定》,已被修改)第 9 条对《92 年民诉意见》的该内容进行了整理,将免证事实进行补充后进行单独规定。最高人民法院《关于适用〈中华人民共和国民事诉讼法〉的解释》第 93 条规定,“下列事实,当事人无须举证证明:(一)自然规律以及定理、定律;(二)众所周知的事实;(三)根据法律规定推定的事实;(四)根据已知的事实和日常生活经验法则推定出的另一事实;(五)已为人民法院发生法律效力的裁判所确认的事实;(六)已为仲裁机构生效裁决所确认的事实;(七)已为有效公证文书所证明的事实。前款第二项至第四项规定的事实,当事人有相反证据足以反驳的除外;第五项至第七项规定的事实,当事人有相反证据足以推翻的除外。”可见,经过司法解释的规定,为人民法院生效裁判文书所确认的事实,人民法院可以直接认定,无须当事人举证证明这一免证规则,已经成为我国民事诉讼中一项证据规则。

关于免证事实的理论基础,存在预决效力、既判力、司法认知、公文书证等不同观点。无论是已确认事实的预决力、将预决事项纳入司法认知还是采取证据免证效力视角,已经生效的刑事裁判认定的事实在民事案件中的应用对于法官和当事人都具有非常重要的意义。在生态损害赔偿案件中,同一污染环境、破坏生态行为往往同时侵害多重利益。因此,生态环境损害赔偿诉讼案件中的被告既可能面临原告提起的生态环境损害赔偿诉讼,也可能面临环境民事公益诉讼、行政处罚甚至被追究刑事责任。例如,藏金阁案中,承接藏金阁公司废水处理项目的首旭公司,利用调节池渗漏非经完全处理的电镀废水。重庆市渝北区人民法院认定首旭公司及其法定代表人、相关责任人员犯污染环境罪,对被告单位首旭公司判处罚金 8 万元,对被告人程某等判处有期徒刑并处罚金。在首旭公司承担刑事责任后,重庆市人民政府、重庆两江志愿服务发展中心以藏金阁公司、首旭公司为共同被告,分别提起生态环境损害赔偿诉讼和环境民事公益诉讼,要求二被告依法承担生态环境修复等费用,并向社会公开赔礼道歉。在被告人因同一污染环境、破坏生态事实,同时被追究刑事责任和被提起生态环境损害赔偿诉讼要求承担损害生态环境赔偿责任的情况下,牵涉刑事案件和生态环境损害赔偿诉讼案件的是同一基础事实。在后诉生态环境损害赔偿诉讼中,基础事实在前诉刑事案件中已经经过一次审理,并按照刑事诉讼规则进行审理,其基础事实已经被生效刑事裁判确认,是具有正当性的。因此,已为发生法律效力的刑事裁判所确认的事实,除非对方提出了相反证据足以推翻该事实,否则当事人在生态环境损害赔偿诉讼中是无须举证证明的。

在先刑事裁判未予确认的事实在生态环境损害赔偿诉讼案件中是否可以认定的问题,涉及对刑事诉讼和民事诉讼证明标准的理解问题。在证明标准问题上,立法和司法解释采取了不同的表述模式。《刑事诉讼法》第55条规定,"对一切案件的判处都要重证据,重调查研究,不轻信口供。只有被告人供述,没有其他证据的,不能认定被告人有罪和处以刑罚;没有被告人供述,证据确实、充分的,可以认定被告人有罪和处以刑罚。证据确实、充分,应当符合以下条件:(一)定罪量刑的事实都有证据证明;(二)据以定案的证据均经法定程序查证属实;(三)综合全案证据,对所认定事实已排除合理怀疑"。《民事诉讼法》则是采取了间接规定模式,除第67条第3款规定人民法院应当按照法定程序,全面地、客观地审查核实证据外,在第177条也作出了相应规定。依照《刑事诉讼法》的规定,刑事诉讼中的证明标准为案件事实清楚,证据确实充分,排除合理怀疑标准,只有经过法定程序查证属实的证据证明定罪量刑的事实达到足以排除合理怀疑的程度,才能认定为证据"确实、充分"。而民事诉讼案件中,则是通过司法解释的规定对证明标准问题进行明确。最高人民法院《关于适用〈中华人民共和国民事诉讼法〉的解释》第108条规定,"对负有举证证明责任的当事人提供的证据,人民法院经审查并结合相关事实,确信待证事实的存在具有高度可能性的,应当认定该事实存在。对一方当事人为反驳负有举证证明责任的当事人所主张事实而提供的证据,人民法院经审查并结合相关事实,认为待证事实真伪不明的,应当认定该事实不存在。法律对于待证事实所应达到的证明标准另有规定的,从其规定";第109条规定"当事人对于欺诈、胁迫、恶意串通事实的证明,以及对口头遗嘱或者赠与事实的证明,人民法院确信该待证事实存在的可能性能够排除合理怀疑的,应当认定该事实存在"。2019年《证据规定》第85条规定:"人民法院应当以证据能够证明的案件事实为根据依法作出裁判。审判人员应当依照法定程序,全面、客观地审核证据,依据法律的规定,遵循法官职业道德,运用逻辑推理和日常生活经验,对证据有无证明力和证明力大小独立进行判断,并公开判断的理由和结果。"第86条规定:"当事人对于欺诈、胁迫、恶意串通事实的证明,以及对于口头遗嘱或赠与事实的证明,人民法院确信该待证事实存在的可能性能够排除合理怀疑的,应当认定该事实存在。与诉讼保全、回避等程序事项有关的事实,人民法院结合当事人的说明及相关证据,认为有关事实存在的可能性较大的,可以认定该事实存在。”司法解释的规定，实际上确立了高度盖然性规则作为民事诉讼的一般证明标准，在诉讼证明活动中，负有举证责任的当事人为避免败诉，会积极提供证据，使法官对待证事实的存在与否形成于己方有利的内心确信。这种内心确信应当达到满足证明的最低要求即法定的证明标准。负有举证责任的当事人诉讼活动的目的在于通过其本证使法官形成的心证越过高度盖然性标准，形成确信。相反，不负有举证责任的当事人为避免败诉的不利后果，同样也会积极提供证据形成反证。反证的证明活动，目的在于动摇法官对于本证的内心确信，使待证事实陷于真伪不明，无法达到法定的最低要求。

生态环境损害赔偿诉讼案件属于民事案件范畴，适用“高度盖然性”的证明标准，即如果一方当事人提出的证据已经证明争议事实的发生具有高度可能性，法官即可予以确认。基于刑事诉讼和民事诉讼不同的证明标准，对于一些在刑事诉讼中已经主张，但因尚未达到刑事诉讼证明标准而未予确认的事实，如果在生态环境损害赔偿诉讼证明活动中，即使在有反证的情况下，负有举证责任的当事人提出的本证能够超越高度盖然性标准，那么，即使该部分证据证明的事实在刑事诉讼中未被确认，在生态环境损害赔偿诉讼中仍然可以予以认定。

## 第四节　专业性事实的查明

### 一、域外的专家证人制度

生态环境损害赔偿诉讼案件中专门性问题的判断较为特殊，需要较强的科学技术和专业知识的支持，也有赖于相关领域专家的特殊专业知识。英美法系国家中，专家证人制度在环境资源案件的审理过程中发挥着重要作用。1999 年的《英国民事诉讼规则》中，增设了“单一联合专家证人”，即让专家证人站在中立的角度对问题发表专业意见。《英国民事诉讼规则》第 35.3 条将专家证人的职责明确为“(1)专家的职责是就其专业知识范围内的事项为法庭提供帮助；(2)这种职责优先于其对聘请他或向他支付报酬的人的责任”。专家证人的这种功能与大陆法上的鉴定人的功能非常接近。[1] 域外环境资源司法审判中引入专家力量参与的方式主要有两种：

1. 建立法院内部的专家队伍。为了提升法庭处理专业问题的能力，一些环境法庭在法院内部配备了自己的环境专家。如澳大利亚新南威尔士州土地和环境法院在法官之外，还有一个技术委员会，委员会由 1 名高级委员，8 名专职委员和 15 名兼职委员组成。技术委员都是非法律人士，委员必须符合《澳大利亚土地和环境法院法案》第 12 条列出的专业资格要求，一般要熟练掌握诸如政府管理、城市规划、环境科学、土地估价、建筑学、工程学、自然资源管理、城市设计等专业知识。这些技术委员会委员可以受首席法官的委托以审判员、调停人、调解员或中立评估员的身份审理部分案件，主要是对行政决定的合理性进行实质性审查的案件。法官和委员可以共同组成合议庭审理既涉及行政决定的实质审查又涉及复杂法律问题的案件。委员决定合理性问题，法官决定法律问题，因此法官与委员一起承担了大量的工作。环境法院有关专家证人制度的主要内容为：鼓励双方当事人共同聘请专家证人，不允许聘请过多的专家，有利于法院及时地审理环境案件；法院对是否使用、如何使用专家证人作出指导，尽量使用由法院聘请的专家证人；专家证人的首要义务是帮助法庭了解案件事实，而不是帮助委托方胜诉；在法院的召集下，专家证人一起对证据进行质证。新西兰环境法院由 7 名法官、3 名候补法官、15 名环境专员和 6 名环境副专员组成。瑞典在环境案件审判中实行的是三级审判制，由最高法院、环境上诉法庭和环境法庭组成。目前瑞典在全国建有 5 个地区环境法庭，1 个环境上诉法庭。地区环境法庭由 4 名工作人员组成，其中包括 1 名法官、1 名环境顾问和 2 名技术专家委员。环境上诉法庭由 4 名工作人员组成，包括 1 名法官、1 名环境顾问和 2 名技术专家委员。

2. 利用法院以外的专家资源。在法院内部配备专家，可以保障法庭日常审理工作中的专业技术支持，但是其成本较高，大部分环境法庭无法长期负担固定的内部专家队伍，所以他们选择依靠外部专家：(1)行政机关的技术专家。环境保护和资源管理部门通常有自己的技术专家，部分法庭出于财政或者政治上的考虑，主要依赖行政部门提供专家证词，如孟加拉国的环境法庭。(2)检控

---

[1] 参见最高人民法院修改后民事诉讼法贯彻实施工作小组领导小组编著：《最高人民法院民事诉讼法司法解释理解与适用》，人民法院出版社 2015 年版，第 394 页。

机构的专家。检察机关内部也有技术专家，一些国家的检察机关对于环境违法者不仅有刑事检控权，而且也有民事调查权，检察机关的专家证词也被高度重视，如巴西等。(3)独立科研机构或者研究机构。在各国，独立的科研机构及研究机构都是最大的专家库，法院往往根据案件的需要聘请不同的专家提供意见。(4)当事人提供的专家。案件的一方或者双方当事人一般会委托自己的专家提交专家证词，法院可以向这些专家了解自己所需要的信息。英美法系国家的法院庭审采用对抗式，法官不主动调查证据，由原、被告就有争议的问题提出证据以支持本方的主张，申辩事实并进行辩论。法庭上常出现专家论战。法官和陪审员也可以从这些专家中获取相关信息。(5)法院聘请专家。考虑到当事人委托的专家中立性不够。根据法律规定，当法院认为某一案件确需专家证据时，其可以聘请专家。澳大利亚新南威尔士州土地和环境法院于2004年开始实行该项制度。专家首先要与双方当事人举行会谈，了解案情和当事人的想法，之后专家有责任向法院提交一份报告，其中载明了他们对专门性问题的看法。在该院56个聘请了法院专家的案件中，有34个不需要进一步庭审，剩下的大多在极少的庭审时间内得出了裁决。《美国联邦证据规则》第104条(a)款规定，“法庭必须决定有关证人资格、是否存在(拒绝出庭作证)特权、证据可采性的前提性问题，将由法庭决定。除非涉及特权的问题，法庭在做出决定时不受证据规则的限制”。法官可以根据其固有的权利(inherent authority)聘请技术顾问帮助他确定证据的准入资格。依据《美国联邦证据规则》第706条的规定，法庭聘请专家证人出庭进行解释，帮助法官和陪审团完成他们对科学证据的认识。法院可依职权或在当事人申请下，法庭可以要求当事人说明不指定专家的原因，并要求当事人提供专家人选。法院既可以指定当事人一致认可的专家，也可以依职权指定自己认可的专家证人。法庭指定专家必须得到其本人同意。对此指定的专家证人，法院应书面告知其任务，有关文书副本应由书记员存档或在当事人在场时出示。专家证人如果有新的事实发现，应告知各方当事人，诉讼双方可传唤专家证人出庭作证，接受各方交叉询问。[1]

---

〔1〕 参见陈邦达：《美国法庭聘请专家证人的实践与启示》，载《证据科学》2017年第6期。

## 二、我国专家辅助人制度

### (一)我国专家辅助人制度的建立

英美法系专家证人制度通过当事人聘请的专家证人就有关专业性问题进行做证,由双方当事人或者代理人对专家证人交叉询问,虽然有利于事实审理者保持中立立场,平衡双方意见,但其缺陷依然无法回避,由于专家证人系当事人聘请,其发表的专业意见往往偏向一方当事人。为最大限度发挥当事人主义的对抗性,双方当事人会尽最大可能在交叉询问阶段质疑专家证人证言,尤其是有的当事人聘请多名专家证人,专家证人意见不一时,会导致双方争执不下,延长诉讼时间。相比较而言,专家辅助人制度与鉴定制度相结合的双层的专家证据制度,能够较为有效地避免专家证人制度和鉴定人制度的不足。一方面,这种“双层”专家证据制度以鉴定制度为基础和主干,能够保持鉴定制度的优势,充分体现专家(鉴定人)在专业问题上的中立立场,有效地消除专家证人制度中的“偏向”因素;另一方面,作为鉴定制度补偿的专家辅助人制度为当事人提供了鉴定制度之外的充足的证据手段,从而对鉴定人的行为和作用形成有效的制约,防止鉴定人过度介入诉讼而成为实际的事实审理者,有利于法官综合各方面的因素对诉讼中的专业问题作出更客观的判断。《民事诉讼法》修改过程中,新增了关于有专门知识的人出庭的规定,《民事诉讼法》第82条规定,“当事人可以申请人民法院通知有专门知识的人出庭,就鉴定人作出的鉴定意见或者专业问题提出意见”。

专家辅助人也可以对生态环境损害赔偿诉讼涉及的生态环境破坏行为与生态环境损害后果之间是否存在因果关系、生态环境修复方式、生态环境修复费用以及生态环境修复期间服务功能的损失等专门性问题提出意见。当然,专家辅助人就鉴定意见或者专门性问题所做的陈述,必须经过庭审质证,否则不能作为定案证据使用,即未经质证的专家辅助人陈述不具备证据资格。

最高人民法院的相关司法解释及司法政策文件进一步细化了专家辅助人的规定,最高人民法院《关于全面加强环境资源审判工作为推进生态文明建设提供有力司法保障的意见》第20条规定:“充分发挥专家在环境资源审判工作中的作用。建立环境资源审判专家库,在审理重大疑难案件、研讨疑难专业问题、制定规范性文件时,充分听取专家意见。可以聘请环境资源领域的专家担任特邀调解员，运用专业技术知识促使当事人自觉认识错误，修复环境，赔偿损失。保障当事人要求专家出庭发表意见的权利，对于符合条件的申请及时通知专家出庭就鉴定意见和专业问题提出意见。”最高人民法院《关于适用〈中华人民共和国民事诉讼法〉的解释》第122条第1、2款规定，当事人可以依照《民事诉讼法》第82条的规定，在举证期限届满前申请一至二名具有专门知识的人出庭，代表当事人对鉴定意见进行质证，或者对案件事实所涉及的专业问题提出意见。具有专门知识的人在法庭上就专业问题提出的意见，视为当事人的陈述。《环境民事公益诉讼解释》第15条规定，“当事人申请通知有专门知识的人出庭，就鉴定人作出的鉴定意见或者就因果关系、生态环境修复方式、生态环境修复费用以及生态环境受到损害至修复完成期间服务功能丧失导致的损失等专门性问题提出意见的，人民法院可以准许。前款规定的专家意见经质证，可以作为认定事实的根据”。2019年《证据规定》则进一步规定了有专门知识的人出庭的申请和通知程序以及对其询问和其参与诉讼活动的范围。上述规定，为专家辅助人出庭就专业性问题发表意见制度提供了依据，亦对专家辅助人的运用方式进行了拓展，即人民法院认为必要时也可以主动依职权听取专家意见。

### （二）我国专家辅助人制度的司法实践

在实践中，如何在环境案件的审理中发挥专家作用，查明专业性问题，各级人民法院进行了一些探索。例如，在章丘案中，两被告先后在同一地点倾倒了污染物种类、数量和浓度均不相同的废酸液、废碱液等危险废物，不同物质相互作用导致严重生态环境损害后果的发生，如何认定进而合理分配两被告的责任承担是该案的关键所在。山东省生态环境厅申请环境损害评估报告的评估及审核人员出庭说明情况并接受质询；原、被告分别申请专家辅助人出庭从专业技术角度对案件事实涉及的专业问题发表意见；济南市中级人民法院聘请三位咨询专家参加庭审并出具损害赔偿责任分担的专家咨询意见。专家辅助人及咨询专家的意见为全面查明专业技术相关事实，确定生态环境损害赔偿数额，划分污染者责任等奠定基础。一审法院认为，“参与制作《环境损害评估报告》的相关评估及审核人员出庭接受了当事人的质询，对金诚公司就《环境损害评估报告》的异议，已当庭作出说明；环境保护部环境规划院的专家也出庭证明《环境损害评估报告》评估的范围、内容、程序和方法规范，科学合理，评估方法符合规范要求；同时，本院已经发生法律效力的（2018）鲁 01 刑终 54 号刑事判决书已将《环境损害评估报告》作为定案依据。金诚公司、弘聚公司虽不认可，但其未提供足够的证据推翻《环境损害评估报告》。另外，从专家辅助人及咨询专家的意见可见，《环境损害评估报告》采用虚拟成本法计算修复费用是国内外通行的做法和一般惯例，故对该《环境损害评估报告》本院予以采信。至于两公司应承担何种责任一节，因废酸液和废碱液属不同种类危险废液，二者在案涉场地的排放量不同，对两种危险废液的污染范围、污染程度、损害后果及其与损害后果之间的因果关系、污染修复成本等，山东省生态环境厅、弘聚公司、金诚公司、专家辅助人、咨询专家之间意见不一，《环境损害评估报告》对此也未明确区分。根据各方当事人陈述及在案证据，综合专家辅助人和咨询专家的意见，本院酌定弘聚公司承担 80% 的赔偿责任，金诚公司承担 20% 的赔偿责任”[1]。

又如，在泰州市环保联合会与江苏长隆农化有限公司等环境污染侵权赔偿纠纷一案中，专家辅助人东南大学能源与环境学院吕锡武教授在庭审中发表意见认为，向水体倾倒危险废物的行为直接造成了区域生态环境功能和自然资源的破坏，无论是对长江内河水生态环境资源造成的损害进行修复，还是将污染引发的风险降至可接受水平的人工干预措施所需费用，均将远远超过污染物直接处理的费用；由于河水的流动和自我净化，即使倾倒点水质得到恢复，也不能因此否认对生态环境曾经造成的损害。一审法院采信专家意见，认为“专家辅助人吕锡武教授的技术咨询意见，从专业角度说明大量副产酸倾倒进河流后，水体、水生物、河床等水生态环境受到了严重的损害，修复费用将远远超过正常治理成本”[2]。

## 第五节　诉前证据的保全

《生态赔偿改革方案》第 4 条“工作内容”第 5 项“完善赔偿诉讼规则”对于人民法院的工作内容予以明确，其中明确提出“各地人民法院要研究符合生

[1] 山东省济南市中级人民法院民事判决书，（2017）鲁 01 民初 1467 号。
[2] 江苏省高级人民法院民事判决书，（2014）苏环公民终字第 00001 号。

态环境损害赔偿需要的诉前证据保全、先予执行、执行监督等制度”。生态环境损害赔偿诉讼中，证据经常因自身的原因发生变化而灭失，比如水的流动性、环境介质的自净性等。为了避免因证据灭失或者以后难以取得的情况出现，导致案件事实难以确定，赔偿权利人在提起诉讼之前申请人民法院对证据进行保全很有必要，尤其是生态环境损害鉴定评估、确定潜在责任人、开展诉前磋商工作往往耗时良久。

目前，《生态赔偿案件若干规定》并未规定生态环境损害赔偿诉讼的诉前证据保全，可以适用《民事诉讼法》及其司法解释、《环境侵权证据若干规定》等法律、司法解释关于诉前证据保全的一般规定。《环境侵权证据若干规定》第12条规定：“当事人或者利害关系人申请保全环境污染、生态破坏相关证据的，人民法院应当结合下列因素进行审查，确定是否采取保全措施：（一）证据灭失或者以后难以取得的可能性；（二）证据对证明待证事实有无必要；（三）申请人自行收集证据是否存在困难；（四）有必要采取证据保全措施的其他因素。”《民事诉讼法》第84条第2、3款规定：“因情况紧急，在证据可能灭失或者以后难以取得的情况下，利害关系人可以在提起诉讼或者申请仲裁前向证据所在地、被申请人住所地或者对案件有管辖权的人民法院申请保全证据。证据保全的其他程序，参照适用本法第九章保全的有关规定。”第103条～第108条规定的是财产保全，但证据保全亦可参照适用。

## 一、受理诉前证据保全申请的法院

最高人民法院《关于适用〈中华人民共和国民事诉讼法〉的解释》第27条规定：“当事人申请诉前保全后没有在法定期间起诉或者申请仲裁，给被申请人、利害关系人造成损失引起的诉讼，由采取保全措施的人民法院管辖。当事人申请诉前保全后在法定期间内起诉或者申请仲裁，被申请人、利害关系人因保全受到损失提起的诉讼，由受理起诉的人民法院或者采取保全措施的人民法院管辖。”由于事实查明的专业性，一般由生态环境损害赔偿诉讼的管辖法院受理诉前证据保全申请。结合《生态赔偿案件若干规定》第3条规定，生态环境损害行为实施地、损害结果发生地或者被告住所地的中级以上人民法院，为受理起诉的第一审人民法院，亦为受理诉前证据保全申请的人民法院。特殊的情况是，集中管辖生态环境损害赔偿诉讼案件的中级人民法院可能超出了上述地域管辖范围;"一案一报批"后交由基层人民法院审理具体个案的基层人民法院可能超出了上述级别管辖范围。在生态环境损害行为实施地、损害结果发生地与受诉法院不一致的情况下,为更有利于诉前证据保全,受理诉前证据保全的法院也可以不是集中管辖生态环境损害赔偿诉讼案件的人民法院。但进入诉讼后,依据 2019 年《证据规定》第 29 条的规定,采取保全措施的人民法院应当根据当事人的申请,将诉前保全的证据及时移交集中管辖地的人民法院。

## 二、诉前证据保全的适用条件

1. 紧迫性。由于生态环境侵害行为具有突发性或者持续时间较短,证据可能灭失或者以后难以取得的特点,即如不采取保全措施,证据将不复存在,或者即使存在以后也难以调取。证据灭失的原因可能是客观原因,也可能是人为因素。前者如被污染的水体具有流动性,采集证据有时间和地点要求,一旦错过采证期间,则无法再收集到证据或者即使收集到证据,也很难说明证据的客观性和关联性,使收集到的证据材料不具有证明力;后者如排污企业为了隐蔽排污事实,毁灭有关污染的物证、书证。"难以取得"指证据材料虽然不至于灭失,但如果不采取保全措施,将来再想获取该证据材料会遇到很大的困难或者成本过高。[1]

2. 关联性。申请保全的证据与待证事实之间在形式上具有关联性。当然,在证据保全程序中,法院审查所保全的证据是否与案件具有关联性,是否具有证明力,只是一种初步审查,法院只要认为有生态环境侵权的可能性即可。至于实质上是否相关联、证明价值大小,属于证据实质审查的问题,并不在法院审查证据保全申请的考虑之列。被保全的证据最终是否对待证事实有证明力,是否具备关联性,是质证与证据采信程序中的工作。

## 三、诉前证据保全的担保

最高人民法院《关于适用〈中华人民共和国民事诉讼法〉的解释》第 98 条第 2 款规定:"证据保全可能对他人造成损失的,人民法院应当责令申请人提

---

〔1〕 参见郭小冬、姜建兴:《民事诉讼中的证据和证明》,厦门大学出版社 2009 年版,第 157 页。

供相应的担保。”诉前证据保全的目的在于固定证据，因此证据保全一般不会对被保全的证据持有人造成经济上的损失。但如果被保全的证据本身为财物，或者由于保全方法本身的特点，可能给证据持有人造成财产上的损失时，申请诉前证据保全的当事人有提供担保的必要，人民法院应当责令其提供相应的担保。

依据2019年《证据规定》第27条第2款的规定，证据保全的方法包括查封、扣押、录音、录像、复制、鉴定、勘验等方法，同时要制作笔录。其中查封、扣押既是调查取证和证据保全的方法，也是执行措施，对于房产、污染处置设施等采取查封、扣押措施进行证据保全的，可能会对财产交易价值造成影响，人民法院可以根据具体情况决定申请人提供担保。鉴定、勘验的方法，如果可能对证据本身的财产价值造成损害，也属于应当提供担保的情形。录音、录像、复制的方法，为单纯的固定证据的手段，一般不会对证据本身造成损害，无提供担保的必要。2019年《证据规定》第27条第3款规定，在符合证据保全目的的情况下，人民法院应当选择对证据持有人利益影响最小的保全措施。

## 四、诉前证据保全的程序要求

1. 申请人书面申请。依据2019年《证据规定》第25条第1款的规定，当事人或者利害关系人申请诉前证据保全的，应当书面申请，申请书应当载明需要保全的证据的基本情况、申请保全的理由以及采取何种保全措施等内容。

2. 人民法院书面通知担保。最高人民法院《关于适用〈中华人民共和国民事诉讼法〉的解释》第152条第1款规定：“人民法院依照民事诉讼法第一百零三条、第一百零四条规定，在采取诉前保全、诉讼保全措施时，责令利害关系人或者当事人提供担保的，应当书面通知。”

3. 要求到场。依据2019年《证据规定》第27条第1款的规定，人民法院进行证据保全，可以要求当事人或者诉讼代理人到场。

4. 关于保全复议。依据《民事诉讼法》第111条的规定，当事人对诉前证据保全不服的，可以申请复议一次。复议期间不停止保全裁定的执行。

5. 关于保全解除。依据《民事诉讼法》第104条第3款的规定，申请人在人民法院采取保全措施后30日内不依法提起诉讼或者申请仲裁的，人民法院应当解除保全。同样，对于诉前证据保全，提出申请的利害关系人在法院采取证据保全措施后 30 日内不依法提起诉讼或者申请仲裁的，法院也应当解除证据保全。此外，依据最高人民法院《关于适用〈中华人民共和国民事诉讼法〉的解释》第 166 条第 1 款的规定，裁定采取保全措施后，存在保全错误、申请人撤回保全申请、申请人的起诉或者诉讼请求被生效裁判驳回、人民法院认为应当解除保全等情形的，人民法院应当作出解除保全裁定。

6. 保全错误的补救。依据《民事诉讼法》第 108 条、2019 年《证据规定》第 28 条的规定，申请证据保全错误造成财产损失，当事人请求申请人承担赔偿责任的，人民法院应予支持。

# 第七章　生态环境损害赔偿责任的构成与承担

## 第一节　生态环境损害赔偿责任的损害行为

### 一、生态环境侵害行为的“违法性”要求

一般认为，普通环境侵权责任奉行无过错归责原则，只要具备环境侵害行为、环境损害后果、因果关系，即可认定行为人构成了环境侵权。因此，普通环境侵权行为并不要求“违法性”要件。原《侵权责任法》第65条规定：“因污染环境造成损害的，污染者应当承担侵权责任。”1989年《环境保护法》第41条第1款规定：“造成环境污染危害的，有责任排除危害，并对直接受到损害的单位或者个人赔偿损失。”《民法典》第1229条规定：“因污染环境、破坏生态造成他人损害的，侵权人应当承担侵权责任。”上述规定都没有规定违法性要件。

对于生态环境损害赔偿诉讼中，生态环境侵害行为是否要求具备“违法性”要件，颇具争议。《生态赔偿改革方案》第4条第2项规定：“确定赔偿义务人违反法律法规，造成生态环境损害的单位或个人，应当承担生态环境损害赔偿责任，做到应赔尽赔。现行民事法律和资源环境保护法律有相关免除或减轻生态环境损害赔偿责任规定的，按相应规定执行……”据此，被告承担生态环境损害责任的要件包含了“违反法律法规”。《民法典》第1234条规定：“违反国家规定造成生态环境损害，生态环境能够修复的，国家规定的机关或者法律规定的组织有权请求侵权人在合理期限内承担修复责任。侵权人在期限内未修复的，国家规定的机关或者法律规定的组织可以自行或者委托他人进行修复，所需费用由侵权人负担。”可见，《民法典》进一步将“违反法律法规”修改为“违反国家规定”，一般认为国家规定包括法律法规、国家标准等。

### 二、生态环境侵害行为的“违法性”判断

法官在对生态环境侵害行为进行“违法性”判断时应当遵循三个层次：一般法律法规；环境法律规范；环境标准（过错推定归责原则）。

1. 考察生态环境侵害行为是否违反国家一般法律，如《宪法》《民法典》《刑法》等基本法律规范，是否同时构成一般民事侵权责任、刑事责任等。

2. 考察生态环境侵害行为是否违反环境法律规范。我国已经构建起了较为健全的环境保护法律体系，包括《环境保护法》《海洋环境保护法》《水污染防治法》《大气污染防治法》《固体废物污染环境防治法》《噪声污染防治法》《放射性污染防治法》等。

3. 考察生态环境侵害行为是否违反国家环境标准。《民法典》第 1234 条中的“违反国家规定”应当作广义理解，不仅包括国家法律规范，还包括环境标准。环境标准是为了防止环境污染，维护生态平衡，保护人群健康，对环境保护工作中需要统一的各项技术规范和技术要求所做的规定。具体讲，环境标准是国家为了保护人民健康，促进生态良性循环，实现社会经济发展目标，根据国家的环境政策和法规，在综合考虑本国自然环境特征、社会经济条件和科学技术水平的基础上，规定环境中污染物的允许含量和污染源排放污染物的数量、浓度、时间和速度、监测方法，以及其他有关技术规范。环境标准还可以按不同的角度与层次分为国家标准、地方标准和行业标准。

## 第二节　生态环境损害赔偿责任的因果关系

### 一、环境侵权体系下的因果关系

环境侵权责任，即污染者违反法律规定的义务，以作为或者不作为的方式，污染生活环境、生态环境造成损害，依法不问过错，应当承担损害赔偿等法律责任的特殊侵权责任。[1] 环境侵权责任是特殊侵权责任，突出特点是无过错责任归责原则和因果关系推定原则，即构成环境侵权责任，一方面不问污染

---

〔1〕 参见杨立新：《侵权法论》（第 5 版），人民法院出版社 2013 年版，第 731 页。

者主观方面是否存在过错。无论污染者在主观上有无过错，只要实施污染行为造成损害，都应当承担赔偿责任。另一方面只要行为人实施了环境污染或生态破坏行为，受害人因此遭受了损害，行为与结果之间存在基本的关联关系，即推定因果关系存在。

各国或者地区对于环境侵权责任也大都作了明确规定。例如，《日本环境基本法》第2条规定："本法所称'公害'是指伴随企(事)业活动及其他人为活动而发生的相当范围的大气污染、水体污染、土壤污染、噪声、振动、地面沉降和恶臭，并由此而危害人的健康或者生活环境(包括与人的生活有密切关系的财产以及动植物及其繁衍的环境)。"《德国环境责任法》第3条第1款规定："一项损害系因材料、振动、噪声、压力、射线、气体、蒸汽、热量或者其他现象而引起的，以这些现象是在土地、空气或者水中传播为限，此项损害系因环境侵害而产生。"《瑞典环境损害赔偿法》第3条规定："由下列原因造成的损害或者伤害应当予以赔偿：1. 河流、湖泊或者其他水域的污染；2. 地下水的污染；3. 地下水位的变化；4. 空气污染；5. 土壤污染；6. 噪声；7. 振动；8. 其他类似的侵害。"

承担生态环境损害赔偿责任的必要条件之一就是侵害行为和侵害结果之间具有因果关系，只有存在因果关系，被告才承担侵权责任。一般的侵权关系中，加害行为与损害结果之间往往具有即时性、直观性、特定性的特点，因果关系的判断相对容易。因此，侵权人的行为和受害人的损害之间的因果关系由受害人证明，运用相应的因果关系理论可以较好地解决侵权纠纷。然而，环境污染损害一般具有长期性、潜伏性、持续性、广泛性的特点；环境污染造成损害的过程具有复杂性，往往是污染物与各环境要素之间发生物理、化学、生物的反应，经过迁移、扩散、转化、代谢等一系列中间环节后才起作用，甚至有时候，污染物本身并不致害，但和其他因素相结合就产生了损害，使因果关系表现得十分隐蔽，认定比较困难；有的环境侵权因果关系的证明需要一系列物理、化学、生物、地理、医学等专业知识甚至一些高科技知识和仪器设备，这些知识、技术、设备并非常人所能具备，况且在现在的科学技术条件下，并不能解决所有的环境问题的证明；另外，环境侵权中，一因多果、多因一果或者多因多果的现象经常出现，因果关系的证明困难。故在环境侵权诉讼中，如果仍然按照"谁主张，谁举证"的原则，由代表社会公共利益行使诉权的原告承担因果关系的举证义务,则可能出现实质上的不公平,也不利于社会公共利益的维护。因此,我国原《侵权责任法》第66条规定,“因污染环境发生纠纷,污染者应当就法律规定的不承担责任或者减轻责任的情形及其行为与损害之间不存在因果关系承担举证责任”,环境民事公益诉讼中的被告应当就法律规定的不承担责任或者减轻责任的情形及其行为与损害之间不存在因果关系承担举证责任。国际也有类似的做法,例如,美国密歇根州1970年颁布的《美国环境保护法》第203条规定:“当原告在诉讼中初步证明被告的行为已经或可能损害或毁坏空气、水体或公共托管的其他资源时,被告可提出相反证据来反驳这一初步证明。”日本虽不承认举证责任倒置,但并非不考虑受害人举证困难,对举证困难的案件,一般由法官自由心证,进行因果关系的事实推定。相比较而言,对于因果关系的举证责任倒置,我国原《侵权责任法》第66条的规定比较严格和彻底。

## 二、因果关系的理论学说

大陆法系的德国法和日本法,将因果关系区分为责任成立的因果关系和责任范围的因果关系。前者指可归责的行为与权利受侵害之间具有的因果关系,是就侵权责任及其引起的直接损害而言的,其中心思想在于确认侵权事实与损害结果之间的客观联系,从事实上认定加害行为是否为损害结果发生的原因,不包含价值评判,而是对纯粹事实过程的认识。后者是指权利受侵害与损害后果之间的因果关系,是就该损害所引起的后继损害而判断其是否构成法律上的因果关系。如甲因乙工厂噪声而导致听力严重受损,甲支出医药费,住院期间感染上传染病。此时,甲支出的医药费、住院期间患传染病的损害与工厂噪声之间是否具有因果关系?责任范围的因果关系涉及法律价值的评判。[1]

实际上,环境侵权诉讼面临的因果关系证明困难,主要是指责任成立的因果关系证明困难。其原因在于传统的侵权法中,为使加害者承担损害赔偿义务,因果关系认定适用的条件说,又称等值理论,其基本思想在于认为所有条件彼此之间是等值的,各条件之间彼此没有谁更重要谁更不重要之分。根据

---

〔1〕 参见马栩生、吕忠梅:《环境侵权诉讼中的举证责任分配》,载《法律科学(西北政法学院学报)》2005年第2期。

条件说因果关系的检验过程被视为一种假设,即如果没有该行为仍然出现损害后果,则行为与损害后果之间不存在因果关系(如果是不作为,则是反之应用)。条件说及行为与损害结果之间如果存在逻辑上必然的条件关系,即“如无前者,即无后者”的关系,则存在因果关系。然而在环境诉讼中,对于受害人而言,严格贯彻这种标准将使责任成立因果关系难以证明。为了解决这一问题,围绕责任成立因果关系证明,产生了诸多学说,成为环境侵权行为理论研究的焦点。

### (一)疫学因果关系说

所谓“疫学因果关系说”,是指“对于环境侵害行为造成的广大受害人的身体损害,可通过病因学的方法进行分析是否存在着疫学上的因素,再利用现代统计学的原理,统计与调查各疫学上的因素与疾病之间的关系,它不再要求单个具体的原告证明因果关系的存在,只要当地存在的某种因素同受害人所患疾病患病率升降之间存在着较大的概率,就可认定他们之间存在因果关系”[1]。疫学因果关系的运用一般按照三个步骤进行:第一,需要分类确定被考虑的疾病、其他现象或者相应的其他由因果特性推定出来的复杂情况;第二,基于不同的研究以确定这样的情况是不是对于疾病的出现在统计学上具有重要意义;第三,如果统计学上的意义得以证明的话,则判断从统计学的角度出发是否可以推出存在因果关系。当然在任何情况下都必须以充分的科学数据和认识为前提条件。

在具体应用疫学因果关系时,需要满足三个条件:第一,该因素在发病前的一定期间内曾发生过作用;第二,该因素发生的作用与发病率之间成正比,即两者之间存在量与效果的对等关系;第三,该因素可以引起该疾病的结论是能够被生物学合理解释的。根据疫学因果关系说,在环境侵权案件中,若能证明某种因素与某种疾病存在疫学因果关系,则法院可以推定行为与损害存在因果关系。疫学因果关系本身并不能直接回答污染者的污染行为是否是损害结果出现的必要条件,而是只能给出某种因素是导致这一疾病出现的风险因子,只不过借助统计学的帮助发现这一因素大大提高了疾病出现的可能性,因

---

〔1〕 丁凤楚:《论国外的环境侵权因果关系理论——兼论我国相关理论的完善》,载《社会科学研究》2007年第2期。

而得以借助疫学因果关系说推定污染者的污染行为与损害结果之间存在因果关系。法院在具体运用疫学因果关系时,应当审查以疫学研究为基础的统计调查报告是否对案件具有实质意义。疫学因果关系为环境侵权案件中的因果关系认定提供了一种思路,但是基本上只能适用于环境污染造成人体患病的场合,而且在此种场合下,也不一定能够收集到满足统计学上要求的疫学性判断资料,再加上每个患者的个体差异性,能否判断出是否存有疫学上的因果关系还具有很大的局限性。

(二)间接反证说

间接反证原本是德国民事证据法上的理论,其含义是指当主要事实是否存在尚不明确时,由不负举证责任的当事人负反证其事实不存在的证明责任理论。因其并非直接对另一方当事人举证事实的反驳,而称为间接反证。对推定予以反驳的方式有两种,直接反证和间接反证。例如,对某主要事实 A 负举证责任的原告,证明能推定 A 存在的 a、b、c 三个间接事实,而且根据这些间接事实推定主要事实 A 被得到证明时,被告却直接针对原告所证明的主题 a、b、c 的存在,提出其不存在的证据,以阻碍推定 A 的存在,这属于直接反证。被告为了阻碍 A 被原告证明,也可以用其他的间接事实 d、e、f 来认定 A 不存在,从证明方法上看,它不是直接针对原告所证明的主题,所以叫间接反证。在直接反证的情况下,原告希望法院认定要件事实 A 存在,需证明 a、b、c 三个间接事实,而被告提供的反证只要能够达到使 a、b、c 三个证明主题真伪不明即可;而在间接反证的情况下,被告需证明 d、e、f 三项事实后,才能实现阻却要件事实 A 被认定的效果。主张在环境诉讼中引入该理论的学者认为,环境污染损害的因果关系因素较多,如果受害者能证明其中部分关联事实,其余部分的事实则被推定存在,而由加害人承担反证其不存在的责任。如果加害人不能反证其不存在,则因果关系成立。这样符合法的公平正义精神;间接反证说的意义在于,它根据部分举证事实推定,即部分间接推定的理论,认定存在因果关系,从而判决被告对原告的损害赔偿,大大缓解了原告的举证困难。

在日本,首先采用间接反证法的是 1971 年新潟水俣案,该判决认为:“在公害案件中,如因化学工业在其企业活动过程中排放化学物质引起多数居民患病的‘化学公害’案件中所发生的争议,涉及高度的自然科学知识。由此,要求受害人对因果关系的环节一个一个加以严格地科学解释和证明,无异于完全封闭了以民事审判方式救济被害人的途径。所以，在上述情况下，判断因果关系是否存在，通常只考虑以下几个问题：(1)被害疾病的特性及其原因物质；(2)原因物质到达被害人或被害地的途径（污染途径）；(3)污染企业排放原因物质（从产生到排放的装置）。对上述(1)和(2)的事实，依据情况、证据的积聚，如果能够就因果关系的科学关联作出没有矛盾的说明，就应当解释为已经证明了法律因果关系的存在。如果上述(1)和(2)的举证已经完成，就污染源的追寻而言，显然已经到达了企业的门口，因此，如果企业方面不能证明自己的工厂与污染源无关，即应认为原告已经尽了法律上因果关系的证明，对(3)的存在做事实上的推定。"从新潟水俣案的判决来看，由于法官根据部分举证事实推定，即部分间接推定的理论，来认定因果关系的存在，同时又在病因方面采纳了疫因学的观点，大大减轻了原告的举证责任。

淡路刚久教授认为，可将公害因果关系的要件事实分解为三部分，第一，损害发生的原因物质及其装置（病因或原因）；第二，原因物质到达受害人或受害人所在地的经过路程（污染路程）；第三，污染企业内原因物质的生成及排放。在诉讼中，原告只要能证明三要件事实中的任何两者，如能证明第一和第二、第一和第三、第二和第三，即应推定所剩的另一要件事实是存在的，故可就此对污染事件的因果关系作出决断。

竹下守夫教授对因果关系锁链事实划分得更为精细。其以痛痛病判决和新潟水俣案判决中法院的见解为基础，将公害事件的因果关系分为五部分证明主题。首先，将因果关系这一要件事实分解为：(1)被告污染企业的生产过程特定物质的产生；(2)向外部的排放；(3)通过媒介的扩散；(4)达到原告的身体、财产；(5)损害的发生。据此，受害人只需能证明上述的部分事实，在经验法则上就可以推定其他事实、过程存在，而不需对上述的5个部分进行全部证明，只要被告没有就存在不能适用经验法则的特别情况进行证明，即可认定因果关系存在。

### （三）表见证明法

表见证明是德国法上的理论，是指法官依据一般的生活经验从一个不断重复的典型事件历程中推测出某一特定事实，其最重要的特征在于表见证明是基于典型的事件历程推测出的，这也是其不同于间接反证学说的地方。依据表见证明，证明义务人（一般为权利请求人）需要证明推测出待定事实所依据的典型事件历程。而对方当事人只有通过证明存在偏离典型事件的重大可能性,方能动摇表见证明。在这里,表见证明并未引起举证责任转移或倒置。表见证明的重要性在于对负有举证责任的当事人而言能降低证明标准。在环境侵权诉讼中,如果损害可以明显归于某污染行为,或者某环境侵权行为引起了很典型的损害,抑或在侵权行为实施的时空附近出现了损害结果,那么受害人可以通过表见证明来减轻自己的证明责任。

### (四)概率因果关系法

概率因果关系法,即建立在概率基础上,并遵从下列公式:行为与结果之间的因果关系是以盖然性的方式存在的,即可以用统计学上的方式或者合法的方式予以解释,并基于此可以推断出诸如符合构成要件的结果或行为等现象。该理论认为,借助于对各个行为人引起损害的份额以统计学方式计算出盖然性,即可以认定是否存有因果关系。他们认为,如果某一行为可能会有引起损害结果发生概率增加的危险,那么足以认定存在因果关系,并且这种危险的增加和“行为与损害发生率之间的关联”都是通过统计学方式表示出的。也就是说,这种观点的着眼点在于,如果某一行为在本质上能够增加损害结果出现的盖然性,即可以认定行为与损害结果之间的责任成立因果关系存在。例如,某地区的一座化工厂,与化工厂建成之前相比,该地区的癌症率每年增加了×%,虽然并不能证明哪些患者是因为化工厂排放的污染物质而患癌,但是根据统计学的计算癌症率增加的概率,可以发现从整体上可以认定化工厂的排污行为与受害人患癌之间有因果关系,并按照危险增加的程度确定损害赔偿责任。概率因果关系说对于受害人的救济是十分有益的,但是也遭到了很多质疑和批评,他们认为法院的判决不能仅仅依靠统计学上的数据作出判断。

## 三、因果关系的类型

在环境侵权案件中,因果关系的认定是非常困难的,因果关系不存在的认定也非常困难。考虑到环境侵权诉讼案件中原被告在举证能力、证据距离等方面的显著差距,立法和司法解释采用因果关系的举证责任倒置规则降低了原告的证明负担,但是让被告反向证明因果关系不存在难度也很大。例如,对于白血病的成因,目前医学认为该病与环境因素关系密切,但也有很多其他因素，如遗传、放射、病毒等。此时让原告证明因果关系存在确实困难，但被告也极难排除环境污染因素在发病中的作用。在适用举证责任倒置的条件下，“并非意味着被告就理所当然和无条件地承担责任。法律仍然赋予被告可以就某种事由的存在与否进行抗辩，只要他能够提出其中的一项抗辩理由，就能免除其责任……对于这种抗辩事由的确定也是考虑到被告具有证明的可能性，如果被告也无法证明这些事由，法律却将该责任施加给被告是不公平的”[1]。实践中，大多存在以下几种因果关系：

一是补充因果关系。只有在数个侵权行为共同作用下，才会造成损害结果，而各侵权行为单独不足以导致损害结果的发生。补充因果关系包括附加的补充因果关系和协同作用的补充因果关系。附加的补充因果关系是指各行为相加之后方引起权利侵害，例如，甲、乙单独排放的废水所含污染物均不足以造成他人人身、财产损害，但是两个工厂排放的废水汇流到附近的鱼塘后，则造成鱼的死亡。协同作用的因果关系指数个侵权行为（甚至可能是合法排污行为）通过彼此间的相互作用如化学反应等才引起损害结果，比如一家工厂排放的铝尘以植物不可吸收的形式堆积在地表，之后相邻的化工厂排放硫酸，并与铝产生化学反应，在地表形成硫酸铝，从而对植物造成损害。补充因果关系的特殊情形就是最小因果关系。最小因果关系指大量微小的原因共同引起了损害，而若只是单独来看这些原因，则对损害结果的影响是可以忽略的。在此种情形下，在认定事实构成要件的过程中，需要根据社会相当性理论考虑这种行为是否微小到可以被忽略。

二是累积因果关系。累积因果关系是指虽然是数个行为导致损害的发生，但实际上单个行为本身已足以引起损害。也就是说，如果少了某一行为，依然会产生损害结果，只是在损害程度或者性质上发生变化。这实际上是加害范围不明的类型。例如，前述硫酸铝案例，如果两家相邻的化工厂都排放了硫酸，实际上其中任何一家排放的硫酸都会与铝发生化学作用，只不过两家化工厂在因果关系中所占的比例不明确而已。对于这种因果关系的比例不明并不会影响到因果关系认定，但是会影响到赔偿范围问题。

三是替代因果关系。替代因果关系又称择一因果关系，是指数个行为导

---

〔1〕 王利明：《论举证责任倒置的若干问题》，载《广东社会科学》2003年第1期。

致损害发生,但究竟何人的行为与损害结果之间具有因果关系并不明确。例如,数家工厂排出的污水致鱼塘中的鱼死亡。鱼死亡的结果实际上仅是其中一家或几家工厂排出的污水所致,但由于技术手段的局限,无法确定究竟是哪家或哪几家的排污行为所致。

## 四、因果关系证明的举证责任分配

《民法典》第1230条规定:"因污染环境、破坏生态发生纠纷,行为人应当就法律规定的不承担责任或者减轻责任的情形及其行为与损害之间不存在因果关系承担举证责任。"该规定来源为原《侵权责任法》第66条,即我国一直以来在私益侵权领域坚持的,污染行为与损害之间的因果关系实行举证责任倒置,由被告就因果关系不存在承担举证责任。但为防止滥诉,弥补事实认定过程中举证责任倒置规则内在的逻辑结构缺陷,根据《环境侵权证据若干规定》的规定,被侵权人应当提供证明侵权人排放了污染物或者破坏了生态、其所受损害,以及前述污染物或其次生污染物、破坏生态行为与损害之间具有关联性的证据材料。司法实践中,在哪些情形下,人民法院可以认定污染者完成了关于因果关系不存在的举证责任,法律没有明确的规定,实践中做法多种多样。《环境侵权证据若干规定》规定了以下三种可以认定被告完成了因果关系不成立的举证责任的情形:

一是污染物未到达损害发生地。被告排放可造成损害的污染物、释放的生态因素、产生的生态影响与原告的损害在空间上距离过远,结合案件的具体情形,如气候特征、风向、水流流向、地理环境等因素,若推定因果关系的存在违反科学上的常理,则被告主张因果关系不成立应当得到认可。例如,渤海湾受到油污污染,海南的渔民主张溢油行为造成其损害,若被告能够举证证明油污的范围尚未到达海南海域,则视为被告完成了关于因果关系不存在的举证责任。排放可造成损害的污染物只有到达损害发生地,才使得因果关系的推定具有可靠性和科学性。被告排放可造成损害的污染物、释放的生态因素、产生的生态影响未到达损害发生地,说明被告行为不是导致该损害的原因,被告行为与原告主张的损害不具有关联性,法院应当认定被告行为与原告的损害之间因果关系不成立。

二是损害发生于环境侵害行为之前。按照因果关系的链条和逻辑顺序,原因在前,结果在后。在时间顺序上,只有被告排放污染物或者破坏生态在前,造成原告的损害在后,才有可能建立行为与损害之间的因果关系。若被告举证证明原告的损害在被告排放污染物或者破坏生态之前已经发生,则从反面说明了被告行为与原告损害之间不具有因果关系,原告的损害不是由于被告行为所导致的,而是由于其他原因造成的。同时被告需要证明其排放污染物或者破坏生态并未加重原告的损害。否则,被告仍须对其造成原告损害加重的部分承担赔偿责任。

三是环境侵害行为不可能导致损害发生的其他情形。在原告证明了被告排放污染物或者有生态破坏的行为,有损害结果的基本事实后,被告也会提出反证,以试图推翻上述基本事实。法官需要抉择是否适用因果关系举证责任倒置规则。一般而言,原告需要对被告排放污染物和损害结果的基本事实的证明达到使法官确信的证明程度。如果不能达到使法官确信的证明标准,则因果关系举证责任倒置的前提则不成立,因此法官不能适用因果关系举证责任倒置。被告可以通过举证证明其排放的污染物不会导致原告的损害来完成举证责任,如被告采取了合理的防治措施处理其排放的污染物,排放的物质已不具有致害性。

## 五、生态环境损害赔偿诉讼的因果关系判断

生态环境损害赔偿诉讼由政府及其部门提起,以修复受损的生态环境或请求造成生态环境损害的主体就生态环境永久性损害所造成的损失承担金钱赔偿责任为目的,具有明显的公益性质。《生态赔偿案件若干规定》关于原告举证责任的规定在规范模式上采取了与《环境民事公益诉讼解释》不同的方式,更接近环境侵权诉讼中被侵权人的举证责任规范模式。

环境侵权责任纠纷中被侵权人作为原告的举证责任与环境公益诉讼中法律规定的机关和有关组织作为原告的举证责任存在区别,相对而言,前者较为严苛。降低环境民事公益诉讼原告举证负担的原因在于,环境民事公益诉讼事关社会公共利益,社会组织作为公益诉讼原告,难以掌握被告违法行为的材料,且缺乏专业能力及资金来源,对其而言,就不法行为及环境损害的存在承担举证责任所要求的专业性过高,即使由检察机关提起公益诉讼,由于检察机关无调查处理环境违法行为的职责,不掌握有关调查处理材料,亦无环境监测

的专业能力，在举证能力层面与社会组织同样处于相对弱势的地位。因此，若令公益诉讼原告承担与私益诉讼中被侵权人一致的举证责任，将会削弱其提起公益诉讼的能力和动力，不利于实现环境公益的保护。

生态环境损害赔偿诉讼与环境民事公益诉讼虽皆具公益性质，但所秉持的逻辑并不相同。生态环境损害纳入私法救济乃通过损害拟制的方法，将负有环境保护及治理职责的行政机关因恢复生态环境而遭受的不利负担作为法律上的损害，通过私法进行保护。总体而言，《生态赔偿案件若干规定》在规范模式上更类似于《环境侵权证据若干规定》，而非《环境民事公益诉讼解释》，接近于以纯粹的私法手段实现生态环境保护的公益目的。

生态环境损害赔偿诉讼虽然也具有公益性质，但《生态赔偿案件若干规定》在原告举证责任的规范模式上采取了与环境民事公益诉讼的前述规定不一致的做法，主要原因就在于生态环境损害赔偿诉讼与普通的环境民事公益诉讼中原告身份的差别。生态环境损害赔偿诉讼中行政机关作为原告，掌握着行政执法阶段的证据，且具有专业优势，举证能力较强，若采取环境民事公益诉讼中原告举证责任的规范模式，将造成原被告诉讼能力对比过于悬殊的后果。

根据《环境侵权证据若干规定》第 6 条的规定，环境污染侵权责任适用因果关系举证责任倒置的特殊规则。因果关系举证责任倒置的目的在于，通过因果关系举证责任的分配对原被告严重失衡的举证能力进行再平衡。理论界有学者认为，不应在生态环境损害赔偿诉讼中实行因果关系举证责任倒置。赞同观点认为，与社会公益组织、检察机关不同，行政机关作为生态环境损害赔偿诉讼原告，控制行政执法阶段形成的各项证据，且就环境方面所掌握的专业知识较普通环境侵权中被侵权人而言更为丰富，若继续贯彻环境侵权责任中因果关系举证责任倒置的规则，可能会导致原被告举证能力再度失衡，有矫枉过正的嫌疑。反对观点认为，举证责任倒置除矫正原被告举证能力失衡外，在规范目的方面，可以督促社会主体需在行为有可能造成生态环境损害时就合法性、可行性问题进行谨慎评估，并且，环境侵权案件中的因果关系往往难以通过社会一般理性进行判断，事实查明难度较一般案件而言更高，将因果关系的举证责任分配给被告有助于使被告充分举证，避免发生因被告怠于举证导致事实难以查明的后果。

生态环境损害赔偿案件中原被告的举证能力确无通过因果关系举证责任倒置进行再平衡的必要。但是,由于生态环境损害赔偿案件事实查明难度较大,作为原告的行政机关在特定情形中亦属举证弱势一方。因此,《生态赔偿案件若干规定》仍采用由原告承担关联性举证责任,而被告承担不具有因果关系的举证责任这一传统环境侵权证明责任模式。

审判实践及理论界多数观点认可举证责任的分配以法律要件分类说为基本原则,亦即举证责任系以实体法上的权利发生规范、权利妨碍或消灭规范中规定的要件事实为证明对象。可以明确的是,行为与损害之间的关联性在文义上看不属于要件事实范畴,而仅为推定作为要件事实的因果关系成立的前提。生态环境损害赔偿案件中因果关系的证明更接近于通过间接反证就行为与损害之间的因果关系进行认定。

间接反证是指当事实是否存在尚不明确时,由不负举证责任的当事人承担反证该要件事实不存在的证明责任理论。在生态环境损害赔偿案件中,原告就污染环境、破坏生态的行为与生态环境损害之间存在因果关系的可能性进行初步证明,亦即就条文所述的关联性进行举证,法院即推定因果关系成立,并由被告通过证明其他间接事实的方法反证因果关系不成立。需要注意的是,生态环境损害赔偿案件中并不排斥被告以直接反证的方法阻碍因果关系成立的推定。生态环境损害赔偿诉讼中的直接反证,是指被告就由原告证明的行为与损害存在关联性这一推定因果关系成立之基础提出关联性不存在的反证,以阻碍法院推定因果关系成立。

为了实现利益衡平的目的,有学者认为,在环境侵权诉讼中,在因果关系、免责事由证明方面,对原告适用较高程度盖然性标准,对被告适用高度盖然性标准;而在其他证明对象方面,如污染行为损害事实等方面则对原被告适用相同的证明标准;在特殊情况下,甚至可以适用低度盖然性标准。事实上,只有对原被告适用不同的证明标准,才能完成因果关系推定。在正向推定的情况下,原告方提出证据证明的事实推定因果关系成立,被告进行反证只要使事实处于真伪不明状态就可以推翻推定,这时对原被告采用的是同一证明标准。但是,在反向推定的情况下,被告进行反证必须排除存在因果关系的可能性,否则,因果关系就会被推定成立,这时,对于被告的证明要求明显要高于原告,适用的是相当于“排除合理怀疑”的高度盖然性标准。[1]

生态环境损害赔偿案件中原告就行为与损害之间具有关联性提交的证据的证明标准，仍与环境侵权责任保持一致，采取低度盖然性标准，原告仅需证明因果关系存在的可能性即可，不能仅因原告不能排除因果关系不存在而令其根据举证责任规则承担不利后果。

## 第三节　生态环境损害赔偿责任的归责原则

生态环境损害赔偿责任的归责原则应当依据侵害行为类型予以区分，对于环境污染造成损害后果的依据《民法典》适用无过错归责原则，对于生态破坏造成损害后果的根据情形分别适用无过错归责原则或者过错归责原则。例如，根据欧盟相关规定，生态破坏损害赔偿责任中重大性损害或从事危险行业适用无过错归责原则，一般性损害赔偿责任则适用过错归责原则。

### 一、归责原则概述

环境污染责任作为一种特殊侵权责任，其特殊性首先表现在其采用了无过错责任的归责原则。依无过错责任原则，在社会公共利益受到损害、环境污染者或生态破坏者的行为与损害有因果关系的情况下，无论环境污染者或生态破坏者有无过错，都应当对其污染或破坏行为承担侵权责任，即环境公益诉讼案件与一般环境侵权案件的归责原则并无不同。需要注意的是，居民之间生活污染适用过错原则，主要由《民法典》第二编第七章相邻关系条文予以规范。对于企业生产等环境污染责任采用无过错责任的归责原则，主要有以下原因：

1. 环境问题治理的严重性、紧迫性。环境问题关系到人民群众的切身利益，关系到人与自然和谐相处和经济社会永续发展，我国目前正处于工业化中期，重工业比例仍然偏高，高能耗，低产出，污染风险相对较高。我国有些企业一方面大量开发和利用资源，以获取利润；另一方面为节省处理成本大量排

---

〔1〕 参见吕忠梅：《环境侵权诉讼证明标准初探》，载《政法论坛》2003 年第 5 期。

污,造成他人人身、财产和公共环境的损害。无过错责任原则有利于追究侵权人的责任,促使其积极治理污染,预防和减少污染,保护社会公共的环境权益。

2. 与现行的环境保护法律中归责原则的规定一致。《海洋环境保护法》第89条第1款规定:“造成海洋环境污染损害的责任者,应当排除危害,并赔偿损失;完全由于第三者的故意或者过失,造成海洋环境污染损害的,由第三者排除危害,并承担赔偿责任。”《水污染防治法》第98条规定:“因水污染引起的损害赔偿诉讼,由排污方就法律规定的免责事由及其行为与损害结果之间不存在因果关系承担举证责任。”《大气污染防治法》第125条规定:“排放大气污染物造成损害的,应当依法承担侵权责任。”《噪声污染防治法》第86条第1款规定:“受到噪声侵害的单位和个人,有权要求侵权人依法承担民事责任。”《放射性污染防治法》第59条规定:“因放射性污染造成他人损害的,应当依法承担民事责任。”

3. 符合环境侵害责任归责原则的国际做法。对于环境污染侵权不同国家针对不同的情况在立法上有所不同,大都区分不同环境侵权类型,分别采用过错责任和无过错责任。大多数国家对企业生产等危害较大的环境污染采用无过错责任的归责原则。日本的环境立法中对一般的环境污染侵权依据《日本民法典》第709条的规定承担过错责任,但在公害事件中适用无过错原则。公害无过错原则的适用对象为大气污染、水质污染和放射性污染等有害物质所引起的公害,对于因噪声、振动、地面沉降、恶臭等造成的环境损害,无过错原则并不适用。对于使用无过错归责原则的公害案件,赔偿范围仅限于对人生命、健康损害的救济,对于财产的损害则不适用无过错原则。日本1967年以来陆续出台了《日本公害对策基本法》、《日本噪声控制法》、《日本大气污染防止法》、《日本水污染防治法》和《日本环境影响评价法》等10多部环境保护法律。《日本大气污染防止法》、《日本水污染防治法》等法律中确定无过错责任的归责原则。《日本大气污染防止法》第25条第1款规定:“企业因伴随其活动而向大气中排放(包括飞散)有害于人体健康的物质(指烟尘、特定物质和粉尘。而作为仅对生活环境有害的物质则是政令规定以外的物质),从而危害了人的生命或健康时,与该排放有关的企业者对由此而引起的损害应承担赔偿责任。”《日本水污染防治法》第19条规定:“伴随企业的活动排放还有有害物质的废水或废液,或者向地下渗透而危害了人的生命和身体时,与该排放或向地下渗透有关的企业者,应当承担由此而引起的损害赔偿责任。"《日本矿业法》第 109 条第 1 款规定:"为了采掘矿物而挖掘土地,由于排放坑水或废水、堆积废石或排放矿烟,对他人造成损害时,损害发生时的该矿区的矿业权者,或者损害发生时矿业权业已消灭,矿业权消灭时该矿区的矿业权人,负赔偿该损害的责任。"德国法对环境侵害作了两类区分:其一,由于人们的日常活动或者企业无须政府许可的营业活动所引起的环境侵害,这被称为一般性的环境侵害;其二,经政府许可的营业活动,也即企业的产业活动所引起的环境侵害,这被称为特殊类型的环境侵害。与此相对应,德国环境侵权方面的法律主要涉及两个层面:一是民法典关于侵权行为、干扰侵害和侵害排除的一般性规定,主要解决一般性的环境侵权问题。《德国民法典》第 906 条规定:"在干扰不损害或者较轻微损害土地的使用范围内,土地所有权人不得禁止煤气、蒸汽、臭气、烟气、煤烟、热气、噪声、震动或其他来自他人土地的类似的干扰或侵入。如果此类干扰对土地的通常使用或者对土地的收益所造成的妨害超出预期的程度,所有权人可以要求适当的金钱赔偿。"对于无法用相邻关系调整的其他一般性环境侵权损害赔偿,适用《德国民法典》第 823 条规定的过错原则,"因故意或者过失不法侵害他人的生命、身体、健康、自由、所有权和其他权利者,负向他人赔偿因此所生损害的义务"。当此类环境侵害造成的后果仅限于精神层面,而不涉及被侵害人生命、身体、健康、自由和财产权利时,即便加害人存在故意或者过失,被侵害人也不能依据上述《德国民法典》第 823 条得到赔偿。德国司法判例认为,对清洁的空气、水和舒适生活环境的利益(所谓的环境权等法益),并不属于《德国民法典》第 823 条所称"其他权利"的范畴。二是涉及环境侵权的专门性法律,如《德国公害防治法》、《德国水利法》、《德国环境责任法》和《联邦固体废弃物防治和固体废弃物管理法》等,主要解决特殊类型的环境侵权问题。德国法将其纳入危险责任,在民法典之外通过特别法加以规范。《德国环境责任法》第 1 条规定:"因环境侵害而致人死亡,侵害其身体或者健康,或者使一个物发生损毁的,以此项环境侵害是由附件一中所列举的设备引起的为限,对于由此发生的损害,设备的持有人负有向受害人给付赔偿的义务。"《德国水利法》第 22 条规定:"向水体(包括河流、湖泊、沿海和地下水)投放或导入物质,或者变更水体原来的物理、化学或生物性质、致损害他人者,就其所生损害负赔偿责任。如果是多人使水域产生影响,那他们作为整体负债人而承担责任。”英美法系的干扰妨害和严格责任在环境侵权救济中运用得比较普遍。自1970年以来，美国逐渐采取以环境专门立法的形式来确立严厉的行政控制制度以及损害赔偿的严格责任原则，如《美国超级基金法》《美国安全饮用水法》《美国清洁空气法》《美国清洁水法》等，均以严格责任为原则。

在现有法律规定的框架下，举证责任倒置的基本原则尚未改变，尤其是在私益领域仍坚持举证责任倒置，无过错责任原则判断环境侵权责任。在公益侵权领域，虽然有部分关于调整举证责任的呼声，但立法机关仍未有明确表态。仅考虑违法行为要件，并非将规则原则一并予以调整为过错责任。

## 二、损害赔偿责任的减免事由

对于适用无过错责任的环境侵权，其责任并非绝对责任，侵权人可以依据法律规定的不承担责任或者减轻责任的情形提出抗辩，从而免除或减轻自己的侵权责任。不同类型的环境污染，免责和减轻责任的法定事由并不相同。如因核材料或者核设施泄漏引起的核污染责任，与工业废气排放引起的环境侵害损失，法律规定其免责或减轻责任的事由有所不同。

### （一）法定减免事由

1. 法律规定的一般情形。现行《环境保护法》删除了1989年《环境保护法》第41条第3款规定，“完全由于不可抗拒的自然灾害，并经及时采取合理措施，仍然不能避免造成环境污染损害的，免予承担责任”，并不意味着环境侵权的免责事由不再包括不可抗力。《环境保护法》第64条规定“因污染环境和破坏生态造成损害的，应当依照《中华人民共和国侵权责任法》的有关规定承担侵权责任”，但同时，除非存在特别法和特别的规定，否则被告亦可以依照原《侵权责任法》第三章“不承担责任和减轻责任的情形”的有关规定不承担责任或减轻责任。《民法典》第1230条规定：“因污染环境、破坏生态发生纠纷，行为人应当就法律规定的不承担责任或者减轻责任的情形及其行为与损害之间不存在因果关系承担举证责任。”同时，《民法典》还对一般侵权行为涉及的减轻、免除责任予以规定，第1173条规定：“被侵权人对同一损害的发生或者扩大有过错的，可以减轻侵权人的责任。”第1174条规定：“损害是因受害人故意造成的，行为人不承担责任。”社会公共环境权益被侵害，被侵权人或被害人系不特定的社会公共群体，即使因为特定的受害人故意、被侵权人过错导致环境污染、生态破坏，在公益侵权中应当属于第三人责任，侵权人不能依据《民法典》的规定主张不承担责任或减轻责任。侵权人能否依据《民法典》第1177条第1款“合法权益受到侵害，情况紧迫且不能及时获得国家机关保护，不立即采取措施将使其合法权益受到难以弥补的损害的，受害人可以在保护自己合法权益的必要范围内采取扣留侵权人的财物等合理措施；但是，应当立即请求有关国家机关处理”的规定主张不承担责任或者减轻责任，可以在司法实践中进一步探索。用污染环境、破坏生态的方法进行正当防卫或者紧急避险似乎并不多见，但不能排除极端的情形，如为拯救因不慎或意外落入污染物容器的人的生命，在不会造成新的人身伤亡的前提下，不得已紧急采用非常规手段排空污染物容器造成环境污染，污染者似乎可以不承担责任或者减免主要责任。

2. 第三人责任问题。虽然《民法典》第1175条规定：“损害是因第三人造成的，第三人应当承担侵权责任。”但在环境侵权领域，《民法典》第1233条规定：“因第三人的过错污染环境、破坏生态的，被侵权人可以向侵权人请求赔偿，也可以向第三人请求赔偿。侵权人赔偿后，有权向第三人追偿。”根据上述关于环境侵权责任的特别规定，因第三人过错造成的损害，除非法律另有规定，否则侵权人一般情况下不能依据《民法典》第1175条的规定免除责任。例外的情形如《海洋环境保护法》第89条第1款规定，“造成海洋环境污染损害的责任者，应当排除危害，并赔偿损失；完全由于第三者的故意或者过失，造成海洋环境污染损害的，由第三者排除危害，并承担赔偿责任”。

3. 其他特别免责、减轻责任事由。《海洋环境保护法》第91条规定：“完全属于下列情形之一，经过及时采取合理措施，仍然不能避免对海洋环境造成污染损害的，造成污染损害的有关责任者免予承担责任：（一）战争；（二）不可抗拒的自然灾害；（三）负责灯塔或者其他助航设备的主管部门，在执行职责时的疏忽，或者其他过失行为。”《水污染防治法》第96条第2、3款规定：“由于不可抗力造成水污染损害的，排污方不承担赔偿责任；法律另有规定的除外。水污染损害是由受害人故意造成的，排污方不承担赔偿责任。水污染损害是由受害人重大过失造成的，可以减轻排污方的赔偿责任。”

### （二）可参考的国外立法例

国外对于环境污染责任不承担责任或者减轻责任的情形较多见的是不可

抗力、受害人过错和第三方责任。《德国环境责任法》第4条规定："以损害系不可抗力引起的为限，不存在赔偿的义务。"《德国水利法》第22条第2款规定："因制造、加工、储藏、堆积、运送或毁弃物品，从其设备向水体投放物质，致损害于他人者，设备营运人就所生损害负赔偿责任。如果损失由暴力引起，则没有赔偿义务。"《日本大气污染防止法》第25条第3款规定："关于第二十五条第一款规定的损害的发生，与天灾及其他不可抗力联系在一起时，法院在对损害赔偿责任与赔偿额的认定上，应当斟酌这一情况。"《日本水污染防治法》中也有类似规定。《美国超级基金法》第7部分(b)款规定："如果某人能证明泄漏某种有害物质及由此造成的损失是由于以下原因引起的，则不承担本条(a)款的责任：(1)不可抗力；(2)战争；(3)损害仅因第三方的过失引起，并且第三方同该人(被告)之间不存在雇佣或者代理关系，不存在任何直接或者间接的合同关系，同时，被告必须能够证明他不仅对于该有害物质的性质以及所有相关的因素都已尽到谨慎的注意义务，并且对能够合理预见到的第三方过失都已采取谨慎的预防措施；(4)任何以上原因的组合。"

一些国际公约对环境污染不承担责任或者减轻责任的情形也有规定。《欧盟环境责任指令》第4条规定："该指令不调整由以下情况导致的环境损害或者紧急的环境威胁：1. 武装冲突，敌对行动，内战或者骚乱；2. 不可避免和不可抑制的自然现象。该指令不适用于由监理欧洲原子能共同体条约所调整的活动导致的核风险或者环境损害或者紧急的环境损害。"《国际油污公约》第3条第2款规定，船舶所有人如能证明损害系属于以下情况，即不负责任：(1)由于战争行为、敌对行为、内战或者武装暴动，或者特殊的、不可避免的和不可抗拒的自然现象所引起的损害；(2)完全由于第三者有意造成损害的行为或者怠慢所引起的损害；(3)完全是由于负责灯塔或者其他助航设备的政府或其他主管当局在执行其职责时，疏忽或其他过失行为所造成的损害。

## 三、责任限制规则

在环境侵害者的财产不足以清偿全部债务的情况下，应优先满足普通环境侵权诉讼原告的赔偿请求，但如此一来，受到损害的生态环境就没有办法得到修复，这与生态环境损害赔偿诉讼的初衷显然相悖。另外，普通环境侵权诉讼原告的债权仅系普通债权，在存在众多债权尤其是存在别除权的情况下，很有可能也无法获得全部清偿。为了应对无法找到污染者以及污染者无清偿能力的情况,美国、德国等国家采取了一些行之有效的措施,主要包括以下几种情形。

### (一)设立损害赔偿基金

美国于1980年12月通过《美国超级基金法》,并依据该法设立了用于治理有害物质泄漏和清理污染场所所需资金的超级基金。根据该法的规定,请求人向污染责任人提出索赔请求未果的,可以向基金提出申请,美国政府依据该法有权向责任者追索支出的恢复环境的费用,因此,超级基金是美国国家对污染损害承担的兜底责任。同时,在美国的破产案件中,涉及环境债权的案件通常就是源于超级基金法所确立的环境清理责任。《美国破产法》和《美国超级基金法》对破产公司的环境债权清偿顺序没有直接作出规定,通常由法院在破产程序中决定是否给予环境债权特殊待遇。大多数法院都不直接讨论环境债权是否享有优先权的问题,而是围绕着破产管理人能否放弃破产财产、能否将环境清理费用当作破产财团管理费用等问题进行讨论,从而间接地给予环境债权优先权的地位。这主要是基于美国最高法院于1985年Midlantic National Bank一案中所作出的结论。在该案中,法院认为破产管理人不可违反保护公共健康和安全的环境法而放弃破产财产。以此类推,如果对公共健康和安全造成威胁的破产财产不可放弃,那么"因转移这一威胁而支付的费用就应当认为是保护破产财产的必要费用"。除美国外,还有奥地利、瑞士等国也成立了公众基金来赔偿损失。

### (二)设立环境责任保险

环境责任保险是以市场手段应对环境污染、生态破坏风险的主要方式。目前,我国有1件法律和4件行政法规规定了环境污染强制责任保险。《海洋环境保护法》第66条规定,国家建立船舶油污保险制度,具体办法由国务院规定。为此,2009年国务院制定了《防治船舶污染海洋环境管理条例》,并于2018年进行了修订。该条例按照国际惯例,建立了"责任保险"和"提供担保"二选一的制度,第51条第1款规定:"在中华人民共和国管辖海域内航行的船舶,其所有人应当按照国务院交通运输主管部门的规定,投保船舶油污损害民事责任保险或者取得相应的财务担保。但是,1000总吨以下载运非油类物质的船舶除外。"2013 年年初，原环境保护部、原中国保险监督管理委员会联合发布《关于开展环境污染强制责任保险试点工作的指导意见》，启动环境污染强制责任保险试点，并在随后提出了国家建立环境污染责任保险制度的建议。但 2014 年修订的《环境保护法》第 52 条仅规定国家鼓励投保环境污染责任保险。为应对当前环境污染、生态破坏的严峻形势，有必要参照国际惯例，加大推进环境污染强制责任保险的试点范围和力度，特别是对于列入重点排污企业名单的企业应科以"责任保险"和"提供担保"二选一的责任，以市场化、社会化方式分散环境风险。

（三）国家承担兜底责任

有些国家将这一问题留给了政府机构来处理。《德国环境责任法》等法律规定了最高赔偿限额，以及在运行某些特别危险设备情况下，设备所有人承担的承保或者提供财务担保的义务。同时，德国还规定了在侵权人不能确定或者缺乏清偿能力情况下国家的兜底责任，即"如果污染物没有所有人或者所有人已经破产，行政机构有义务清理被污染的土壤和水，并承担清理费用"。《丹麦环境保护法》第 1969 节第 69、70 条规定："当环境损害的责任人已经消失或者无法支付赔偿金的，监管机构有责任采取合理措施确保环境和公众健康不受损害。"芬兰有关法律规定，"如果不能找到责任人，将由政府承担环境清理费用"，"环境损害债权在破产程序中不享有优先权"。法国有关法律规定："如果被告破产了，即使法院判原告赢得诉讼，也没有办法强迫被告支付赔偿金。但在满足以下两个条件下，通常由政府机构承担环境清理责任，一是污染地点无所有权人，二是该地点至少存在潜在的威胁。"

上述这些配套制度的建立对于保护企业免于因承担过于巨大的赔偿责任而陷于破产危机、保护弱势受害人的基本权益以及修复生态环境起到了积极作用，可以参考。

## 四、环境清理费用的优先清偿

关于能否赋予环境清理费用优先于普通债权的清偿顺位。有观点主张环境清理费用具有公益性，应优先于普通债权获得清偿。此种观点还有相应的域外实践依据，如前所述，美国法院判例中就有将环境清理费用作为破产财团的管理费用从而获得优先清偿地位的做法。依据我国现行《企业破产法》的规

定,对此问题可以作以下两个方面的理解:

1. 依据《企业破产法》第 113 条的规定,对破产财产享有优先清偿权利的有:破产费用和共益债务;破产人所欠职工的工资和医疗、伤残补助、抚恤费用,所欠的应当划入职工个人账户的基本养老保险、基本医疗保险费用,以及法律、行政法规规定应当支付给职工的补偿金;破产人欠缴的除前项规定以外的社会保险费用和破产人所欠税款。该法对于环境清理费用的优先清偿顺序并没有作出特别规定,故在现有法律框架内,环境清理费用仅仅是普通债权的一种,并不能取得优先清偿的地位。

2. 共益债务可以获得优先清偿。根据《企业破产法》第 42 条的规定,人民法院受理破产申请后发生的下列债务为共益债务,其中包括管理人或者相关人员执行职务致人损害所产生的债务以及债务人财产致人损害所产生的债务。(1)管理人或者相关人员执行职务致人损害所产生的债务实质是对其侵权行为所承担的民事责任,而判断债务是否存在,应当通过民事责任的构成要件认定,这其中自然就包括管理人或者相关人员实施的环境侵权行为致社会公共利益、私人利益遭受损害所产生的债务。在此情况下,不仅仅是环境清理费用,生态环境修复费用以及人身、财产损失均可优先获得清偿。(2)《民法典》把饲养动物损害责任、高度危险责任与建筑物和物件损害责任分别规定,而债务人财产则既包括动产、不动产等物件,也包括高度危险物品、动物等其他形态的财产。因此,《企业破产法》第 42 条规定的债务人财产致人损害所产生的债务应包括高度危险责任。而依据《民法典》高度危险责任中的民用核设施发生核事故造成他人损害的,易燃、易爆、剧毒、高放射性、强腐蚀性、高致病性等高度危险物造成他人损害的,遗失、抛弃高度危险物造成他人损害的,非法占有高度危险物造成他人损害的等情形均属于环境侵权行为,由此导致的损失、费用属于共益债务,可以获得优先清偿。但需要指出的是,上述共益债务的发生时间必须是在受理破产申请后,如在此之前发生,不论是环境清理费用,还是环境生态修复费用,抑或因环境侵权导致的人身、财产损失均属于普通债务,不能获得优先清偿。

关于不能完全清偿的责任限制问题。最高人民法院《关于审理船舶油污损害赔偿纠纷案件若干问题的规定》[1]也有相应的制度安排。《国际油污损害民事责任公约》第5条[2]以及最高人民法院《关于审理船舶油污损害赔偿纠纷案件若干问题的规定》第27条[3]对于公益诉讼和私益诉讼受偿顺位有

---

〔1〕 最高人民法院《关于审理船舶油污损害赔偿纠纷案件若干问题的规定》第5条规定，油轮装载的持久性油类造成油污损害的，应依照《防治船舶污染海洋环境管理条例》《1992年国际油污损害民事责任公约》的规定确定赔偿限额。油轮装载的非持久性燃油或者非油轮装载的燃油造成油污损害的，应依照海商法关于海事赔偿责任限制的规定确定赔偿限额。

第9条规定，船舶油污损害赔偿范围包括：(1)为防止或者减轻船舶油污损害采取预防措施所发生的费用，以及预防措施造成的进一步灭失或者损害；(2)船舶油污事故造成该船舶之外的财产损害以及由此引起的收入损失；(3)因油污造成环境损害所引起的收入损失；(4)对受污染的环境已采取或将要采取合理恢复措施的费用。

第19条规定，对油轮装载的非持久性燃油、非油轮装载的燃油造成油污损害的赔偿请求，适用海商法关于海事赔偿责任限制的规定。同一海事事故造成前款规定的油污损害和《海商法》第207条规定的可以限制赔偿责任的其他损害，船舶所有人依照海商法第十一章的规定主张在同一赔偿限额内限制赔偿责任的，人民法院应予支持。

〔2〕 《国际油污损害民事责任公约》第5条规定，(1)船舶所有人有权将他依本公约对任何一个事件的责任，限定为按船舶吨位计算的赔偿总额每吨2000法郎，但这种赔偿总额绝对不得超过2.1亿法郎。(2)如果事件由于船舶所有人实际过失或暗中参与所造成，船舶所有人便无权援用本条第1款规定的责任限度。(3)为取得本条第1款规定的责任限制的权利，船舶所有人应在按第九条规定提出诉讼的任一缔约国的法院或其他主管当局设立相当于其责任限制总数的基金。建立该项基金可采取照数存入银行的方法，或是采取按设立基金的缔约国法律可以接受的、经法院或其他主管机关认可的银行担保或其他担保的方法。(4)该项基金应在索赔人之间依其确定的索赔额比例分配。(5)在分配基金以前，如船舶所有人或其他任何人员或代理人或向其提供保险或其他财务保证的任何人员，由于所述事件而支付油污损害赔偿，则上述人员在其支付数额范围内应以代位获得受偿人根据本公约所应享有的权利。(6)本条第5款所规定的代位权，也可由该款所提到的人员以外对油污损害已支付任何赔偿金额的任何人行使，但这种代位权仅以所适用的国内法所许可者为限。(7)如船舶所有人或任何其他人认定，他可能在以后被强制支付此种赔偿金额的全部或一部分，而如此项赔偿在基金被分配以前已经付出，该人便可依本条第5款或第6款享有代位权，则基金所在国法院或其他主管当局得命令暂时留出一个足够数目，使该人以后能向基金索赔。(8)对因船舶所有人主动防止或减轻油污损害而引起的合理的费用或所作的合理牺牲所提出的索赔，应与其他索赔在基金分配中处于同等地位。(9)本条所述法郎系指含有纯度为900‰的黄金65.5毫克的法郎。本条第1款所述金额，应根据设立基金之日基金所在国的货币与上述货币单位的比值，折合为基金所在国的货币。(10)在本条中，船舶吨位应为净吨位再加上为计算净吨位而从总吨位中减除机舱部分的数额。对于不能按照标准的吨位丈量规则测定的船舶，其吨位应为该船所能装运油类的重量吨(每吨2240磅)的40%。(11)保险人或提供财务保证的其他人有权按照本条规定建立基金，其条件和效力与船舶所有人建立的基金相同。即使确有船舶所有人的过失或暗中参与，也可设立这项基金，但在这种情况下，基金的设立不应妨碍任何向船舶所有人索赔的权利。

〔3〕 最高人民法院《关于审理船舶油污损害赔偿纠纷案件若干问题的规定》第27条规定，油污损害赔偿责任限制基金不足以清偿有关油污损害的，应根据确认的赔偿数额依法按比例分配。

不同的规定。依据上述国际公约和司法解释的规定,在船舶油污损害赔偿纠纷案件中,如果油污损害赔偿责任限制基金不足以清偿有关油污损害的,应根据确认的赔偿数额依法按比例分配,包括环境私益诉讼和公益诉讼的赔偿请求权,也即在此情形下,不适用私权优先原则。

## 第四节　生态环境损害赔偿责任的承担方式

生态环境损害赔偿责任的侵害主体、侵害客体有其特殊性,故其责任承担方式亦略为不同。本节主要对生态环境责任修复、损害赔偿责任以及赔礼道歉三种责任方式进行分析。

### 一、生态环境修复责任

#### (一)修复生态环境是恢复原状民事责任的创新

在习近平生态文明思想的指导下,党中央将生态文明建设纳入"五位一体"总体布局,将绿色发展确立为五大发展理念之一,并写入了《宪法》修正案,运用法治解决生态环境问题已经成为社会各界的共识。《民法典》就高度重视生态环境保护问题,在"基本规定"部分第9条对保护生态环境作了原则性规定。但是,对于如何在《民法典》中体现保护生态环境的具体要求,在立法过程中存在争议。其中,最为典型的就是全国人大常委会两次公开征求意见的《民法总则(草案)》涉及环境侵权法律责任的内容所发生的变化。2016年6月第十二届全国人大常委会第二十一次会议初次审议后公开征求意见的《民法总则(草案)》第160条第5项将"修复生态环境"作为一种民事责任承担方式,与传统的"恢复原状"并列。较之《民法通则》第134条、原《侵权责任法》第15条,"修复生态环境"成了一种新的民事责任承担方式。而在2016年10月第十二届全国人大常委会第二十四次会议再次审议后公开征求意见的《民法总则(草案二次审议稿)》中,又删除了"修复生态环境"一项。最终,第十二届全国人民代表大会第五次会议通过的《民法总则》没有将"修复生态环境"纳入民事责任的承担方式之中。两次对"修复生态环境"的增删,反映出立法者对修复生态环境责任承担方式是否列入《民法总则》的慎重,但也对《民法总则》能够在多大范围和程度上回应生态环境保护需求有所犹豫。

以立法形式确认一种新的民事责任承担方式必须有充分的理论与实践依据。民法与环境法是不同价值取向、性质迥异的两个法律领域，将环境法制度纳入民法体系确有必要，但在《民法典》的“绿色化”过程中，始终要对是否会冲击民法体系的自洽性、妥当性保持高度警惕，尤其是民事责任制度直接关系到民法机制运行的效率与效能，更不能简单以保护生态环境的“大道理”代替民法自治的“小逻辑”。因此，对“修复生态环境”可否成为一种独立的民事责任承担方式加以实践考察和理论解析，回应并解决立法中的困惑，不仅必要而且必须。

修复生态环境作为环境侵权责任的一种承担方式，其直接渊源来自最高人民法院2019年发布的《生态赔偿案件若干规定》。该司法解释是第一次用修复生态环境解释恢复原状的责任承担方式。其后，最高人民法院为适应《民法典》的颁布，于2020年底将《环境民事公益诉讼解释》均予以修订，明确修复生态环境是环境侵权责任之一。

最高人民法院基于环境侵权案件的特殊性而对“修复生态环境”作出规定具有积极意义。一方面，突出了环境侵权案件中生态损害后果的特性，体现了建立以生态环境修复为中心的损害救济制度的司法理念；另一方面，突出了对生态环境与“物”之间区别的重视。与民法中的“物”之恢复原状不同，生态环境损害及其修复已经超出了传统民法意义上恢复原状的含义。较之民法中的“恢复原状”，对生态环境的修复不再是仅针对某个具体的物品，而是面对一个由多种环境要素协调运行而组成的动态系统。这种修复既要对单个环境要素的物理、化学、生物特性的不利改变作出应对，更要注重对被破坏的整个生态系统稳定、平衡状态的恢复。

应当确立生态环境修复责任优先适用原则。修复生态环境和赔偿损失是环境侵权的两大责任承担方式，但并未规定两种责任形式存在适用的优先顺序，表明当事人可以自行选择适用某一种责任形式。之所以在环境法律责任承担方式中将生态环境修复责任摆在优先位置，是由客观的现实原因和合理的法律原因决定的。环境问题都带有复合性，老的污染破坏尚未解决，新的污染破坏又产生。生态环境是由多要素组成的，所以治理不同要素的环境问题需要不同的具体方法。而且对于环境污染和破坏不同类型的环境问题，也需要不同的法律责任承担方式。传统法律责任的承担主要侧重解决其他经济社会发展中的问题，而非环境问题，缺乏针对性。[1] 在环境民事诉讼的语境下，环境与人密不可分，每一处生态环境都是互不相同的，都有其独立的生态价值，从人类只有一个地球的理念出发，生态环境不可抛弃和放弃，故在生态环境被损害的情况下，对生态环境的状态和功能的救济应当以恢复原状为原则。从财产权的角度而言，"恢复原状"的责任方式是对生态环境交换价值受损的救济，而对生态环境受到损害至恢复原状期间服务功能损失的赔偿，是对生态环境使用价值受损的救济。由此，生态环境被损害之后，责任人首先应当积极修复生态环境，使生态环境恢复到损害未发生时的状态和功能，这也是修复生态环境与恢复原状存在内在逻辑统一的表现。

### （二）生态环境修复责任的适用范围

"修复生态环境"责任方式适用的前提是生态环境损害具有可恢复性，否则修复无从谈起。并非所有的生态环境损害都可以恢复，在修复生态环境前要首先确认损害是否可恢复。《环境损害鉴定评估推荐方法（第Ⅱ版）》中所规定的永久性损害即不属于修复的范围。永久性损害是指受损生态环境及其服务难以恢复，其向公众或其他生态系统提供服务的能力完全丧失。值得注意的是，永久性损害并不等于绝对不具有可恢复性，而是"难以恢复"。因为损害的可恢复性既取决于技术上的可行性，也取决于经济上的可行性。有些环境污染和生态破坏造成的损害后果不可逆转，是因为目前的科学技术认知局限和技术手段缺失，使恢复成为不可能。有些环境污染和生态破坏造成的损害后果虽然有修复的可能，但是在短时间内修复成本巨大，远远超出承受能力。比如核事故污染场所治理的成本远远高于其他污染，甚至支付高昂的修复代价也无法达到恢复的目的，这类损害通常不被列入修复的范围。此外，一些有毒有害物质、危险化学品污染所产生的生态破坏后果，虽然在治理的科研方面取得了一定的经验和效果，但并未找到彻底恢复治理的良策，难以简单评定损害是否可以恢复。比如对于严重的铅污染场地，目前尚未发现真正可以恢复生态环境状态的治理技术，许多国家都是采取封闭场地、搬迁居民、阻断污染

[1] 参见刘琳：《环境法律责任承担方式的新发展》，中国社会科学出版社2019年版，第184－185页。

物经由植物或者呼吸进入人体等方式控制损害后果，而不是直接采取生态恢复措施。

在《环境损害鉴定评估推荐方法（第Ⅱ版）》中还规定了一类损害，即“期间损害”。该损害是指生态环境损害发生至生态环境恢复到基线状态期间，生态环境因其物理、化学或生物特性改变而导致生态服务功能的丧失或减少，即环境污染或生态破坏损害从发生到恢复至基线状态期间可以提供的生态系统服务功能损失。在这段时间，可以通过临时的替代措施暂时提供相应的生态系统服务功能。尽管这在广义上也属于修复，但是由于这类损失及其修复都具有过渡性，并没有包含在《环境损害鉴定评估推荐方法（第Ⅱ版）》所指的生态环境损害及修复之中，因此期间损害也不属于本文所讨论的修复范围。

### （三）生态环境修复的方式

根据《生态赔偿案件若干规定》的规定，修复的方式包括责任人直接针对受损环境进行修复的方式和责任人不履行修复义务时支付生态环境修复费用的方式。两者可以并用，有些情况下也可以直接适用支付生态环境修复费用的方式。

#### 1. 直接修复

生态环境损害发生后，责任人应当采取有效措施将生态环境修复到损害发生之前的状态和功能。这是由责任人自身以其行为在确定期限内对受损环境进行符合标准的修复。这种方式最为直接，可以避开对环境修复费用是否必要、合理的判断以及责任人可能产生的异议。因此，很多法院在可能的情况下都会直接判令被告在一定期限内履行环境修复义务，如清除污染物，恢复土地、水体原有的养殖等功能；在植被破坏地按照受损植被的种类、数量进行补种复绿，并在确定期间内进行养护等。对于修复的具体标准通常会由专门部门予以确定并监督实施。这种方式大多适用于生态环境损害不太严重的情况，以直接的劳动行为短时间内即可完成修复，无须借助复杂的技术和设备。当然，这里的损害程度也需要符合生态损害“量”的标准，受损的生态环境状态应当低于“基线”，否则作为修复前提的生态环境损害在法定标准上不存在。在实践中，这种责任方式的适用也有局限性，因为环境事件在很多情况下涉及面广、后果严重且紧急，对其修复需要专业的人员、技术以及设备，而当事人在绝大多数情况下不具备这种条件，所以对于复杂、紧急或严重的环境事件，这种方式无法适用。

2. 替代性修复

当环境要素遭到污染或破坏，无法原地修复时，应该采取“替代性修复”的措施。比如占用林地开办化工厂而造成污染，无法在原地种植树木，法院可以判决责任人以“异地补植林木”等方式进行环境容量或生态功能的修复，以达到生态系统的结构和总量平衡。例如，昆明市中级人民法院在云南省安宁市车木河水库水源保护地建成了昆明市首个“环境公益诉讼林”，将应当支付的修复款用于补植林木，实现了案件的诉讼目的，取得了良好的社会效果。[1]

此外，在责任人应承担生态环境修复责任但的确无能力或者明确表示不履行时，法院可以直接判决责任人承担生态环境修复费用。需要指出的是，修复生态环境损害的费用并非损害赔偿。民法上恢复原状费用的请求旨在重建被损害的利益，实现法益状态的完整，以保持利益或完整利益为价值导向；而损害赔偿旨在弥补法益价值的差额，保障受害人的价值利益不减损。因此，这种费用在性质上仍属恢复原状的评价范畴，是恢复原状的变形[2]。修复生态环境的费用也是同理，旨在修复受损的生态环境，而非此损害不可修复而转化成的金钱赔偿。将修复生态环境损害费用归于修复生态环境这一责任承担方式下，有利于环境修复责任的实现。囿于环境修复的专业性，在大多数情况下由责任人直接承担修复责任难以达到相应的标准，以责任人支付修复生态环境费用的方式代替其修复责任的直接履行，由专业人员在生态环境保护、自然资源管理机关主导下进行生态修复，能够更好地实现法律效果、社会效果、生态效果的有机统一。

关于环境修复款项的支付与使用，最高人民法院《关于全面加强环境资源审判工作为推进生态文明建设提供有力司法保障的意见》（法发〔2014〕11 号）第 14 条指出了两种方式，一是探索设立环境公益诉讼专项基金，专款用于恢复环境、修复生态、维护环境公共利益；二是与环境资源保护行政执法机关、政府财政部门等协商确定交付使用方式。在实践中，修复费用的支付以及使用

---

〔1〕 参见袁学红：《构建我国环境公益诉讼生态修复机制实证研究——以昆明中院的实践为视角》，载《法律适用》2016 年第 2 期。

〔2〕 参见［德］迪特尔·梅迪库斯：《德国债法总论》，杜景林、卢谌译，法律出版社 2004 年版，第 432 页；邱聪智：《民法研究（一）》，中国人民大学出版社 2002 年版，第 375 页。

方式也存在两种情形：

一种情形是由法院负责将责任人支付的款项用于修复生态环境。这种情况多为中华环保联合会以及各地的环保组织等公益性社会组织作为原告提起的环境民事公益诉讼。法院判决被告承担的修复款项向地方财政机关设立的专项账户支付,然后再由法院向财政专项账户申请款项用于生态环境的修复。目前,无锡、昆明、贵阳、德州等地采取了将环境修复资金和服务功能损失等款项缴入专项账户或基金予以管理使用的方式。[1]

另一种情形是由相关主管机关或者地方政府负责将责任人支付的款项用于修复生态环境。这种情况多为相关主管机关或地方政府作为原告提起的环境民事公益诉讼或者生态环境损害赔偿诉讼。在具体案件中,对于林木资源的损失,林业局作为国家授权管理林业工作的部门可以提起诉求。对于天然渔业资源的损失,渔业局、水产局等机构可以提起诉求。对于地质破坏所产生的环境保护与治理恢复的费用,自然资源局有权提起诉求。对于突发性污染事件,生态环境保护局是负责环境保护的政府职能部门,其支出的相关费用系因修复被污染环境的应急措施而产生,对该费用有权向造成环境污染的责任方要求支付。除了上述职能部门外,还有一些具有综合职能的主体也可以对生态环境损害修复提起诉讼,如环境污染或生态破坏发生地的基层政府或组织,包括县、区政府、街道办事处、村民小组、村委会等。在上述案件中,法院判决被告向主管行政机关或者地方财政局支付费用,再由主管行政机关或者地方政府主导该费用用于生态环境的修复。为确保修复的效果,实践中,相关管理部门通过招标等市场方式委托第三方专业机构修复生态环境,法院委托具有相关资质的鉴定机关对修复结果进行鉴定。有的法院认为在必要情况下,应邀请具有监督管理职责的环境保护主管部门与实施修复的机构一同组织生态环境的修复和鉴定。此外,有的地方法院邀请环保组织、公民个人对修复过程及结果进行监督,形成了公众参与的监管机制,并与执行回访、案件报告等相关制度结合,以保证生态环境修复判决的实际执行。[2]

---

〔1〕 参见最高人民法院环境资源审判庭编:《环境资源审判指导－总第1辑(2015.1)》,人民法院出版社2015年版,第67页。

〔2〕 参见李阳、金晶:《清镇环保法庭:“第三方监督”确保案件执行力》,载《人民法院报》2012年11月17日,第4版。

还有人提出,环境资源类案件的执行与民事案件、行政案件、刑事案件有很大的差异,特别是修复方案的执行问题,涉及各类专业部门,要求执行人员具备专业化知识。建议由行政机关主导建立专门的执行机构,培养具备专业化知识的执行人员,有利于提高执行的科学性和效率。

根据2020年3月财政部、自然资源部、生态环境部、住房和城乡建设部、水利部、农业农村部、国家林业和草原局、最高人民法院、最高人民检察院联合发布的《生态环境损害赔偿资金管理办法(试行)》(财资环〔2020〕6号)第2条第1款的规定,“本办法所称生态环境损害赔偿资金,是指生态环境损害事件发生后,在生态环境损害无法修复或者无法完全修复以及赔偿义务人不履行义务或者不完全履行义务的情况下,由造成损害的赔偿义务人主动缴纳或者按照磋商达成的赔偿协议、法院生效判决缴纳的资金”。按照《生态环境损害赔偿资金管理办法(试行)》第6条第2款的规定,“生态环境损害赔偿资金作为政府非税收入,实行国库集中收缴,全额上缴赔偿权利人指定部门、机构的本级国库,纳入一般公共预算管理”。据此,在生态环境损害赔偿案件中,除由赔偿义务人修复或者由其委托具备修复能力的社会第三方机构进行修复的以外,对于生态环境损害无法修复或者无法完全修复以及侵权人不履行义务或者不完全履行义务的情况,依据法院生效判决执收的修复费用和损害赔偿费用应当上缴国库。由省级、市地级政府及其指定的部门、机构负责生态环境损害赔偿资金使用和管理,统筹用于当地生态环境修复。人民法院应当做好生效判决的执行工作,将生态环境损害赔偿费用款项执行到位。

此外,《生态环境损害赔偿资金管理办法(试行)》第15条还作了一个参照适用规定,“环境民事公益诉讼中,经人民法院生效法律文书确定的生态环境无法修复或者无法完全修复的损害赔偿资金,以及赔偿义务人未履行义务或者未完全履行义务时应当支付的生态环境修复费用,可参照本办法规定管理;需要修复生态环境的,人民法院应当及时移送省级、市地级人民政府及其指定的相关部门、机构组织实施”。该条规定为环境民事公益诉讼生效裁判确定的修复、赔偿费用的管理使用增加了一个渠道。各地人民法院要结合生态环境保护修复需要和环境民事公益诉讼案件的具体情况,继续通过探索设立公益信托基金,支持财政部门设立公益诉讼专项资金账户、土壤污染省级修复基金,或者参照《生态环境损害赔偿资金管理办法(试行)》实行一般公共预算管理等方式，将环境民事公益诉讼修复、赔偿资金管好用好。

### （四）修复方案的确定

修复生态环境责任的落实，取决于是否有符合生态修复目标并切实可行的生态环境修复方案。在确认生态环境损害发生、确定其时空范围并判定污染环境或破坏生态行为与生态环境损害间因果关系的基础上，生态环境修复方案实际是对修复路径的评判和选择，这必然涉及技术性问题，并且有可能大大超出法官的认知水平与能力。这导致了相当多的法院在判决责任人承担生态环境修复责任后，对生态环境修复资金仅作出“用于生态环境修复”的笼统表述，回避了生态修复方案问题。这种判决可能会带来一系列问题，因为没有具体的生态修复方案，可能出现生态修复资金的计算依据和标准与实际修复目标之间的差距，使修复难以实际进行，或者因修复方案不能迅速跟进，导致生态系统的更大破坏。

在司法实践中，有的法院对生态修复方案的确定进行了积极探索，创造了“附生态修复方案的判决”，将专业机构制定的修复方案作为生效裁判文书的附件，赋予其执行力。例如，贵阳公众环境教育中心诉贵州省清镇红枫瓷业有限公司环境污染责任纠纷案，调解协议后面附有环保专业机构拟定的环境污染治理技术方案。有的法院在裁判文书中明确表述以鉴定、评估报告为依据确定被告承担的环境修复费用。例如，昆明三农污染案，法院认为昆明市环境科学研究院的治理成本评估报告具有科学性、现实可行性、必要性和时效性，应予以采信，据此鉴定出来的治污费用由被告承担。但是，也有一些法院出于生态环境修复的专业性考虑，对专业机构的报告和方案“照单全收”，这种做法可能带来生态治理方案的技术性与法律性之间关系是否得到了妥善处理的疑虑。

修复方案的确定需要考虑各种因素，并非仅从技术方面考虑。专业机构制定的生态环境修复评估报告以及治理方案是根据特定技术规范作出的，具体的修复目标细化为修复方案中的技术指标和污染物容量值。这些数值应在多大程度上反映法律规范中的修复要求以及制定修复方案的技术专家能否全面代表不同的利益主体、不同的环境利益，值得进一步讨论。另外，修复方案的确定不可避免地会受到部分利益主体的影响甚至左右。即使是中立的专家，也可能由于专业领域、知识能力的限制，无法充分保证环境修复目标的公正性、科学性和可行性。[1] 因此，在司法裁判中，法官应当审慎地对待各种技术方案、评估报告，对其进行合法性审查，在妥当衡量其技术性与法律性的关系后再加以采纳。在这方面，《环境损害鉴定评估推荐方法（第Ⅱ版）》对于修复方案的选择与确定，就涉及法律价值评判的一些考量因素，给出了指导性意见。比如第8.3.2.1.3条规定，“基本恢复方案的定性筛选”应当考虑的因素包括：(1)有效性，即恢复方案应该能够实现对受损环境的恢复、修复或重置；(2)合法性，即符合国家或地方相关法律法规、标准和规划等；(3)保护公众健康和安全，即恢复工程不得危害公众健康和安全；(4)技术可行性，即恢复方案应该有较高的成功的可能性，并在技术上可行；(5)公众可接受，即恢复方案应该达到公众可接受的最低限度，恢复方案的实施不得产生二次损害；(6)减小环境暴露，即恢复方案应该尽量降低环境的污染物暴露量与暴露水平，包括污染物的数量、流动性和毒性等。可见，生态修复方案的考虑并非只有技术性因素，其中第(2)项是法律因素，第(5)项涉及公众利益与责任人利益的衡量，对于这些因素的考虑，不可能也不应该由环保技术人员作出，而是需要法官以自身的法律素养在考虑规范要求以及政策需求的基础上作出判断。

2021年1月1日实施的《生态环境损害鉴定评估技术指南 总纲和关键环节 第1部分：总纲》更为详细地规范了生态环境损害鉴定评估的流程、方式等内容，对于修复方案的选择与确定在《环境损害鉴定评估推荐方法（第Ⅱ版）》的基础上更加清晰明确。

### （五）生态环境修复的标准

《生态赔偿案件若干规定》第12条规定：“受损生态环境能够修复的，人民法院应当依法判决被告承担修复责任，并同时确定被告不履行修复义务时应承担的生态环境修复费用。生态环境修复费用包括制定、实施修复方案的费用，修复期间的监测、监管费用，以及修复完成后的验收费用、修复效果后评估费用等。原告请求被告赔偿生态环境受到损害至修复完成期间服务功能损失的，人民法院根据具体案情予以判决。”从严格意义上来说，生态环境受到污染和破坏后，恢复到损害之前的状态几无可能，功能也只是尽可能地接近而已。此外，如果受到损害前的生态环境并不处于良好状态，要求加害者恢复原状也

---

〔1〕 参见李挚萍：《环境修复目标的法律分析》，载《法学杂志》2016年第3期。

并非受害者利益所需。因此,对生态环境损害修复标准中的“原有状态”不能机械地理解,否则可能会造成过度修复或者修复不足。

《生态环境损害鉴定评估技术指南 总纲和关键环节 第1部分:总纲》就恢复目标做了如下规定:原则上,应将受损生态环境及其服务功能恢复至基线。自生态环境损害发生到恢复至基线的持续时间大于一年的,应计算期间损害,制定基本恢复方案和补偿性恢复方案;小于等于一年的,仅需制定基本恢复方案。当不具备经济、技术和操作可行性时,环境空气、地表水、沉积物、土壤、地下水、海水等环境要素应修复至维持其基线功能的可接受风险水平;可接受风险水平与基线之间不可恢复的部分,可以采取适合的替代性恢复方案,或采用环境价值评估方法进行价值量化。应根据生态环境损害的类型、范围和程度,选择反映生态环境损害关键特征、易于定量测量评价的指标,明确生态环境恢复目标。当损害类型以供给服务为主时,一般采用资源数量、密度等指标;当损害类型以支持服务为主时,一般采用栖息地面积、重要保护物种的种群数量等指标;当损害类型以调节服务为主时,一般采用湿地面积、森林面积等指标;当损害类型以环境质量为主时,一般采用环境介质中特征污染物的浓度作为评价指标。《环境损害鉴定评估推荐方法(第Ⅱ版)》对修复的标准作了两方面具体设置,即第4.10条和第4.14条的“可接受风险水平”和第4.11条的“基线状态”。两种标准针对的修复对象及考量因素存在不同。前者是为防止污染物累积达到破坏生态环境或者损害人体健康的程度,重点在于降低环境污染程度,需综合考虑科学、社会、经济和政治因素,可依据危害性和脆弱性分析、成本效益分析、技术手段可行性分析等,确定人体健康或生态系统的可容忍的风险水平。这种修复标准具有一定的应急性,主要是为了减少或清理已经排放到环境中的过剩有害物质。而后者则是为了恢复生态环境的物理、化学或生物特性及其提供的生态服务功能。这种修复标准具有基础性,目的在于恢复生态系统的平衡、稳定状态。两种标准的适用可以根据不同情况和目标进行选择,也可以先修复至可接受风险水平再恢复至基线状态,或者在修复至可接受风险水平的同时恢复至基线状态。在具体案件中,需要根据受损环境的不同确定生态恢复的范围和规模。

第一,如果受损的环境要素同时是经济资源,一般将环境的损益以资源量为单位表征,如鱼或鸟的种群数量、水资源量等,一方面确定环境污染或生态破坏所致资源损失的折现量,另一方面确定恢复行动所恢复资源的折现量,在这两者之间以折现量的对比关系为基础结合个案中受损的具体情况来确定生态恢复的规模。例如,在昆明三农污染案中,针对污染企业主张水质已根本性好转的抗辩,法院认为,恢复被污染的地下水水质需要较高技术,虽然污染企业暂时解决了村民目前的饮用水困难,但大龙潭水质不稳定,且该污染在雨季和非雨季所呈现的污染严重程度有所不同,无法从根本上保证村民的饮用水,故治理成本评估报告提出的建盖治污设施具有必要性。该案中企业排污导致村民饮水困难,需要从根本上保障村民的饮水,由此法院确定需要恢复的水资源规模,采用了环境污染导致水资源损失的折现量和从根本上保障村民饮水恢复行动的折现量之间的对比关系的方法予以确定。

第二,如果受损的生态环境主要是提供生态系统服务,或兼具经济资源与生态系统服务功能,一般将环境的损益以生态服务为单位来表征,如生境面积、服务恢复的百分比等。通过建立环境污染或生态破坏所致生态系统服务损失的折现量与恢复行动所恢复生态系统服务的折现量之间的对比关系,并结合个案中受损环境的具体情况,来确定生态恢复的规模。例如,在无锡蠡管委案中,鉴于无法在原地进行恢复,法院指出,恢复原状不仅是指就地恢复原有的环境状况,更主要的是指恢复环境的生态容量,达到生态平衡,这更符合恢复原状的法理精神。如果能够就地恢复,即应就地恢复;若就地恢复确有困难,可以异地恢复,以尽量达到或超过原有的生态容量水平。对异地恢复的地点,按照与原被侵权地最相密切联系、恢复方案经济可靠的原则来确定。在案件审理过程中,无锡蠡管委自愿提出的复绿方案具有可行性,并属于恢复滨湖地区环境生态容量的组成部分,对该复绿固土方案予以确认与准许。法院对生态环境损害的确认,是从生态系统服务功能的破坏或损伤出发;对生态恢复规模的确定,则是根据林木被损坏导致生态系统服务损失的折现量和在异地进行造林复绿的折现量之间的对比关系。

第三,如果不能以经济资源或生态系统服务进行衡量,那么将恢复行动所产生的环境价值贴现与受损环境的价值贴现建立对比关系,以此对比关系为基础并结合对个案具体情况的考量,来确定应当支付的费用。在实践中,涉及水污染、大气污染等难以准确计算生态修复费用的情况,较多适用的是虚拟治理方法,即按照现行的治理技术和水平治理排放到环境中的污染物所需要的支出。另外,在一些专门领域,相关机构会根据该领域的特质颁行专门的计算标准。例如,原农业部《水域污染事故渔业损失计算方法规定》(农渔发〔1996〕14 号)就有对天然渔业资源经济损失金额的计算方法,即不应低于渔业资源直接经济损失的 3 倍。这是经过多年的实际调查,依据大量案例,由专家反复检验论证,并以国家规章的形式予以确定的方法,在国内已实施多年,是我国目前计算污染造成渔业资源损失的规范性文件。依据该规定计算的渔业资源损失不是纯理论计算,而是采用专家评估法,以现场调查和天然渔业资源动态监测资料为依据,对污染造成的天然渔业资源经济损失作出的客观评估。不过,以价值评估方法确定费用在技术规范上有数据上限至下限的浮动空间,在个案中会存在很大的差异性,也可能导致"同案不同判"。因此,在个案裁量时,法官应结合污染环境、破坏生态的范围和程度、生态环境的稀缺性、生态环境恢复的难易程度、防治污染设备的运行成本、被告因侵害行为所获得的利益以及过错程度等因素,并参考负有环境保护监督管理职责的部门的意见、专家意见等,予以合理确定。

另外,在防止污染物扩散迁移、降低环境中污染物浓度等方面,为减轻或消除对公众健康、公私财产和生态环境造成的危害,各级政府与相关单位针对可能或已经发生的突发环境事件而采取的行动和措施所发生的费用以及开展环境监测、信息公开、现场调查、执行监督等相关工作所支出的费用,应当遵循必要性、合理性标准。必要性、合理性需要法官根据个案的情况进行具体核算,而没有统一的参照数据,也不能机械地照搬先例。

## 二、损害赔偿责任

侵权人因其污染环境、破坏生态的行为造成了社会公共利益的损害,除应当承担修复生态环境的责任以外,对于生态环境受到损害至恢复原状期间服务功能的损失,亦应当予以赔偿。对于这部分损害的赔偿,恢复原状的责任方式已不能包含。而如果责任人对此部分损害不予赔偿,社会公共利益就不能得到完全的救济。依据原《民法总则》的规定恢复原状和赔偿损失两种民事责任方式是可以并用的,其指向的损害各不相同。《生态赔偿案件若干规定》第 13 条规定:受损生态环境无法修复或者无法完全修复,原告请求被告赔偿生态环境功能永久性损害造成的损失的,人民法院根据具体案情予以判决。第 14

条规定:原告请求被告承担下列费用的,人民法院根据具体案情予以判决:(1)实施应急方案、清除污染以及为防止损害的发生和扩大所支出的合理费用;(2)为生态环境损害赔偿磋商和诉讼支出的调查、检验、鉴定、评估等费用;(3)合理的律师费以及其他为诉讼支出的合理费用。此外,承担该民事责任的时间范围是受到损害至生态环境修复期间,生态环境恢复期间越长,责任人承担的赔偿责任就越重,目的还是督促责任人尽快修复生态环境,体现了环境司法恢复性原则。

"受到损害至恢复原状期间服务功能损失"即期间损害,《环境损害鉴定评估推荐方法(第Ⅱ版)》中将期间损害定义为生态环境损害发生至生态环境恢复到基线状态期间,生态环境因其物理、化学或生物特性改变而导致向公众或其他生态系统提供服务的丧失或减少,即受损生态环境从损害发生到其恢复至基线状态期间提供生态系统服务的损失量。从环境法的角度而言,生态环境服务功能包括供给服务(如提供食物和水)、调节服务(如调节气候、控制洪水和疾病)、文化服务(如精神、娱乐和文化收益)以及支持服务(如维持地球生命生存环境的养分循环)。除了提供以上服务功能外,生态环境资源还具有非使用价值,也称作存在价值,即指人们仅仅从知道这个资产存在的满意中获得价值,尽管并没有要使用它的意愿。所谓服务功能损失即在生态环境损害开始到恢复原状期间内上述功能全部丧失或部分丧失。上述功能的损失原则上都在赔偿范围之中。

### 三、赔礼道歉

《民法典》第179条规定了赔礼道歉的民事责任。对于生态环境损害赔偿是否应当承担赔礼道歉的民事责任,理论界是有争议的。有的学者认为,环境并不具有独立人格,赔礼道歉没有适用的基础。有的学者认为,生态环境损害实际上是对他人享有的环境权益的侵害,涉及他人因生态服务功能减损造成的精神损害,因此可以适用赔礼道歉民事责任。实践中,有很多环境污染或生态破坏问题是由企业或非法人组织造成的,对于大型企业仅判决支付修复费用和赔偿损失不能构成威胁,环境法律责任还要以影响声誉或信誉的承担方式促使企业重视环保问题,履行社会责任。因此,赔礼道歉的适用有助于更好地实现环境法律责任,也能起到更好的震慑作用与教育意义。实践中,人民法院判决侵权人承担赔礼道歉民事责任的案例也是有的，如在藏金阁案中，判决被告藏金阁公司和被告首旭公司于本判决生效后10日内，在省级或以上媒体向社会公开赔礼道歉。[1]

---

〔1〕 参见重庆市第一中级人民法院民事判决书，(2017)渝01民初773号。

# 第八章 生态环境损害赔偿诉讼的裁判与执行

## 第一节 裁判方式

### 一、判决主文

生态环境损害赔偿案件的裁判方式主要有两种:法院生效判决、经司法确认的磋商赔偿协议。从法律责任方式而言,主要有前述生态环境修复责任、损害赔偿责任、赔礼道歉。司法实践中,生态环境损害赔偿案件一般采用损害赔偿责任方式。在章丘案中,法院综合专家辅助人和咨询专家的意见,判决二被告按照酌定比例承担损害赔偿责任;同时为警示和教育环境污染者,增强公众环境保护意识,判决要求二被告在省级以上媒体公开赔礼道歉。

《生态赔偿案件若干规定》第 11 条规定:被告违反国家规定造成生态环境损害的,人民法院应当根据原告的诉讼请求以及具体案情,合理判决被告承担修复生态环境、赔偿损失、停止侵害、排除妨碍、消除危险、赔礼道歉等民事责任。根据原告诉请,法院判决主文中要具体阐述支持与否的理由,在判项中予以体现,在此重点阐述修复生态环境责任和生态环境损害赔偿金责任的适用。

(一)修复生态环境责任方式的适用

“修复生态环境”责任方式在司法适用中仍然存在以下三个方面问题:

1. 生态环境损害事实难以认定。相对于普通民事侵权案件,生态环境损害赔偿案件中生态环境损害认定比较困难。有的是因生态系统具有循环性或流动性,污染物在一定环境介质中会迁移、转化或自我净化,从单一环境介质很难判断是否存在需要修复的损害。在江苏省泰州市环保联合会诉泰州市常隆、锦汇等六家化工企业环境污染责任纠纷案(以下简称泰州污染案)中,“环境污染危害结果是否存在”一直是双方当事人的主要争议焦点。排污企业抗辩,企业排放的废酸经过长江的自净,如泰运河、古马干河的水质已经与污染前没有差别。既然水质已恢复如初,并没有产生自然环境的损害后果,因此无须再通过人工干预措施进行修复。有的是由于生态环境损害是一种风险判断,属于“面向未知”的选择,认定标准和技术方法在一定意义上具有决定性,由此会产生因认定标准和认定技术方法的不同而导致损害大小的认知不同。比如当事人对于污染面积的范围持不同认定标准和方法,必然会产生对海洋环境容量损失和生态服务功能损害的认知争议。另外,由于科学认知的局限或者技术标准的欠缺导致是否构成生态环境损害成疑。在陈江鹏与陕西中能煤田有限公司财产损害赔偿纠纷案中,法院认为每个具体的生态系统对地下水水位的要求不同,目前业内对地下水水位下降到什么情况构成生态破坏并无统一标准,该案中未提供证据证明涉案地下水水位下降已经达到了当地生态破坏的程度。

2.“修复”的要求难以达到妥当程度。鉴于生态环境损害的复杂性、系统性、潜伏性等特质,作出妥当的修复生态环境判决非常困难。有的判决只笼统提出支付的费用“用于修复生态环境”,没有具体的修复要求,非常不利于判决的有效执行;有的判决设定的修复目标单一,只针对个别环境介质,缺乏对生态环境的系统性考量。例如,判决修复水环境的只考量水质而不考量整个河流或湖泊生态系统,判决修复大气环境的只注重空气质量而未考虑整体生态环境系统的恢复,判决修复土壤环境的只关注某种污染物质浓度的降低和量的减少而未考虑一定范围内土壤生态系统服务功能的修复。另外,还有的判决忽视生态环境修复的长期性。比如,判决责任人在两个月内完成污染土壤无害化填埋的相关工作;有的判决仅强调在数个月内的补植复绿而未考虑补植后林木的长期养护以及生态服务功能能否重新形成。此外,对污染物的短期快速处理方式是否能达到“修复生态环境”的效果以及这种方式对生态环境可能带来的负面影响必须引起重视。例如,以焚烧方式处理固体废物可能造成新的大气污染,填埋处理可能造成填埋区域周边的二次污染等。值得注意的是有的地方法院正在探索“附整治方案的判决书”的方式,采取专家评估、公众参与等方式确定修复方案以解决修复的妥当性问题,但是此种方式对于小范围的生态环境损害修复效果良好,而是否可以适用于大规模生态损害的修复尚存疑问。

3. 高昂的生态环境修复费用"履行难"。例如，在泰州污染案中，一审法院判决污染企业承担1.6亿元的"天价"环境修复费用。二审法院考虑了企业承受能力、修复期间、鼓励企业治理等因素，对履行方式作了改判，由一次性支付改为部分延期履行和有条件抵扣。一方面，在当事人提出申请且能提供有效担保的情况下，应支付款项的40%可延期一年支付。另一方面，在判决生效一年内，如果被告企业能够通过技术改造对副产酸进行循环利用，明显降低环境风险，且一年内没有因环境违法行为受到处罚，其已支付的技改费用，可以凭环保部门出具的企业环境守法情况证明、项目竣工保险验收意见和具有法定资质的中介机构出具的技改投入资金审计报告，向法院申请在延期支付的40%额度内抵扣。又如，连云港中级人民法院在一宗环境侵权案件中考虑到责任人经济非常困难，在责任人经济能力不足的情况下，支持责任人通过提供有益于环境保护的劳务活动抵补其对环境造成的损害，并指出这符合"谁污染、谁治理、谁损害、谁赔偿"的环境立法宗旨，较单纯赔偿更有利于生态环境的修复与治理。这些判决对环境侵权责任的履行方式进行了创新性探索，具有一定的积极意义。但是，如果以法治思维与法治方法严格地审视，这种创新不无司法"任性"之忧。因此，法官在履行方式的确定上，还应在积极效果和法理依据之间妥当衡量。

### （二）生态环境损害赔偿金责任方式的适用

关于生态环境损害赔偿金的判决及缴纳、管理和使用问题。《生态赔偿案件若干规定》第15条规定：人民法院判决被告承担的生态环境服务功能损失赔偿资金、生态环境功能永久性损害造成的损失赔偿资金，以及被告不履行生态环境修复义务时所应承担的修复费用，应当依照法律、法规、规章予以缴纳、管理和使用。在已经建立专门账户的地方，法院应当判决将赔偿资金支付到该账户，并按照规定管理和使用。尚未建立专门账户的地方，由法院或者相关部门负责管理和使用赔偿资金的，应当制定完善具体的管理办法。在司法环节，法院的判决不能仅着眼于结案，更重要的是使受到破坏的生态环境得到及时有效的修复。因此，在立法中设立生态环境修复基金的内容，关系到人民法院裁判的顺利执行，关系到生态环境修复，是非常必要的。而在目前的司法实践中，法院判决中的修复费用缴纳向何处，修复费用账户设在何处，修复费用如何管理使用等具体问题尚未统一，存在混乱。建议在立法中明确设立生态环境修复基金的内容，使修复费用统一缴纳至一个基金账户。具体到基金的管理方面，确定财政、生态环境、自然资源等职能部门分别牵头，作为基金的缴纳部门或监督管理使用部门，只有这样才能各司其职，齐抓共管，使落实这项制度做到有法可依，发挥应有的效能。如果国家一级的生态环境修复基金目前不能建立，可以先从省一级的开始建立。

### 二、判决附件中的生态环境修复方案

法院在判决中明确修复方案除了要充分考虑专家修复意见外，还要注意，由于生态环境的公共性、社会性，修复方案的确定需要公众的参与，必要时还应以一定形式充分征求公众或相关利益方的意见。例如，最高人民法院 2022 年 6 月 14 日发布的森林资源保护典型案例中的江苏省连云港经济技术开发区人民检察院诉仰某梅等三人森林失火刑事附带民事公益诉讼案，人民法院依据林业部门出具的专业意见，制定详细修复方案作为判决附件，明确被告在原地补植复绿的栽植品种、规格、数量、时间、养护期限和要求等，采取自然恢复和人工修复相结合的措施，确保了森林修复的科学性、合理性和可操作性。又如，最高人民法院 2015 年 12 月 29 日发布的典型案例中的常州市环境公益协会诉储某清、常州博世尔物资再生利用有限公司等土壤污染民事公益诉讼案，法院在审理过程中，邀请环境保护专家担任人民陪审员，委托专业机构进行鉴定评估，制作生态环境修复方案，很好地发挥了技术专家和专业机构的辅助与支持作用。此外，受案法院将土壤修复方案向社会公布、听取公众意见，保障了公众对环境修复工作的有效参与。这些尝试体现了环境法的“公众参与”原则，也起到了促进执行的良好作用，但如何纳入规范化、程序化轨道，值得进一步归纳总结。

## 第二节　生态环境修复裁判的执行

### 一、申请强制执行的依据

强制执行，是指在一方当事人不履行或者不完全履行生效的法律文书时，人民法院按照法定的程序，运用国家强制力，强制当事人完成法律文书中确定

的义务。在古代社会,个人利益受到侵害或者发生争议时,多用自己的力量予以保护,称自力救济。统治阶级为了维护自身利益,稳定社会秩序,开始运用国家权力,保护受到侵犯或者发生争议的个人权益,这就是所谓的公力救济。公力救济以后逐渐发展成为强制执行。各国立法都有对强制执行的相关规定。具有强制执行效力的法律文书包括:第一,民事判决书、裁定书和调解书;第二,行政判决书、裁定书和调解书;第三,具有财产执行内容的刑事判决书和裁定书;第四,法律规定由人民法院执行的仲裁文书;第五,经过司法确认的调解协议;第六,法律规定由人民法院执行的公证文书;第七,法律规定由人民法院执行的其他法律文书。《民事诉讼法》第 247 条规定:"发生法律效力的民事判决、裁定,当事人必须履行。一方拒绝履行的,对方当事人可以向人民法院申请执行,也可以由审判员移送执行员执行。调解书和其他应当由人民法院执行的法律文书,当事人必须履行。一方拒绝履行的,对方当事人可以向人民法院申请执行。"《生态赔偿改革方案》第 4 条第 4 项规定:"对经磋商达成的赔偿协议,可以依照民事诉讼法向人民法院申请司法确认。经司法确认的赔偿协议,赔偿义务人不履行或不完全履行的,赔偿权利人及其指定的部门或机构可向人民法院申请强制执行。"《生态赔偿案件若干规定》第 21 条规定:"一方当事人在期限内未履行或者未全部履行发生法律效力的生态环境损害赔偿诉讼案件裁判或者经司法确认的生态环境损害赔偿协议的,对方当事人可以向人民法院申请强制执行。需要修复生态环境的,依法由省级、市地级人民政府及其指定的相关部门、机构组织实施。"

《生态赔偿案件若干规定》第 21 条构建了裁判生效后生态环境修复实施工作的衔接制度。一方当事人在期限内未履行或者未全部履行发生法律效力的生态环境损害赔偿诉讼案件裁判或者经司法确认的生态环境损害赔偿协议的,对方当事人可以向人民法院申请强制执行。同时,基于生态环境修复工作专业性强、修复周期长、修复情况复杂等因素,对受损生态环境具体修复工作的开展,依法由省级、市地级人民政府及其指定的相关部门、机构组织实施。这有利于发挥相关主管部门和机构的专业优势,及时推进生态环境修复工作有序开展,切实保障受损生态环境有效修复。

《生态赔偿案件若干规定》第 21 条规定的具有强制执行效力的法律文书具体有以下两种:

第一,生态环境损害赔偿诉讼案件的生效裁判文书。生态环境损害赔偿诉讼案件裁判文书,是指人民法院经过审理后,针对生态环境损害赔偿诉讼案件的实体性问题或者程序性问题作出的判决书、裁定书、调解书。裁判文书是诉讼活动结果的载体,也是确定和分配当事人实体权利义务的法律凭证。作为当事人申请执行依据的生态环境损害赔偿诉讼案件裁判文书,必须是已经发生法律效力的裁判文书。生效裁判文书通常是指已经超过法定上诉期限而没有上诉的判决书、裁定书,以及终审法院作出的判决书、裁定书,此外还有经双方当事人签收的调解书。

根据《生态赔偿案件若干规定》第 21 条的规定,发生法律效力的生态环境损害赔偿诉讼案件裁判,包括判决书、裁定书、调解书。本解释对于生态环境损害赔偿诉讼案件中的调解未进行专门规定。《环境民事公益诉讼解释》第 25 条规定:“环境民事公益诉讼当事人达成调解协议或者自行达成和解协议后,人民法院应当将协议内容公告,公告期间不少于三十日。公告期满后,人民法院审查认为调解协议或者和解协议的内容不损害社会公共利益的,应当出具调解书。当事人以达成和解协议为由申请撤诉的,不予准许。调解书应当写明诉讼请求、案件的基本事实和协议内容,并应当公开。”生态环境损害赔偿诉讼案件中的调解,参照适用前述规定。发生法律效力的生态环境损害赔偿诉讼案件调解书,具有强制执行效力。

第二,经司法确认的生态环境损害赔偿协议。生态环境损害赔偿协议,是指赔偿权利人根据生态环境损害鉴定评估报告,就损害事实和程度、修复启动时间和期限、赔偿的责任承担方式和期限等具体问题与赔偿义务人进行磋商后,对生态环境损害的修复或赔偿问题协商一致达成的协议。磋商作为生态环境损害赔偿诉讼的前置程序,在生态环境损害赔偿工作中发挥了重要的作用。2017 年年初,贵州省清镇市人民法院在贵州省人民政府、息烽诚诚劳务有限公司、贵阳开磷化肥有限公司生态环境损害赔偿协议司法确认一案中,发出了全国首份生态环境损害赔偿司法确认书,确认赔偿权利义务双方签订的《生态环境损害赔偿协议》具有法律强制执行力,如果赔偿义务人逾期不履行赔偿义务,人民法院可强制执行。

《生态赔偿案件若干规定》第 21 条明确规定了不履行司法确认协议的法律后果。《生态赔偿改革方案》第 4 条第 4 项规定:“对经磋商达成的赔偿协议,可以依照民事诉讼法向人民法院申请司法确认。"《生态赔偿案件若干规定》第20条对经过磋商达成的协议的性质和具体进行司法确认的程序予以了进一步明确,该条规定:"经磋商达成生态环境损害赔偿协议的,当事人可以向人民法院申请司法确认。人民法院受理申请后,应当公告协议内容,公告期间不少于三十日。公告期满后,人民法院经审查认为协议的内容不违反法律法规强制性规定且不损害国家利益、社会公共利益的,裁定确认协议有效。裁定书应当写明案件的基本事实和协议内容,并向社会公开。"据此,人民法院通过对生态环境损害赔偿协议的司法确认,赋予赔偿协议强制执行效力。对于一方当事人拒绝履行、未全部履行经司法确认的生态环境损害赔偿协议的,对方当事人可以向人民法院申请强制执行。这是对双方当事人签署司法确认协议的约束力,保障了生态环境损害赔偿协议的有效履行和生态环境修复工作的切实开展。

需要注意的是,赔偿权利人与赔偿义务人之间经磋商达成的生态环境损害赔偿协议并不当然具有强制执行的效力,只有经过人民法院的司法确认程序,由人民法院依法裁定确认协议有效,才能作为强制执行的依据。在《生态赔偿改革方案》发布之前,对于生态环境损害赔偿协议怎样才能具有强制执行力,各个地方的规定并不一致,大致有三种做法:一是直接赋予赔偿协议强制执行的效力,如浙江省绍兴市人民政府办公室印发的《绍兴市生态环境损害赔偿磋商办法(试行)》(已失效)第20条规定,达成生态环境损害赔偿协议的,可依法赋予该协议以强制执行效力。二是通过公证机关赋予生态环境损害赔偿协议强制执行力,如全国首例通过公证机关赋予生态环境损害赔偿协议强制执行力的李好纸业生态环境损害案。三是通过司法确认程序赋予赔偿协议以强制执行效力,如《贵州省生态环境损害赔偿磋商办法(试行)》第19条规定,赔偿协议经有管辖权的人民法院进行司法登记确认后,若赔偿义务人违约,赔偿权利人可以直接向有管辖权的人民法院申请强制执行。在总结实践探索经验的基础上,《生态赔偿改革方案》肯定了第三种做法,即生态环境损害赔偿协议需经过司法确认才具有强制执行效力。

审判实践中需要注意的是,为便于执行,诉讼判决或磋商协议中应载明修复方案。生态环境损害赔偿磋商协议和诉讼判决的内容均应明确赔偿义务人以自行或委托开展修复为责任承担方式,并且需要在文书中明确生态环境损害修复方案或方案建议，包括拟采取的修复措施和修复时限等要求。也就是说，人民法院在判决或者权利人在磋商过程中，可以委托环境损害鉴定评估机构根据诉讼或磋商过程中取得的证据材料，在确认生态环境损害事实的基础上编制生态环境损害修复备选修复方案或方案建议，对多个备选修复方案组织专家进行论证，综合考虑经济、社会、环境效益选择最佳修复方案，并在诉讼判决或磋商协议中载明，给赔偿权利人组织开展生态环境修复提供依据。

## 二、强制执行程序的启动

根据《民事诉讼法》第243条的规定，申请执行和移送执行是引起执行开始的两种方式。申请执行是指根据生效法律文书，享有权利的一方当事人在对方拒绝履行义务的情况下，向人民法院提出申请，请求人民法院强制执行。当事人可以申请执行的情形有两种：一是发生法律效力的民事判决、裁定，负有义务的一方拒绝履行的；二是调解书和其他应当由人民法院执行的法律文书确定的负有义务的当事人拒绝履行的。移送执行是指人民法院审判人员审结案件后，将生效的判决书、裁定书移交给执行员执行。审判实践中，执行程序一般由当事人提出申请开始，凡审判人员没有移送执行的案件，就意味着执行开始需要当事人申请。但在某些特殊情况下，如追索国家财产案件的判决，追索赡养费、抚育费、抚养费案件的判决，人民法院可以不经当事人申请而直接移送执行，移送执行是人民法院的职权行为。

根据《生态赔偿案件若干规定》第21条的规定，生态环境损害赔偿诉讼案件裁判或者经司法确认的生态环境损害赔偿协议，在一方当事人不履行时，另一方当事人可以申请执行。故生态环境损害赔偿诉讼案件执行程序是依当事人的申请而启动。这与《环境民事公益诉讼解释》及《环境侵权证据若干规定》等的规定有所区别，适用时应当注意。在赔偿义务人拒绝采取修复措施或拒绝支付相应修复费用，导致赔偿责任全部或者部分不能履行的情况下，由具体开展索赔工作的赔偿权利人根据生效裁判文书或者经司法确认的赔偿协议申请人民法院强制执行。人民法院根据强制执行申请，责令拒绝全部或部分履行的赔偿义务人在指定的期间履行，逾期不履行的，由人民法院强制执行。人民法院的强制执行方式不能针对已经发生的生态环境损害进行修复，但可以针对义务人的财产采取查封、扣押、冻结、拍卖、变卖等强制措施。在人民法院强制执行获得相应修复费用后，即可通知开展具体索赔工作的赔偿权利人组织对受损生态环境进行修复。在修复费用较大、修复时间较长等特殊情形下，出于及时修复受损环境需要，人民法院也可以在部分执行款到位后，通知赔偿权利人组织实施修复工作。

## 三、生态环境修复的实施主体

### （一）赔偿权利人是生态环境修复的实施主体

《生态赔偿案件若干规定》第 21 条规定，需要修复生态环境的，依法由省级、市地级人民政府及其指定的相关部门、机构组织实施。该条制定中，对于生态环境修复工作是由人民法院组织开展还是由人民政府组织实施的问题，存在争议。有观点认为，生态环境修复工作应由人民法院主导进行，理由在于生态环境损害赔偿判决是人民法院作出的，由其负责执行工作是《民事诉讼法》奉行的基本精神。另有观点认为，应由人民政府主导生态环境修复工作，理由在于政府及其相关职能部门有保护生态环境的法定职责，其作为赔偿权利人和原告，对生态环境损害情况更为了解，在修复生态环境方面更为专业。

经过多次讨论和征求意见，该条规定需要修复生态环境的，依法由省级、市地级人民政府及其指定的相关部门、机构组织实施。其主要考虑在于生态环境损害赔偿案件涉及的多为重大环境污染或者生态破坏行为，生态环境损害巨大，相关修复工作专业性强、时间长、情况复杂，人民法院难以直接组织开展生态修复的工作。由政府主导生态环境修复工作是使生态环境得到及时有效修复，保护国家利益与环境公共利益的需要。该条征求了全国人民代表大会常务委员会法制工作委员会、司法部、生态环境部的意见，均无异议。

此外，有观点提出司法解释作为人民法院制定的文件，不宜对人民政府的行为作出规定，为人民政府赋予义务。故此，该条在表述上增加了“依法”二字，将条文修改为“依法由省级、市地级人民政府及其指定的部门或者机构组织实施”。还有观点提出应规定，需要修复生态环境的，将其纳入省级、市地级政府生态环境保护与修复项目计划。基于前述同样原因，人民政府对于具体如何规划、如何实施修复工作有自己的整体规划，人民法院不宜作出规定，故没有采纳该意见。

（二）政府部门组织实施生态环境修复的优越性

生态环境修复责任的执行具有专业性强、修复周期长、修复情况复杂的特点。由人民法院来组织实施修复工作，如何协调司法程序的时限性与生态环境修复的长期性之间的矛盾，如何解决技术与现实的不确定性和司法判决的确定性之间的矛盾，是其面临的难题。[1] 人民政府及其相关职能部门在组织实施生态环境修复方面，有其优越性和科学性，是使生态环境得到及时有效修复，保护国家利益与环境公共利益的需要。

1. 有利于发挥行政主管部门的专业优势。生态环境修复涉及复杂专业技术知识，政府及其相关职能部门作为赔偿权利人和生态环境保护行政主管部门，相比人民法院更为了解生态环境损害的相关专业问题，在修复技术方面具有更加专业的知识和措施，也有着更为丰富的实践经验。行政修复生态较之于司法修复生态，具有较强针对性，生态修复措施更为多元丰富，亦更及时、高效。[2] 另外，人民政府对生态环境修复工作有整体上的考虑，如根据环境危害和风险大小确定修复的先后顺序，根据环境污染和破坏事件造成的各种损害设计修复方案，根据区域未来发展的定位和规划设定修复目标。[3] 由政府及其指定的相关部门、机构组织实施修复生态环境，有利于发挥相关主管部门和机构的专业优势，及时推进生态环境修复工作有序开展，切实保障受损生态环境有效修复。

2. 修复受损生态环境是相关政府部门的法定职责。人民政府及其相关职能部门、机构作为生态环境和自然资源的托管人，负有对环境资源进行监督管理的法定职责，亦同时承担着对生态环境进行保护和修复的义务。在生态环境受到损害时，有权利也有义务提起诉讼，以达到修复受损生态环境的目的。我国许多法律规范都赋予了环境资源保护监督管理部门环境保护和修复的行政管理职责。如《海洋环境保护法》、水利部和原农业部《关于加强水土保持生态修复促进草原保护与建设的通知》、重庆市人民政府《关于加强我市工业企业原址污染场地治理修复工作的通知》等都规定了由相关行政部门进行生态

---

〔1〕 参见徐以祥：《多样化海洋生态环境修复的司法实现》，载《人民检察》2018 年第 10 期。
〔2〕 参见卢维善、丁斌：《论生态环境审判的修复机制》，载《人民司法》2015 年第 23 期。
〔3〕 参见李挚萍：《环境修复的司法裁量》，载《中国地质大学学报（社会科学版）》2014 年第 4 期。

修复。由于企业与个人消极担责的现状，人民政府作为管理者，便成为所有生态破坏和环境污染行为最后的修复责任方。对环境资源的污染和破坏行为，行政机关可以适用责令相对人消除污染、修复环境等行政措施。由负有环境资源监督管理职责的机构来具体负责生态环境的修复工作，有利于生态环境功能及时有效修复，也属于上述机关的法定职责。

3. 由政府组织实施生态修复工作是实践经验的总结。在生态环境损害赔偿诉讼试点过程中，由政府及其相关职能部门、机构参与组织、监督生态环境修复工作，取得了良好的法律效果和社会效果。例如，绍兴案中达成的《生态环境损害修复协议》，以及贵阳市生态环境局诉贵州省六盘水双元铝业有限责任公司、阮某华、田某芳生态环境损害赔偿诉讼案中达成的调解协议，都涉及了人民政府及其相关部门组织、监督修复工作。赔偿权利人的参与有力保障了赔偿义务人生态环境修复责任的落实以及受损生态环境功能的及时有效修复，进一步印证了由人民政府依法组织实施生态修复工作的科学性。在总结试点经验的基础上，《生态赔偿改革方案》第 4 条第 6 项规定，赔偿权利人及其指定的部门或机构对磋商或诉讼后的生态环境修复效果进行评估，确保生态环境得到及时有效修复；第 8 项规定，赔偿义务人造成的生态环境损害无法修复的，其赔偿资金作为政府非税收入，全额上缴同级国库，纳入预算管理，赔偿权利人及其指定的部门或机构根据磋商或判决要求，结合本区域生态环境损害情况开展替代修复。

4. 有利于形成生态环境保护的司法与行政合力。《生态赔偿改革方案》要求，力争在全国范围内初步构建责任明确、途径畅通、技术规范、保障有力、赔偿到位、修复有效的生态环境损害赔偿制度。为此，需要适应生态环境保护多元共治新要求，充分发挥生态环境主管部门行政执法主力军作用，在人民法院环境资源审判的监督、支持下，推动形成生态环境保护合力，共同构建生态环境损害修复和赔偿制度的法治保障体系。在生态环境损害赔偿诉讼中，各级生态环境主管部门应当与人民法院做好证据收集、赔偿协议司法确认和生态环境修复等方面的衔接工作，共同推动这项改革深入开展。在组织实施生态修复工作时，对于不履行生态环境修复义务或者损害赔偿义务的当事人，依法申请人民法院强制执行，通过行政、司法各方合力及时修复生态环境。

### (三)实施生态环境修复的职能部门

组织生态环境修复的主体是开展具体索赔工作的赔偿权利人,也就是前期与赔偿义务人开展磋商的赔偿权利人或者是提起生态环境损害赔偿诉讼的原告。根据《生态赔偿改革方案》的相关规定,自然资源、生态环境、住房城乡建设、水利、农业农村、林业草原等相关部门负责各自职责范围内的生态环境损害的索赔工作。31 个省份和新疆生产建设兵团的省级改革实施方案对相关职能部门负责的索赔领域进行了细化。鉴于大量案件发生在市地级区域,市地级人民政府的相关职能部门作为赔偿权利人指定的相关部门或机构提起索赔,因此,原则上可以由市地级人民政府的相关职能部门组织开展修复;在案件特别重大等特殊情形下,可以由省级政府有关部门、市地级人民政府组织开展修复。

## 四、组织实施生态环境修复的方式

### (一)委托专业技术机构开展修复工作

开展具体索赔工作的赔偿权利人在人民法院对赔偿义务人的财产进行强制执行后,组织开展生态环境修复。开展具体索赔工作的赔偿权利人应委托专业技术机构开展修复工作。2014 年 12 月 27 日施行的国务院办公厅《关于推行环境污染第三方治理的意见》(国办发〔2014〕69 号)规定,在全国范围内推行环境污染第三方治理模式,吸引和扩大社会资本投入,促进环境服务业发展。接受赔偿权利人委托从事修复工作的机构应当具备独立实施修复措施的能力和经验,根据诉讼判决或磋商协议中载明的生态环境修复方案开展修复,并根据修复方案的目标选择科学合理的修复技术并开展工程管理和运行。赔偿权利人要根据判决确认的修复方案要求,制定更细化的环境修复工程实施方案,对修复机构采用的修复技术、工程实施和运行情况进行监督,必要时组织专家进行方案论证。

### (二)生态环境修复结果的验收

生态环境修复工作完成后,应当对生态环境损害修复结果进行检查验收。针对修复工作专业性强的特点,最高人民法院、民政部、原环境保护部《关于贯彻实施环境民事公益诉讼制度的通知》明确规定,对生态环境损害修复结果可以委托具有环境损害评估等相关资质的鉴定机构进行鉴定，必要时可以商请负有监督管理职责的环境保护主管部门协助审查。该规定对于生态环境损害赔偿诉讼中的修复工作具有借鉴意义。修复完成后，组织实施修复工作的赔偿权利人应当委托专业机构对修复效果开展评估，确认达到修复效果目标。鉴于生态环境损害鉴定评估机构了解修复目标和修复方案的制定过程，同时开展修复效果评估有利于保障项目的实施。

## 五、生态环境修复的执行监督

《生态赔偿改革方案》第4条第6项规定："加强生态环境修复与损害赔偿的执行和监督。赔偿权利人及其指定的部门或机构对磋商或诉讼后的生态环境修复效果进行评估，确保生态环境得到及时有效修复。生态环境损害赔偿款项使用情况、生态环境修复效果要向社会公开，接受公众监督。"生态环境修复与损害赔偿的执行可分为赔偿义务人自觉履行诉讼判决或磋商协议，以及因赔偿义务人拒不执行判决或经司法确认的磋商协议而经法院强制执行生态环境修复责任两种情况。不论是自觉履行还是强制执行，为确保赔偿义务人依法应承担的生态环境损害责任执行到位，促进受损生态环境功能及时有效恢复，均可综合采取下列方式加强执行监督。

### （一）司法监督

虽然人民法院不组织生态环境的具体修复工作，但是其作为生态环境损害赔偿诉讼案件的裁判者，应当关注和追踪生效裁判及经司法确认的赔偿协议的执行情况。如根据生态修复方案组织对修复工作的定期检查，掌握修复工作的进度；实行执行回访制度，及时发现和纠正执行不力的情况，[1]尤其是赔偿义务人自行组织修复工作时，加强司法监督有利于确保生态环境修复能够及时展开，防止被告怠于承担义务。执行中，如果出现新情况，如损害持续扩大或者赔偿义务人的执行措施不当导致新的损失，可以类比赡养费追踪中的新情况，追加执行，以确保修复工作得以圆满完成。

---

〔1〕参见张辉：《论环境民事公益诉讼裁判的执行——"天价"环境公益诉讼案件的后续关注》，载《法学论坛》2016年第5期。

### (二)行政监督

人民政府及其相关部门作为赔偿权利人,既是生态环境损害赔偿诉讼的原告,也是执行中生态环境修复工作的组织实施者。在赔偿义务人自行修复及委托第三方机构修复的情形下,行政主管部门应当持续关注生态环境修复的执行情况,确保生态环境得到切实有效的恢复。政府部门负有环境保护和生态修复的法定责任,执行监督对其来说既是权利也是义务。在生态环境修复责任的执行方面,生态环境保护主管部门所具有的环境监管经验、人员、技术和设备等有着不可或缺的作用,可以为修复工作提供帮助和指导,及时纠正修复工作中的错误和不足。[1]

### (三)第三方监督

司法实践中,为促进生态环境损害赔偿诉讼案件的有效执行,一些法院引入了第三方监督机制。如在中华环保联合会诉贵州好一多乳业股份有限公司一案中,双方达成调解协议,由贵州好一多乳业股份有限公司对环境进行修复。为了对环境修复工作进行全方位的监督,与贵阳公众环境教育中心签订了《第三方监督协议》。[2] 第三方监督机构利用其环境治理和生态修复方面的专业技术优势,在承担修复工作的一方存在消极履行义务或者对生态环境造成新的破坏时,具有报告的职责。确定第三方监督机构,应当由原告、被告、第三方机构之间签订协议,通过协商的方式自主决定。人民法院应当在决定第三方机构的过程中起到指引作用,并在原被告双方迟迟不能确定第三方机构时督促双方尽快达成协议。在选择监督机构时,应确保第三方机构与诉讼各方之间没有利益纠葛,不依附于任何企业,以保持监督的中立性。

### (四)群众监督

良好生态环境是最普惠的民生福祉,生态环境修复关涉到人民群众的切身利益。《生态赔偿改革方案》第 5 条第 5 项规定:“鼓励公众参与。不断创新公众参与方式,邀请专家和利益相关的公民、法人、其他组织参加生态环境修

---

〔1〕 参见郑学林、林文学、王展飞:《〈关于审理环境民事公益诉讼案件适用法律若干问题的解释〉的理解和适用》,载《人民司法》2015 年第 5 期。

〔2〕 参见李想:《环境公益诉讼裁决的执行问题研究》,上海师范大学 2018 年硕士学位论文,第 18 页。

复或赔偿磋商工作。依法公开生态环境损害调查、鉴定评估、赔偿、诉讼裁判文书、生态环境修复效果报告等信息,保障公众知情权。”在生态环境损害赔偿诉讼案件的执行过程中,应当重视群众监督的作用,鼓励群众切实参与到执行监督工作中来。群众监督可以有效弥补生态环境行政保护的失灵以及生态环境损害司法救济的空白,促进生态环境损害赔偿诉讼案件生效裁判以及经司法确认的生态环境损害赔偿协议得到的及时履行和完全履行。

(五)媒体监督

媒体监督指的是通过新闻传播工具对生态环境修复与损害赔偿的执行进行监督。生态环境损害赔偿诉讼案件的执行仅依赖国家机关的力量是不够的,需要调动社会各界人士共同参与。通过媒体的力量,迫使赔偿义务人认真落实生态环境修复义务,促进生态环境的及时有效恢复。同时,借助媒体还可以充分发挥环境资源审判执行工作在政策形成和行为指引方面的引领作用,社会公众和生产企业看到“环境有价,损害担责”原则的落实,有利于鼓励形成低能低耗、高效循环的绿色生产方式,倡导简约适度、健康低碳的绿色生活方式,推动人人尽责、人人享有的全民绿色行动。

## 第三节　损害赔偿裁判的执行

生态环境损害赔偿责任主要体现在损害赔偿资金缴纳、使用、管理等方面。2020 年 3 月 11 日国家财政部联合生态环境部、自然资源部、最高人民法院、最高人民检察院等 7 部委局颁布了《生态环境损害赔偿资金管理办法(试行)》,共 19 条,对生态环境损害赔偿资金的范围、缴纳、使用、管理进行了具体规定,有利于生态环境损害赔偿资金制度的规范化管理。

### 一、生态环境损害赔偿资金的范围

关于生态环境损害赔偿资金的范围,生态环境损害赔偿制度改革政策文件和相关司法解释规定不一致。《生态赔偿改革方案》第 4 条中“(八)加强生态环境损害赔偿资金管理”规定:“赔偿义务人造成的生态环境损害无法修复的,其赔偿资金作为政府非税收入,全额上缴同级国库,纳入预算管理。”《生态赔偿案件若干规定》第15条规定："人民法院判决被告承担的生态环境服务功能损失赔偿资金、生态环境功能永久性损害造成的损失赔偿资金，以及被告不履行生态环境修复义务时所应承担的修复费用，应当依照法律、法规、规章予以缴纳、管理和使用。"可见，《生态赔偿改革方案》规定的生态环境损害赔偿资金范围仅指生态环境功能永久性损害损失费，《生态赔偿案件若干规定》规定的生态环境损害赔偿资金包括生态环境期间功能损失费，生态环境功能永久性损害损失费以及生态环境替代修复费用三种类型。

《生态环境损害赔偿资金管理办法（试行）》第2条规定了生态环境损害赔偿资金的概念，该条规定生态环境损害赔偿资金是指生态环境损害事件发生后，在生态环境损害无法修复或者无法完全修复以及赔偿义务人不履行义务或者不完全履行义务的情况下，由造成损害的赔偿义务人主动缴纳或者按照磋商达成的赔偿协议、法院生效判决缴纳的资金。可见，《生态环境损害赔偿资金管理办法（试行）》规定的生态环境损害赔偿资金范围仅包括生态环境功能永久性损害损失费和生态环境替代修复费用两种类型。其实，根据生态环境功能永久性损害损失费的性质和功能也应当纳入生态环境损害赔偿资金管理。

因此，生态环境损害赔偿资金范围应当包括生态环境期间功能损失费、生态环境功能永久性损害损失费以及生态环境替代修复费用三种类型。（1）生态环境期间功能损失费。根据《环境损害鉴定评估推荐方法（第Ⅱ版）》第4.12条的定义，期间损害是指生态环境损害发生至生态环境恢复到基线状态期间，生态环境因其物理、化学或生物特性改变而导致向公众或其他生态系统提供服务的丧失或减少，即受损生态环境从损害发生到其恢复至基线状态期间提供生态系统服务的损失量。（2）生态环境功能永久性损害损失费。根据《生态赔偿案件若干规定》第13条的规定，生态环境功能永久性损害是指受损生态环境无法修复或者无法完全修复所产生的损失。根据《环境损害鉴定评估推荐方法（第Ⅱ版）》第4.13条的定义，所谓永久性损害是指受损生态环境及其服务难以恢复，其向公众或其他生态系统提供服务能力的完全丧失。从概念上看，"无法修复或者无法完全修复"较之"服务能力完全丧失"要相对宽松。（3）生态环境替代修复费用。生态环境替代修复费用是指赔偿义务人（或被告）不履行生态环境修复义务时所应承担的修复费用。生态环境修复责任包括直接修复和替代修复两种类型，直接修复是指赔偿责任人对遭受损害生态环境的直接修复，替代修复是指赔偿义务人不履行修复义务或者不完全履行修复义务时缴纳替代修复费用，由第三人替代赔偿义务人实施修复遭受损害的生态环境。

## 二、生态环境损害赔偿资金的管理

### （一）纳入政府非税收入

根据《生态赔偿改革方案》的规定，生态环境损害无法修复的，其赔偿资金作为政府非税收入，全额上缴同级国库，纳入预算管理，赔偿权利人及其指定的部门或机构根据磋商或判决要求，结合本区域生态环境损害情况开展替代修复。财政部针对该部分赔偿资金牵头制定的《生态环境损害赔偿资金管理办法（试行）》，进一步细化和明确赔偿资金的征收、管理、使用等有关事项，这对于落实生态环境损害赔偿案件审理效果，推进生态环境的有效修复，具有积极意义。但与此同时，其弊端亦不可忽视。赔偿、修复资金上缴同级国库后即丧失其独立性，成为财政资金。而国家对财政资金管理有严格的程序，每一笔账目都有其特定的使用用途。如实施建设（修复、治理）项目，需要先在发展改革部门立项，列入财政预算之后才能拨付。从目前司法实践来看，尚未有典型赔偿、修复资金上缴财政又专款专用于生态修复的案例，特别是一些地方政府基于财政上的压力，可能出现赔偿、修复资金被挪作他用的情形，影响了生态环境修复目标的实现。综上，对于纳入非税收入的资金范围，应做严格解释，仅限定于《生态赔偿改革方案》规定的生态环境损害无法修复的情形，并按照财政部等7部委局制定的《生态环境损害赔偿资金管理办法（试行）》办理。

### （二）建立生态环境损害基金或者专户（资金账户）

1. 建立统一基金或者资金账户的必要性

根据《生态赔偿改革方案》的规定，在生态环境能够修复的情形下，存在赔偿义务人自行负责组织开展生态环境损害的修复、委托具备修复能力的社会第三方机构以及拒绝履行情况下由赔偿权利人组织进行修复等情况。从审判实践看，除了“补种复绿”“增殖放流”等简单的修复方式外，赔偿义务人大部分情况下不具备自行修复能力，需要委托第三方机构修复或者在执行程序中由人民法院委托第三方机构代履行，由此，人民法院往往在判决赔偿义务人修复生态环境损害的同时,也都会确定被告不履行修复义务时应承担的生态环境修复费用。对于该部分修复资金,虽然《生态赔偿改革方案》规定由赔偿义务人向委托的社会第三方机构支付,但实践中可能会出现以下问题:有些案件修复资金数额比较大,修复周期也较长,如修复资金一次性支付给第三方机构,客观上存在第三方机构将该修复资金挪作他用的风险,需要建立资金使用的监督机制,此外,还存在第三方机构被宣告破产时该修复资金被纳入破产财产从而不能实现修复目的风险;从赔偿义务人角度看,如果其拒绝支付全部或者部分修复费用,赔偿权利人需申请法院强制执行,而强制执行款会先进入法院账户,再向第三方机构支付,如该部分资金一次性支付给第三方机构,同样会出现前述问题,如长期停留在法院账户上,也面临着资金的管理使用问题。相较作为非税收入上缴同级国库而言,设立专门资金或基金账户能够使得专项资金不与国库的其他资金混同,客观上减少了资金挪作他用的可能,具有明显的优势。

2. 域外规定

从欧美国家的做法来看,环境赔偿、修复资金大多是依托国家财政部门建立配套的环境公益诉讼资金管理制度。如美国公民诉讼中的民事罚款,具有代替行政执法部门处罚的作用,该罚款一经判决确认,即进入财政部专项基金用于环境治理或者修复,而不是将赔偿款支付给提起公益诉讼的组织或者个人。同时,美国还专门建立了“危险物质超级基金”。《美国法典》第 26 篇第 98 章第 9507 条对此作出了明确规定。作为美国财政部下设的一种信托基金,该基金主要来源于两大类:一种是基金创设时的资金,另一种则是通过转移支付的资金。其中,转移支付的资金可以来源于环境税收,环境保护主管部门在支付环境治理成本后向危险物质排放者、船舶及其设施的油污排放者等代位求偿的赔偿款,以及危险物质排放责任人在未履行清污和环境恢复义务的情况下被处以最低 3 倍的惩罚性赔偿款等。该基金可以用于支付以下费用:补偿政府治污成本,其他自然人或者法人、社会组织为应急处置支付的费用,公众参与技术协助的资助,根据水污染防治法应赔偿但未得到赔偿的部分,以及土壤污染研究费用、损害评估费用等。此外,在英国、德国、法国、意大利等国家,除污染者自行履行环境修复义务以外,经法院判决的环境损害赔偿金一般由国家受领,由财政部门的专户管理,用于生态环境修复。

3. 国内实践经验

全国各地法院在建立公益诉讼专项资金制度上进行了很多有益的探索。如山东、重庆等地出台的“生态环境损害赔偿资金管理办法”，在省级层面设立了生态环境损害专项资金账户。昆明市人民政府在昆明市财政局建立了独立的“专项资金账户”，接收法院审理环境公益诉讼案件的赔偿款或环境修复费，实行专款专用，并指定了昆明市环境保护局为“专项资金账户”的管理人，统一管理使用专项资金。无锡市中级人民法院于2012年制定了《无锡市环保公益金管理暂行办法》，在全市范围内统一设立环保公益金，各区、县不再单独设立。环保公益金由无锡市中级人民法院负责统一收缴，全额上缴市财政专户，严格实行收支两条线管理。实行专款专用，以收定支的原则。环境公益金的使用，由无锡市中级人民法院提出申请，报无锡市财政局审核同意并经无锡市人民政府批准后拨付。贵阳等地也结合本地区实际情况，设立了生态修复基金专户、生态文明建设基金等专户或基金，由财政部门、环保部门、人民法院进行管理，实现对环境公益诉讼资金的专款专用。此外，北京市第四中级人民法院于2019年5月调解结案的自然之友诉现代汽车大气污染环境民事公益诉讼案中，首次创新地引入了公益信托机制，让现代汽车出资设立公益信托基金并将资金用于建设充电桩等方面，以清洁能源利用的方式保护环境。值得一提的是，2019年1月施行的《土壤污染防治法》第71条第1款规定，“国家加大土壤污染防治资金投入力度，建立土壤污染防治基金制度。设立中央土壤污染防治专项资金和省级土壤污染防治基金，主要用于农用地土壤污染防治和土壤污染责任人或者土地使用权人无法认定的土壤污染风险管控和修复以及政府规定的其他事项。”这是我国立法首次就设立环境修复专门资金账户作出规定，但其仅适用于土壤污染赔偿、修复资金的管理，对于其他类型的环境污染、生态破坏赔偿、修复资金的管理则难以适用。

参考国外有益经验，并充分考虑资金管理和使用的实际要求，在《环境民事公益诉讼解释》制定时，就有由财政机关设立环境公益诉讼专项资金账户，集中统一管理赔偿、修复资金的设想，但鉴于设立专项资金账户是财政部门的职权，且国务院《关于深化预算管理制度改革的决定》(国发〔2014〕45号)第3条第5项第2目明确规定“全面清理整顿财政专户，各地一律不得新设专项支出财政专户，除财政部审核并报国务院批准予以保留的专户外，其余专户在2

年内逐步取消”,司法解释最终稿未能对此作出明确规定。为了确保生态环境损害赔偿诉讼资金以及环境公益诉讼修复费用和赔偿金专款专用,提高资金使用效率,同时也为了解决环境污染具有流域性、跨行政区划的特点,从全局上统筹解决环境修复问题,下一步可以设立以省为单位的统一的环境损害赔偿基金,条件成熟时可以设立跨省乃至全国的环境损害赔偿基金,将环境公益诉讼与生态环境损害赔偿诉讼等判决的损害赔偿金和修复费用明确由管理人统一受领。在环境损害赔偿基金设立存在困难的情况下,可以采取设立专项资金账户等办法,以便专项资金能更有针对性的用于环境修复。

(三)环境损害赔偿基金

环境损害赔偿基金是指省级人民政府建立的用于支付环境公益诉讼、生态环境损害赔偿诉讼涉及的调查取证、鉴定评估、生态环境修复等费用的专项基金。

1. 要明确环境损害赔偿基金的资金来源。资金来源既可以是通过环境民事公益诉讼、生态环境损害赔偿诉讼索赔获得的损害赔偿金、修复费用,也可以是社会各界的捐助,还可以包括政府财政拨款。

2. 明确环境损害赔偿基金的使用范围。基金主要用于恢复被破坏的生态环境,以及为开展索赔工作需要先行支付的调查取证、鉴定评估等必要合理费用,或者支付原告因提起环境公益诉讼或生态环境损害赔偿诉讼而负担的诉讼成本,包括诉讼费、律师费、鉴定费等。对于部分案件修复费用不足以弥补生态环境损害,以及无法确定生态环境损害责任人或者责任人被依法免除赔偿责任的情形,也可以从基金中予以支付。

3. 明确环境损害赔偿基金的管理使用程序。管理使用程序应包括对于法院判决以后修复费用转入基金的执行、修复方案的审核、基金转出用于修复方案的审核等方面环节的规定。建立基金使用申请专家评审制度,其使用需由环境资源行政主管部门提出意见,环境资源保护专家进行审核并对审核结果负责。

4. 建立环境损害赔偿基金的审计制度,保证基金的使用符合目的,并对使用情况进行公示,违反基金使用制度的,应当追究法律责任。

5. 建立责任追究制度。环境损害赔偿基金的性质属于公款性质,专项资金的使用必须符合相关规定,基金管理人不得滥用权力,违规使用,更不得贪污、挪用,对违规违纪的要依据相关规定进行追究,构成犯罪的要依法追究刑事责任。